权威·前沿·原创

皮书系列为
"十二五""十三五""十四五"时期国家重点出版物出版专项规划项目

BLUE BOOK

智库成果出版与传播平台

海南蓝皮书
BLUE BOOK OF HAINAN

海南自由贸易港发展报告（2022）
REPORT ON THE DEVELOPMENT OF HAINAN FREE TRADE PORT (2022)

主　　编 / 王惠平
执行主编 / 赵蓓文　沈玉良

社会科学文献出版社
SOCIAL SCIENCES ACADEMIC PRESS (CHINA)

图书在版编目(CIP)数据

海南自由贸易港发展报告.2022/王惠平主编.--北京：社会科学文献出版社，2022.12
（海南蓝皮书）
ISBN 978-7-5228-1079-9

Ⅰ.①海… Ⅱ.①王… Ⅲ.①自由贸易区-经济建设-研究报告-海南-2022 Ⅳ.①F752.866

中国版本图书馆 CIP 数据核字（2022）第 215489 号

海南蓝皮书
海南自由贸易港发展报告（2022）

主　　编 / 王惠平
执行主编 / 赵蓓文　沈玉良

出 版 人 / 王利民
组稿编辑 / 周　丽
责任编辑 / 徐崇阳
责任印制 / 王京美

出　　版 / 社会科学文献出版社·城市和绿色发展分社（010）59367143
　　　　　 地址：北京市北三环中路甲29号院华龙大厦　邮编：100029
　　　　　 网址：www.ssap.com.cn
发　　行 / 社会科学文献出版社（010）59367028
印　　装 / 三河市东方印刷有限公司
规　　格 / 开　本：787mm×1092mm　1/16
　　　　　 印　张：18　字　数：274千字
版　　次 / 2022年12月第1版　2022年12月第1次印刷
书　　号 / ISBN 978-7-5228-1079-9
定　　价 / 128.00元

读者服务电话：4008918866

▲ 版权所有 翻印必究

主要编撰者简介

王惠平 海南省社科联党组书记、主席,海南省社科院院长。经济学博士、财政理论和实践方向博士后,具有注册会计师资格。曾任财政部处长,海南省财政厅总会计师、副厅长、厅长。

在财政部工作期间,创新提出村级公益事业建设一事一议财政奖补理论,并在全国推广形成村级公益事业建设一事一议财政奖补制度。2011年参加制订和实施全国唯一的海南离岛免税购物政策。2018~2021年任海南省财政厅厅长期间,参与推动出台《财政部支持海南全面深化改革有关财税政策的实施方案》、参与制订、推动出台和实施《海南自由贸易港建设总体方案》中"零关税、低税率、简税制"海南自由贸易港财税政策制度。在全国率先创新性推出天然橡胶价格(收入)保险,确保胶农利益,促进海南橡胶产业的发展,2020年5月,天然橡胶价格(收入)保险被海南省委、省政府授予"第一届海南省改革和制度创新奖"。

主持的《建设中国特色自由贸易港的财税政策和制度安排研究》获得海南自贸港研究优秀成果一等奖、《县乡财政困难现状、问题及对策研究》获得财政部机关优秀调研报告一等奖、《促进国际旅游岛建设的财税政策研究》获得第六次全国优秀财政理论研究成果二等奖。

多年来坚持研究邓小平理论、习近平中国特色社会主义理论及海南自由贸易港建设等问题,先后在《人民日报》《经济日报》《财政研究》《经济学动态》《中国财政》《中国财经报》等报刊发表文章数十篇;出版《中国农村改革与发展:从税费改革到综合改革》(中国财政经济出版社2007年版)、《会计理论和实务》(中国财政经济出版社 2012 年版)、《中小企业风险导向审计案例和分析》(中国财政经济出版社 2015 年版)、财政部重点课题成果《政府会计相关问题研究》(中国财政经济出版社 2012 年版)、《农业保险理论与海南创新实践研究》(经济科学出版社 2015 年版)等多部著作,主编《海南自由贸易港发展报告(2021)》《海南自由贸易港发展报告(2022)》《海南高质量发展研究报告(2022)》等蓝皮书。

赵蓓文 女,上海社会科学院世界经济研究所副所长(主持工作),研究员,博士生导师。中国世界经济学会第十届、第十一届常务理事,上海市第十二届、十三届政协委员,CSSCI 学术期刊《世界经济研究》主编。先后获上海市"五一巾帼奖"、上海市"三八红旗手",上海市先进工作者等荣誉称号,上海社会科学院"张仲礼学术奖"及"张仲礼重大学术成果奖"获得者。德国经济研究所访问学者,美国哈佛大学肯尼迪学院访问学者,美国哥伦比亚大学访问学者。

赵蓓文研究员作为首席专家或课题负责人主持包括 2 项国家社科基金重大项目、1 项国家社科基金重点项目、1 项国家社科基金青年项目在内的省部级以上课题逾 20 项。独立撰写的论文、专报曾多次获得包括全国商务发展研究优秀成果二等奖、上海市邓小平理论研究和宣传优秀成果二等奖、上海市哲学社会科学优秀成果二等奖、上海市哲学社会科学内部探讨优秀成果奖、上海市社联学术年会优秀论文奖、上海市政协优秀提案奖等省部级以上奖励。

赵蓓文研究员长期从事国际投资、国际贸易、国际金融、世界经济和中国对外开放战略的研究,近期重点关注制度型开放与全球经济治理等领域,发表各类研究成果数百万字,在《改革》《国际贸易问题》《国际贸易》《世界经济研究》等学术刊物上发表论文近百篇,并多次被人大复印资料等刊物全文转载。独立或第一作者出版专著有:《双向投资中的战略协同》《开放中的战略互动——外贸、外资与金融发展的政策协同》《外资的宏观经济效应传导机制研究》《WTO 规则与中国外资政策》《中国引进外资与对外投资演变40年》《开放型经济新体制：上海探索与实践》《"一带一路"建设与中国企业对外直接投资新方向》《中国企业对外直接投资与全球投资新格局》《从应对挑战到积极主动——中国在经济全球化中的地位》等10多本专著。

沈玉良 上海社会科学院世界经济研究所国际贸易室主任，研究员，上海市人民政府自贸试验区决策咨询专家。主要研究领域为国际贸易理论与政策。主要研究成果是：国家自然科学基金面上项目"政策干预对我国不同组织模式贸易出口复杂度的影响"（71373156）、国家社会科学基金项目"我国加工贸易企业生产控制模式研究"（08BJL048）、国家社会科学基金（专项）"'一带一路'建设与国际经贸新规则研究"；出版《全球数字贸易规则研究》《全球数字贸易促进指数报告》《中国加工贸易企业生产控制模式研究》，并获得安子介国际贸易著作二等奖；《全球数字贸易促进指数报告2020》。"关于加快上海国际贸易中心建设的理论与实践研究"，获得第八届上海市决策咨询研究成果奖一等奖。

摘 要

本研究报告以2021年6月到2022年5月为时间节点，分析海南自由贸易港建设进展及推进成效。其间，海南自由贸易港一共推出了与要素自由便利、产业政策和保障措施相关的80项制度（含配套制度），其基本特点一是制度安排从要素自由化便利化政策转向产业政策和保障制度。二是初步形成了中央对海南自由贸易港的制度进行顶层设计，海南作为执行主体的制度集成体系。三是加快了海南自由贸易港的立法进程。

制度创新带来了国际贸易和吸收外资的高速增长，2021年6月至2022年5月，海南自由贸易港实际利用外资累计达42亿美元，同比增长了20%，海南自由贸易港进出口贸易额达1760亿元，同比增长65.5%。截至2022年5月，海南自由贸易港"零关税"政策项下进口货值达98.9亿元。商品贸易结构进一步改善，高附加值产品出口占比不断提高。

海南自由贸易港的政策创新效应不断显现，推动现代产业体系高质量发展，具体表现为离岛免税政策效应持续显现，旅游业对经济增长的贡献增强；落实服务业高水平开放试点，形成现代服务业政策开放高地；高新技术产业体系初步形成，重点产业的规模效应逐步显现；充分挖掘资源禀赋优势，实现热带特色高效农业高质量发展。重点园区集聚效应显现，辐射外溢能力进一步增强。实施国家生态文明试验区重大标志性工程，生态环境质量持续改善。

2023年海南自由贸易港要围绕全岛封关运作准备工作，以海南现代产业体系为抓手，以RCEP生效实施为契机，对标CPTPP和DEPA等高水平自贸区协定，细化要素自由化便利化的制度和政策体系。从税收制度、社会治理、法治制度和风险防控体系等方面同步推进海南自由贸易港制度建设，形成高质量的保障措施。在"一本三基四梁八柱"战略框架基本确立的情况下，海南自由贸易港要进一步以现代产业体系建设为依托，形成制度集成创新与产业体系建设之间的良性循环。

　　本报告就海南自由贸易港服务贸易负面清单制度、投资便利化制度创新、跨境资金流动自由便利、数据跨境安全有序流动制度进行了专题研究。并专门讨论了国际经贸新规则与海南自由贸易港先行先试、加工增值制度、教育服务贸易和自由贸易港法规体系等问题。

关键词： 海南自由贸易港　高质量发展　投资自由化便利化

前 言

探索建设中国特色自由贸易港是习近平总书记亲自谋划、亲自部署、亲自推动的重大国家战略,是党中央从中华民族伟大复兴战略全局和当今世界百年未有之大变局出发做出的重大决策部署。2022年4月10日至13日,习近平总书记在海南考察时明确指示要加快建设具有世界影响力的中国特色自由贸易港。

海南省社会科学界联合会(海南省社科院)联合上海社会科学院在2021年编撰出版第一部海南蓝皮书《海南自由贸易港发展报告(2021)》后,在调研、座谈和文献梳理的基础上出版了《海南自由贸易港发展报告(2022)》。

《海南自由贸易港发展报告(2022)》的基本思路是结合《海南自由贸易港建设总体方案》的任务要求,特别是重点围绕2025年前重点任务,分析2021年6月到2022年5月海南自由贸易港建设进程和推进成效,并以此为基础提出下一步海南自由贸易港建设的推进思路。

第一,全岛封关运作是现阶段海南自由贸易港建设具有里程碑意义的系统工程,是全面建设海南自由贸易港的基础。中央有关部门和海南省人民政府将全岛封关运作准备工作作为海南自由贸易港建设的重中之重,以期实现全岛封关。2022年推进海南全面深化改革开放领导小组办公室出台的三张清单,构成了全岛封关运作准备工作的任务体系。

第二,海南自由贸易港制度释放效应持续显现。2021年6月至2022年5月,海南自由贸易港实际利用外资累计达42亿美元,同比增长了20%,

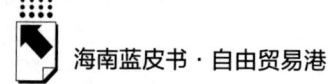

海南自由贸易港进出口贸易额达1760亿元，同比增长65.5%。全面细化六大要素自由化便利化制度，重点园区集聚效应显现，现代产业体系初见成效，实施国家生态文明试验区重大标志性工程，生态环境质量持续改善。

第三，全面落实RCEP协定，对标CPTPP和DEPA，根据《海南自由贸易港建设总体方案》，加快建设具有世界影响力的中国特色自由贸易港。

海南自由贸易港是中国全面开放的新高地，我们要以建设具有世界影响力的中国特色自由贸易港为目标，对海南自由贸易港建设过程中的重点和难点进行长期跟踪，深化对中国特色自由贸易港建设的理论和政策体系研究，为读者奉献高质量的研究成果。

海南蓝皮书《海南自由贸易港发展报告（2022）》编写组

2022年10月7日于海口

目 录

Ⅰ 总报告

B.1 2021~2022年海南自由贸易港发展报告 …… 沈玉良 彭 羽 / 001
    一 2021~2022年海南自由贸易港建设进展 …………………… / 002
    二 2021~2022年海南自由贸易港建设成效 …………………… / 019
    三 海南自由贸易港建设展望 …………………………………… / 031

Ⅱ 分报告

B.2 海南自由贸易港服务贸易负面清单制度研究 ……………… 沈玉良 / 053
B.3 海南自由贸易港投资便利化制度创新研究 ………………… 吕文洁 / 083
B.4 海南自由贸易港跨境资金流动自由化便利化研究 ………… 严 婷 / 108
B.5 海南自由贸易港数据跨境安全有序流动制度研究 ………… 高 疆 / 136

Ⅲ 专题报告

B.6 国际经贸新规则与海南自由贸易港先行先试 ……………… 沈玉良 / 160

B.7 海南自由贸易港加工增值免关税制度研究…… 彭　羽　熊安静 / 184
B.8 推进与海南自由贸易港相适应的教育服务贸易………… 刘　晨 / 196
B.9 海南自由贸易港法规体系研究……………………………… 陈历幸 / 221

B.10 后记 …………………………………………………………………… / 258

Abstract ………………………………………………………………………… / 259
Contents ………………………………………………………………………… / 262

皮书数据库阅读使用指南

总报告

General Report

B.1
2021~2022年海南自由贸易港发展报告

沈玉良 彭羽*

摘 要： 海南自由贸易港已经确立了"一本三基四梁八柱"战略框架。从2021年6月到2022年5月海南自由贸易港建设过程中一共推出80项制度（含配套制度），这些制度的基本特点，一是制度安排从要素自由化便利化政策转向产业政策和保障制度。二是初步形成了中央对海南自由贸易港的制度进行顶层设计，海南作为执行主体的制度集成体系。三是加快了海南自由贸易港的立法进程。随着海南自由贸易港建设的稳步推进，经济发展取得重要成效。一是外资外贸增长迅速，外向型经济开放水平显著提升；二是释放政策创新效应，推动现代产业体系高质量发展；三是重点园区集聚效应显现，辐射外溢能力进一步增强；四是实施国家生态文明试

---

* 沈玉良，上海社会科学院世界经济研究所研究员，主要研究方向为国际贸易理论与政策；彭羽，上海社会科学院世界经济研究所副研究员，主要研究方向为国际贸易规则和自贸区（港）政策。

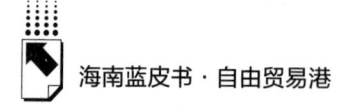

验区重大标志性工程，生态环境质量持续改善。未来，海南自由贸易港要重点围绕全岛封关运作准备工作，进一步推进要素自由化便利化，以及完善相应的保障制度，以RCEP生效为契机，加快现代产业体系建设。

关键词： 海南自由贸易港　要素自由化便利化　制度系统集成

本报告梳理了2021年6月到2022年5月，海南自由贸易港建设总体进展、推进重点和推进成效的情况，提出了对标国际经贸新规则，进一步推进海南自由贸易港制度创新，以及充分利用《区域全面经济伙伴关系协定》（RCEP）生效的时机，将海南现代产业体系融入以国内大循环为主体、国内国际双循环相互促进的新发展格局之中的相关建议。

一 2021~2022年海南自由贸易港建设进展

海南自由贸易港在建设过程中坚决贯彻和落实习近平总书记关于海南工作的系列重要讲话和指示批示精神，以《海南自由贸易港建设总体方案》（以下简称《总体方案》）和《中华人民共和国海南自由贸易港法》（以下简称《海南自由贸易港法》）为依据加快建设具有中国特色的海南自由贸易港制度体系，并在推进海南全面深化改革开放和中国特色自由贸易港建设的实践中形成了"一本三基四梁八柱"战略框架[①]。所谓"一本"，是指习近平总书记关于海南工作的系列重要讲话和指示批示，这些重要讲话和指示批示，为海南自由贸易港建设指明了方向。所谓"三基"，是指《中共中央国务院关于支持海南全面深化改革开放的指导意见》《海南自由贸易港建设总体

---

① 沈晓明：《锚定"一本三基四梁八柱"战略框架　加快建设中国特色自由贸易港》，《求是》2022年第11期。

方案》《中华人民共和国海南自由贸易港法》，这三个文件是海南全面深化改革开放和建设中国特色自由贸易港的制度基础。所谓"四梁"，是指全面深化改革开放试验区、国家生态文明试验区、国际旅游消费中心和国家重大战略服务保障区，这是海南自由贸易港建设的基本战略定位。所谓"八柱"，是指政策环境、法治环境、营商环境、生态环境、经济发展体系、社会治理体系、风险防控体系和组织领导体系，这是海南自由贸易港建设的重要支柱。

（一）总体建设进展情况

围绕《总体方案》，海南自由贸易港已经初步形成了制度体系，并加快推进全岛封关前的准备工作，打造具有中国特色的海南自由贸易港营商环境。

1. 全岛封关运作准备工作

《总体方案》明确提出，海南在2025年前适时启动全岛封关运作。全岛封关运作是海南自由贸易港建设具有里程碑意义的系统工程，是全面实现"一线放开、二线管住、岛内自由"货物进出口管理制度的标志，是全面建设海南自由贸易港的基础。中央相关部门和海南省人民政府将全岛封关运作准备工作作为海南自由贸易港建设的重中之重，以期按时实现全岛封关运作。2022年推进海南全面深化改革开放领导小组办公室发布的三张清单，构成了全岛封关运作准备工作的任务体系。

第一张清单是《海南自由贸易港全岛封关运作准备工作任务清单》，明确了口岸规划与建设、非设关地布局与建设、税收政策安排、重大风险防控以及"五自由便利一安全有序流动"等11个方面的64项重点任务，标志着全岛封关运作准备工作全面启动。

第二张清单是《海南自由贸易港全岛封关运作项目建设方案及第一批项目清单》，共确定项目31个，总投资超过120亿元。目前，部分项目已开工建设，海南省通过建立绿色审批通道，加强用海用地要素保障，确保各项目如期开工。

第三张清单是《海南自由贸易港全岛封关运作前压力测试实施方案

及压力测试清单（第一批）》，明确了在货物贸易、服务贸易、外商投资、数据流动等5个领域开展27项压力测试，在封关前推动自由贸易港政策逐步落地，压力逐步释放，尽可能缩小封关前后政策落差，实现封关前后的平稳过渡。目前，海南省已经对压力测试事项进行细化分解，力争应测尽测。

2. 制度建设

2020年6月《总体方案》发布后，海南自由贸易港制度建设的总体推进要求是根据2025年的任务，形成贸易、投资、跨境资金流动、人员进出、运输来往、数据跨境流动六大要素的自由化便利化和数据安全有序流动等方面的制度和政策，同步推进与海南自由贸易港配套的税收、社会治理、法治和风险防控等制度体系建设。2021年6月到2022年5月，海南自由贸易港制度建设重点是落实《总体方案》中的要求并制定具体的配套制度和政策。

从2021年6月到2022年5月，海南自由贸易港一共推出80项制度，其中要素自由化便利化方面的制度16项、税收制度8项、产业政策19项、法律法规规则制度17项、保障措施17项、园区政策和优化营商环境方面的政策3项。其制度建设的基本特点如下。

第一，加快出台六大要素自由化便利化和税收等制度相关的配套制度和政策。2021年6月到2022年5月，中央相关部门和海南省政府推出的14项制度和政策中有10项配套措施。第二，产业政策和保障措施成为制度建设的重点。中央相关部门特别是海南省相关部门将制度安排的重点放在海南自由贸易港的保障措施和产业政策安排上，共推出了除要素自由化便利化和税收制度以外的政策举措56项，占总量的70%。第三，制度和政策的法治化进程加快。2021年6月10日第十三届全国人民代表大会常务委员会第二十九次会议通过《中华人民共和国海南自由贸易港法》，《中华人民共和国海南自由贸易港法》已经成为海南自由贸易港建设的基本法，在此基础上，2021年6月到2022年5月，中央相关部门、海南省人大常委会和海南省人民政府共制定了17项法律法规（含行政规章制度）。

3.营商环境建设

自2018年起，海南省陆续发布了《海南省优化营商环境行动计划》（含2018~2019年、2019~2020年两版）、《2021年海南省提升营商环境重要量化指标便利度实施方案》和《海南自由贸易港优化营商环境条例》等政策和法规文件，营商环境得到明显改善。

2021年12月8日，海南省人民政府办公厅印发《海南自由贸易港营商环境重要量化指标赶超国内一流实施方案（1.0版）》，这是国内首个以指标"量化"为主题的营商环境建设方案，明确至2025年海南营商环境总体达到国内一流水平。该方案将为海南中长期优化营商环境提供方向性指导，也为全省制订年度计划或阶段性改革举措提供目标指引。

首先，该方案在借鉴世界银行和国家发展改革委营商环境评价指标体系量化标准的基础上，结合海南自由贸易港的定位，以及与国内先进地区的对标分析，筛选各地区标杆和创新案例，提出各二级指标需要达成的具体量化指标。海南省营商环境重要量化指标聚焦市场准入、极简审批等具有自由贸易港特征的方面，最终形成覆盖三大领域（"企业全生命周期的营商体验""加强法治营商环境建设""优化政府服务职能，打造专业化、国际化服务品牌"），涉及17个一级指标和81个二级指标的量化指标体系，其中66个指标为明确量化目标。

其次，根据该实施方案，海南省提出了2022年度重点工作任务。2022年营商环境制度创新重点工作任务是推行"一业一证""一业一照"改革；探索实施市场准入承诺即入制；探索实施"一照多址""一证多址"改革；健全市场主体退出机制；进一步深化招投标制度改革；推进社会投资项目"用地清单制"改革；深入实施"机器管规划"，推行"土地超市"制度；深入推进"互联网+不动产登记"；促进中小微企业融资便利化；深化涉企办税服务改革；持续提升跨境贸易便利化水平；推进国际投资和跨境贸易外汇收支便利化；优化国际人才管理服务；推进高频事项"一件事一次办"全覆盖；进一步扩大电子证照、电子印章等应用范围；加快培育数据要素市场；强化信用监管体系建设；提升市场主体创业创新能力；加强知识产权保护以及建立完善市场主体纠纷投诉处理机制。

最后,通过建立专班小组攻克目前海南自由贸易港建设中涉及营商环境的难点和堵点。依据《海南自由贸易港优化营商环境条例》,专班小组制定了《海南省优化营商环境水电气网联动报装便利化工作方案》,对全省水电气网的规划编制、网上办理流程、办理时限、现场踏勘方案、建设投入界限等进行统一。企业在办理相关业务审批时,受惠于"一张蓝图、一网办理、一体踏勘、一次验收"的创新工作举措,享受了水电气网报装便利化"一站式"服务,不仅节约了成本,还提高了效率。

(二)要素自由化便利化推进情况

海南自由贸易港以贸易投资自由化便利化为重点,以各类生产要素跨境自由化便利化为基础,初步构建了海南自由贸易港制度体系。

1. 贸易自由化便利化

海南自由贸易港"一线放开、二线管住"进出口管理制度试点从洋浦保税港区扩展到海口综合保税区和海口空港综合保税区,从空间上向2025年全面实施全岛封关运作迈出了坚实的一步。试点放宽部分进出口货物管理措施进一步提升了海南自由贸易港货物贸易的自由化水平,并以完善国际贸易"单一窗口"功能为抓手进一步提升了货物贸易的便利化水平。《海南自由贸易港跨境服务贸易特别管理措施(负面清单)(2021年版)》是我国首次在服务贸易领域采用负面清单管理的自主性制度。

第一,扩大"一线放开、二线管住"进出口管理制度的试点范围。《海南自由贸易港建设总体方案》要求在2025年前,在洋浦保税港区等具备条件的海关特殊监管区域率先实行"一线放开、二线管住"的进出口管理制度。2020年6月3日,海关总署发布《中华人民共和国海关对洋浦保税港区监管办法》,对进出洋浦保税港区的货物,实行"一线放开、二线管住"的货物进出口管理制度,为海南自由贸易港货物进出口管理制度建设积累经验,在此基础上,2021年11月8日,海关总署印发《关于洋浦保税港区"一线放开、二线管住"进出口管理政策制度扩大试点的函》(署贸函〔2021〕217号),

将洋浦保税港区先行先试的8项政策制度推广至海口综合保税区和海口空港综合保税区，这为2025年前海南全岛封关运作提供了更多的试验场景。同时，三亚保税物流中心（B型）完成验收，全球动植物种质资源引进基地起步区月亮岛上的国家（三亚）隔检中心（一期）项目主体工程已经完工，这些项目的完成与推进有利于货物贸易自由化便利化的早期实现。

第二，试点放宽对部分进出口货物的管理。2021年12月，商务部等6单位联合发布《关于在海南自由贸易港试点放宽部分进出口货物管理措施的通知》（商自贸发〔2021〕264号），明确海南自由贸易港的部分医疗器械可在试行"一线放开、二线管住"进出口管理制度的海关特殊监管区域内享受保税维修业务、放宽进口船龄限制和进口符合条件的药品无须办理《进口药品通关单》等政策。这为医疗器械保税维修提供了政策依据，为船只进口放宽了准入条件以及提高了药品进口的便利性。

第三，完善海南自由贸易港国际贸易"单一窗口"功能，促进贸易便利化。2021年6月以来，海南自由贸易港新增17项海南特色应用模块，简化监管证件和流程。一是突出了海南自由贸易港货物自由化便利化的特色，二是突出数据服务功能，例如关税查询等功能，三是将国际贸易"单一窗口"从货物贸易拓展到服务贸易领域。

第四，推进服务贸易自由化便利化。2021年7月，商务部发布《海南自由贸易港跨境服务贸易特别管理措施（负面清单）（2021年版）》，并于同年8月26日实施。《海南自由贸易港跨境服务贸易特别管理措施（负面清单）（2021年版）》列出针对境外服务提供者的11个门类70项特别管理措施，这是我国首张服务贸易领域的负面清单，是我国服务贸易管理模式的重大突破。《海南自由贸易港跨境服务贸易特别管理措施（负面清单）（2021年版）》、《推进海南自由贸易港贸易自由化便利化若干措施》（商自贸发〔2021〕58号）、《海南省服务业扩大开放综合试点总体方案》（商资发2021年第64号）和《商务部关于印发全面深化服务贸易创新发展试点总体方案的通知》（商服贸发〔2020〕165号）等一起构成了完整的海南自由贸易港服务贸易制度自主性开放体系。

2. 投资自由化便利化

在投资自由化方面，《海南自由贸易港外商投资准入特别管理措施（负面清单）（2020年版）》已于2021年2月起施行。在投资便利化方面，海南省商务厅会同海南省大数据管理局、省市场监督管理局、省政务服务中心等部门继续优化国际投资"单一窗口"功能，通过流程再造，进一步完善跨部门联合服务，并形成覆盖投资事前、事中、事后全流程的服务体系。其作用是一方面，通过国际投资"单一窗口"，实现跨部门的流程再造和优化，简化并透明化行政程序，并能随时告知企业相关事项的办理情况。截至2022年，国际投资"单一窗口"包含了咨询服务、企业开办、项目建设、配套服务四大模块，整合招商、市场监管、发展改革等13个部门20个政务系统，实现企业设立登记、变更、注销、社保登记、税务发票申领、公积金登记等企业开办业务的一窗式受理，并提供项目建设、银行预约开户、外汇登记、签证证件办理等179项投资延伸服务，覆盖投资事前、事中、事后的全流程业务，成为投资全流程服务平台。同时，通过国际投资"单一窗口"的"一账通"服务体系，相关投资业务审批实现服务平台的入口统一和身份认证统一及数据复用，平台业务办理内容涵盖投资全链条。

在促进市场公平竞争方面，2021年9月30日，海南省人民代表大会常务委员会通过了《海南自由贸易港公平竞争条例》（以下简称《条例》）。《条例》对接《海南自由贸易港法》，结合自由贸易港实际将相关制度具体化。《条例》强化公平竞争审查制度的作用，将落实公平竞争审查制度纳入法规并设立专章。《条例》对接国际通行经贸规则，强调有关主管部门在执法调查中应当保障被调查人和利害关系人的陈述、申辩权，依法按照时限完成调查工作；《条例》规定有关主管部门在调查中可以采取约谈被调查经营者等方式，依法对其进行告诫并提出整改要求；《条例》明确指出，影响公平竞争的行为侵害众多消费者合法权益的，法律规定的机关和有关组织可以依法提起公益诉讼，市场监管部门依法给予支持等。

在保护知识产权方面，2021年12月1日，海南省人民代表大会常务委员会通过了《海南自由贸易港知识产权保护条例》，该条例的特点一是加大对驰名商标的保护力度，创设对未注册驰名商标实施跨类保护规则，创设海南自由贸易港内平行进口、贴牌加工的注册商标商品保护规则；二是依法查处不以使用为目的的恶意申请商标注册和不以保护创新为目的的非正常专利申请行为；三是在地理标志保护方面规定了六类侵犯地理标志禁止行为；四是针对展会举办单位、电子商务平台经营者等实施主体设置了知识产权管理责任；五是在行政执法保护方面引入知识产权保护先行行政禁令制度；六是强化知识产权司法保护，充分发挥司法机关对知识产权保护工作的司法保障、指引作用；七是突出海南特色产业，规定扩大植物新品种权保护范围和保护环节，加强对实质性派生品种的保护，激励育种创新，提升植物新品种保护水平；八是多元化解，加强监管，提升知识产权保护整体效能。

3. 跨境资金流动自由化便利化

《总体方案》提出围绕贸易投资自由化便利化，分阶段开放资本项目，有序推进海南自由贸易港跨境资金流动的自由化便利化水平。为了实现跨境资金流动自由化便利化，《总体方案》提出2025年前试点改革跨境证券投融资政策，加快金融业对内对外开放，增强金融服务实体经济的能力。

为了落实2021年3月中国人民银行、中国银行保险监督管理委员会、中国证券监督管理委员会、国家外汇管理局联合印发的《关于金融支持海南全面深化改革开放的意见》（银发〔2021〕84号），2021年8月，海南金融管理部门研究制定了《关于贯彻落实金融支持海南全面深化改革开放意见的实施方案》（琼府办函〔2021〕319号），该实施方案从七个领域提出了89条政策措施，实施方案明确了每条政策措施的落实责任单位，并注重金融政策与财政政策、产业政策、信用政策、法治环境建设等的协调配合，为未来金融政策实施规划好了"路线图"[①]

围绕2025年前的重点任务，国家外汇管理局在上海自由贸易试验区临港新片区、广东自由贸易试验区南沙新区片区、海南自由贸易港洋浦经济开

---

① 谢端纯：《海南自由贸易港金融政策框架与实践》，《海南金融》2022年第1期，第4~8页。

发区和浙江省宁波市北仑区等开展跨境贸易投资高水平开放试点，并于2021年12月印发了《关于在上海自由贸易试验区临港新片区等部分区域开展跨境贸易投资高水平开放试点的通知》（汇发〔2021〕35号），在此基础上，2022年1月28日，国家外汇管理局海南省分局出台了《洋浦经济开发区开展跨境贸易投资高水平开放外汇管理改革试点实施细则》，该实施细则一共有五章25条，通过经常项目业务和资本项目业务开放和便利政策促进跨境贸易和投资业务的发展。经常项目业务主要包括便利优质企业经常项目资金收付，鼓励试点银行自主办理试点区域企业真实合规的新型国际贸易外汇收支业务，有序扩大贸易收支轧差净额结算企业范围和试点银行可直接为试点区域企业办理货物贸易特殊退汇业务四条政策。

资本项目业务共涉及9项业务，一是开展非金融企业外债便利化额度试点；二是开展合格境外有限合伙人（QFLP）试点；三是开展合格境内有限合伙人（QDLP）试点；四是允许试点区域的银行和代理机构按规定开展对外转让银行不良贷款和银行贸易融资资产等信贷资产业务；五是在试点区域内开展跨国公司本外币一体化资金池业务试点；六是外商投资企业境内再投资免于登记；七是试点区域内符合条件的非金融企业境外放款、外债、跨境担保、境外上市、员工股权激励计划、境外套期保值等外汇业务登记可直接由海南省分局辖内银行办理，扩大资本项目收入使用范围；八是适度放宽试点区域非金融企业（房地产企业和地方政府融资平台除外）外债、跨境担保、境外放款、直接投资等业务跨境流出入币种一致的限制，允许确有合理需求的企业可自主选择签约、流入、流出各环节币种，鼓励在跨境贸易投资中使用人民币；九是试点区域非金融企业（房地产企业和政府融资平台除外）境外放款的规模上限，由其所有者权益的0.5倍提高到其所有者权益的0.8倍，如外汇收支形势发生较大变化，外汇局将通过完善宏观审慎管理进行逆周期调节。

在风险管理方面，该实施细则完善了外汇市场"宏观审慎+微观监管"两位一体的管理框架，加强跨境资金流动风险监测预警和逆周期调节。建立试点纠错机制和风险应对预案，加强事中事后监管，提升非现场监管能力。

该实施细则实际上明确了海南自由贸易港跨境资金自由便利制度安排的基本定位。①

4. 人员进出自由化便利化

《总体方案》要求针对高端产业人才，实行更加开放的人才和停居留政策，并要求在2025年前实施更加便利的免签入境措施。海南省人力资源和社会保障厅在省政府2019年发布《外国人来海南工作许可管理服务暂行办法》的基础上，研究制订《海南自由贸易港外国人工作许可特别管理措施（负面清单）》（征求意见稿）和《海南自由贸易港外国人工作许可负面清单管理办法（试行）》（征求意见稿），这两项措施将进一步完善创新外国人工作许可证、居留许可证审批流程模式，构建开放便利的移民与出入境引才引智政策体系。

《海南自由贸易港外国人工作许可特别管理措施（负面清单）》（征求意见稿）统一列出行业、岗位等外国人工作许可准入方面的特别管理措施，清单之外的岗位、人员按照境内外待遇一致原则实施管理。《海南自由贸易港外国人工作许可负面清单管理办法（试行）》（征求意见稿）将人员和工作岗位分为禁止准入类和限制准入类。禁止准入类是指法律、行政法规及国务院决定等有关规定中明确的，不符合来海南自由贸易港工作条件的外国人和不允许外国人从事的工作岗位。限制准入类是指法律、行政法规、地方性法规和省政府规章等有关规定中明确的，需要行政审批后方可允许来海南自由贸易港工作的外国人和从事的工作岗位。对禁止准入类清单范围内的工作许可申请，不予准入；对限制准入类清单范围内的工作许可申请，满足相关特别管理措施的，给予准入；对负面清单外的工作许可申请，在用人单位正常合法经营、外国人符合来华工作基本条件且聘用意向真实的情况下，给予准入。

5. 运输来往自由化便利化

《总体方案》要求海南自由贸易港实施高度自由便利开放的运输政策。

---

① 海南省地方金融监督管理局课题组：《CPTPP金融规则与海南自由贸易港金融业开放创新》，《南海学刊》2022年第3期，第37~42页；王方宏：《自由贸易港金融安排的国际比较和海南探索》，《国际金融》2022年第4期，第70~78页。

为支持海南自由贸易港建设，按照《总体方案》，国务院同意海南自由贸易港暂时调整实施《中华人民共和国船舶登记条例》第二条第一款第二项的规定，对在海南自由贸易港登记，仅从事海南自由贸易港内航行、作业的船舶，取消船舶登记主体外资股比限制。

从省级层面看，海南省人民代表大会常务委员会颁布了《海南自由贸易港国际船舶条例》①，并于2022年9月1日起正式实施。该条例对海南自由贸易港国际船舶的船籍、检验机构、登记材料、营运范围、税费等相关事项给予说明，目的是建立符合海南自由贸易港特征的现代化航运服务管理体系。

同时，为了推进国际客船、国际散装液体危险品船的运输业务在高效监管条件下实现便利化，2021年9月，海南省人民政府发布《海南自由贸易港国际客船、国际散装液体危险品船经营管理办法》（琼府〔2021〕30号），对国际船舶运输经营企业应当具备的条件和行为进行了明确规定。

为规范海南邮轮港口有关海上游航线的试点工作，海南省政府办公厅发布了《海南邮轮港口中资方便旗邮轮海上游航线试点管理办法（试行）》（琼府办〔2021〕32号），该管理办法一是允许中资方便旗邮轮在海南开展海上游航线试点业务，是全国首创；二是进一步简化邮轮运输经营资质审批流程；三是进一步放宽邮轮运输经营主体准入条件；四是进一步简化国内旅客登轮证件管理；五是进一步构建新型监管机制，以多部门联动协同监管为依托，创新监管理念、监管制度和监管方式，构建衔接事前、事中、事后全监管环节的新型监管机制。

为规范海南自由贸易港邮轮市场秩序，落实交通运输部《关于外国籍邮轮在华特许开展多点挂靠业务的公告》，海南省政府办公厅于2021年9月发布了《外籍邮轮在海南自由贸易港开展多点挂靠业务管理办法》（琼府办〔2021〕47号），该管理办法有利于在政府间协同监管的基础上扩大外籍邮轮在海南的业务。

---

① 《海南自由贸易港国际船舶条例》，海南省人民代表大会官网，https://www.hainanpc.net/hainanpc/xxgk/lfdt/20211105104805120 77/index.html。

6. 数据跨境流动

《总体方案》要求海南自由贸易港在确保数据流动安全可控的前提下扩大数据领域开放。海南自由贸易港电信服务业开放程度最高，国际互联网数据专用通道正式开通，海南 11 个重点园区内已基本实现无须连接虚拟专用网络（Virtual Private Network），即可直接访问国际业务。国际海底光缆基础网络设施加速建设。2021 年 6 月，中国移动海南（文昌）—香港春坎角海底光缆系统完成设备调试并成功开通，是海南第一条承载国际业务的海底光缆，长度 650 千米，规划业务总容量 900G，成功实现海南国际海缆"零"的突破。同时，面向亚太区域、"21 世纪海上丝绸之路"沿线的海底光缆工程启动规划，对应的海底光缆登陆站勘察和选址工作也在有序推进中。国际（离岸）数据中心建设稳步推进。海南建立了较为健全的数据出口安全管理制度，创新了大数据管理体制机制，明确了公共信息资源和公共数据产品的提供、使用、开发、监督和风险管理制度。

2022 年，工业和信息化部发布了《工业和信息化领域数据安全管理办法（试行）》（公开征求意见稿），同时发布了《关于做好工业领域数据安全管理试点工作的通知》（工信厅网安函〔2021〕295 号），将海南作为工业领域数据安全管理试点地区，试点的重点内容是数据安全管理、安全防护和安全评估，还包括数据安全产品应用推广和出境安全管理。[1] 这为海南自由贸易港工业领域数据安全管理试点提供了政策依据。《海南省工业和信息化厅关于印发〈海南省工业控制系统信息安全事件应急预案（试行）〉的通知》，要求建立健全海南省工业控制系统信息安全应急工作机制，提高应对工业控制系统信息事件的组织协调和应急处置能力，预防和减少工控安全事件造成的损失和危害。[2]

---

[1] 工业和信息化部办公厅：《关于做好工业领域数据安全管理试点工作的通知》，工业和信息化部官网，https://www.miit.gov.cn/jgsj/waj/wjfb/art/2022/art_3b30bf1442f241bf93a54102096865ea.html。

[2] 《海南省工业和信息化厅关于印发〈海南省工业控制系统信息安全事件应急预案（试行）〉的通知》（琼工信规〔2021〕4 号），海南工业和信息化厅官网，http://iitb.hainan.gov.cn/iitb/xxh/202112/200e739d62c042aaa4a50169b69ed6a3.shtml。

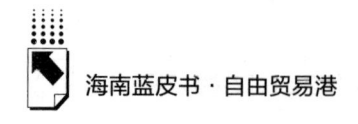

（三）制度保障体系建设进展

制度保障体系是海南自由贸易港建设的重要组成部分，围绕2025年前的重点任务，海南自由贸易港初步形成了税收、治理体系和治理能力、法规体系和风险防控四大制度保障体系。

1. 税收制度推进

《总体方案》在税收制度中的建设目标是建立以"零关税"、低税率和简税制为特征的高水平自由贸易港税收制度，从目前的推进情况看，海南自由贸易港基本形成了"零关税"和低税率的税收制度体系，简税制处于可行性研究阶段。

第一，"零关税"制度安排。除了岛内居民消费"零关税"正面清单管理外，自用生产设备"零关税"负面清单、交通工具及游艇"零关税"正面清单和原辅料"零关税"正面清单政策已经落实并实施。2022年2月14日，财政部、海关总署和税务总局联合发布《关于调整海南自由贸易港自用生产设备"零关税"政策的通知》（财关税〔2022〕4号），对自用生产设备"零关税"负面清单进行调整，在原11类不予免税商品的基础上，将旋转木马、秋千和过山车等8项商品移出负面清单，同时在政策执行主体上增加事业单位。

第二，低税率制度安排。为了更好贯彻财政部及国家税务总局于2020年发布的《关于海南自由贸易港企业所得税优惠政策的通知》（财税〔2020〕31号），海南省相关部门也制订了《海南自由贸易港所得税优惠政策事项管理工作规程（试行）》，进一步强化事中事后管理，确保税收优惠政策应享尽享，税收风险可防可控。

第三，简税制制度安排。国家相关部门研究以销售税为主的"简税制"税收制度，起草销售税改革方案，建立与贸易投资自由化便利化相适应的税收制度。

2. 治理体系和治理能力建设

围绕《总体方案》的要求，海南自由贸易港要构建系统完备、科学规范、运行有效的自由贸易港治理体系,从推动政府职能转变、社会治理和创新生态文明体制机制三个方面推进治理体系建设,提升治理能力。

第一,推动政府职能转变。通过"海易办"和"海政通"平台建设倒逼政府职能转变提高政府部门间协同效率,实现政府服务数字化。"海易办"已经升级到3.0版,汇聚全省36个政府部门的业务系统,提供2000多项服务。[1]"海政通"本地化部署于海南省政务云,整合接入政务服务和政府管理应用系统,实现全省各级政府工作部门、相关公务机构在线服务,提供统一入口、统一界面、统一标准、统一沟通、统一安全的能力支撑。通过打造"海易办""海政通"平台,55.6%的政务服务事项实现"零跑动"、30项政务服务事项实现"一件事一次办"、1038项政务服务事项实现"跨省通办"。"证照分离"改革力度全国最大,告知承诺事项数量全国第一。工程建设项目审批制度改革三年行动顺利推进,审批便利度全国排名明显提升。[2]

第二,加强社会治理,完善社会管理信息化平台,着力构建基层治理体系和治理能力。创新大社区综合服务模式,深化"一核两委一会"实践("一核"是指村党组织,"两委"是指村委会和村务监督委员会,"一会"是指村务协商会),扎实推进5个全国村级议事协商创新试点工作,深入开展民主法治示范村(社区)创建,推动"五社联动"(社区、社会工作者、社区社会组织、社区志愿者和社会慈善资源联动),着力构建培养与自由贸易港相适应的基层治理体系和治理能力。

第三,创新生态文明体制机制。《总体方案》要求深入推进国家生态文明试验区(海南)建设,创新生态文明体制和机制。海南省人民政府根据中共中央办公厅、国务院办公厅2019年发布的《国家生态文明试验区(海南)实施方案》,不断完善生态建设与环境保护长效机制。一是制订最严格的生态环境保护地方法规。2022年5月31日,海南省第六届人民代表大会常务委员会第三十六次会议审议通过了《海南省人民代表大会常务委员会

---

[1] 海南省人民政府:《"海易办"3.0版正式上线》,海南省人民政府官网,https://www.hainan.gov.cn/hainan/5309/202207/03334e5a63244c069defed2a7a1a3047.shtml。

[2] 冯飞:《政府工作报告》,《海南日报》,2022年1月26日。

关于修改〈海南省生态保护红线管理规定〉的决定》，实现保护与利用协调可持续发展的目标。二是加快海南热带雨林国家公园建设。2021年9月30日，国务院批复同意设立海南热带雨林国家公园，海南热带雨林国家公园可以借鉴国内外建设国家公园的经验，充分利用海南自由贸易港建设的优势，高质量建设国家公园。① 三是加快"闲置土地"的处置和利用。2021年，海南省政府办公厅印发《海南省闲置土地处置工作方案》，提出有偿收回退出一批、消除政府原因动工一批、依法无偿收回一批、市场盘活利用一批"四个一批"的处置路径。2021年9月，海南省政府办公厅印发《关于完善建设用地使用权转让、出租、抵押二级市场的实施意见》，允许探索"预告登记转让制度"。2021年12月，海南省人大常委会公布《海南自由贸易港闲置土地处置若干规定》，对"低效地"征收闲置费，完善了闲置土地内涵和土地闲置费制度，并授权省政府制定因公共利益收回闲置土地的补偿标准。2022年5月，海南省自然资源和规划厅印发《海南省因公共利益收回闲置土地补偿标准（试行）》，解决了长期以来有偿收回闲置土地补偿标准确定难的问题。

3. 法规体系建设

《总体方案》要求建立以《海南自由贸易港法》为基础，以地方性法规和商事纠纷解决机制为重要组成的自由贸易港法规体系。海南自由贸易港从调法调规、制定地方法规和完善多元化商事纠纷解决机制三个方面建设海南自由贸易港法规体系。

第一，按《总体方案》的要求，调整部分法律法规中的相关条款。2021年6月，第二批调法调规事项是允许境外机构在海南自由贸易港内设立理工农医类学校，调整《中华人民共和国中外合作办学条例》有关规定，在《中华人民共和国海南自由贸易港法》作出规定后直接落地。第三批调法调规事项涉及《中华人民共和国船舶登记条例》有关规定，2022年5月国务院同意该条例中的有关规定在海南自由贸易港暂时调整实施。

---

① 钟业昌主编《中国（海南）自由贸易试验区发展报告（2020）》，社会科学文献出版社，2020。

第二，加快制定与《海南自由贸易港法》相关的配套法规体系。2021年6月到2022年5月，中央层面制定法律一部，海南省人大制定了16部地方性法规。《海南自由贸易港公平竞争条例》等明确落实了《总体方案》中的立法任务。《海南自由贸易港知识产权保护条例》等法规，将进一步优化海南自由贸易港法治化、国际化和便利化的营商环境。

第三，完善多元化商事纠纷解决机制。为正确审理申请确认仲裁协议效力案件，统一办案标准和尺度，充分发挥仲裁制度在解决纠纷中的重要作用，依据《中华人民共和国仲裁法》《中华人民共和国民事诉讼法》及相关司法解释的规定，结合审判工作实际，海南省高级人民法院出台《海南省高级人民法院关于审理申请确认仲裁协议效力案件的裁判指引（试行）及典型案例》，发布《海南第一涉外民商事法庭协议管辖示范条款》中英文版本。

4. 风险防控体系建设

《总体方案》要求制定实施有效措施，有针对性防范化解贸易、投资、金融、数据流动、生态和公共卫生等领域的重大风险。

第一，国际贸易风险防控体系建设。海南自由贸易港初步形成了国际货物风险防范体系。一是相继出台《海南省反走私暂行条例》、《琼粤桂反走私联防联控机制》和《海南自由贸易港缉私司法协作机制》和相关工作机制，建立琼粤桂反走私联防联控机制，全面提升反走私综合治理工作水平，出台实施《海南自由贸易港免税购物失信惩戒若干规定》，严厉打击免税"套代购"等违法犯罪行为。二是根据"一线放开、二线管住"进出口管理制度，"一线放开"主要涉及禁止类、限制类（许可、配额）产品的进出口目录及相应的制度设计，"一线放开"充分考虑"一线"和"二线"进出口货物目录之间的差异；"二线管住"主要围绕安全保障和风险防范，以及防止税收流失的监管目标。三是在服务贸易方面，《海南自由贸易港跨境服务贸易负面清单管理办法（试行）》明确了负面清单中未列出的与国家安全、公共秩序、金融审慎、社会服务、人类遗传资源、人文社科研发、文化新业态、航空业务权、移民和就业措施以及政府行使职能等相关措施，按照我国现行相关规定执行。

第二，国际投资风险防控体系建设。一是严格执行国家关于国际投资安全的法规体系。二是以《海南自由贸易港外商投资准入特别管理措施（负面清单）（2020年版）》为基础，根据负面清单，对每一项先期开放的举措形成具体的事中事后监管体系。三是海南企业从登记环节开始，以行业和市县为基础，建立风险识别指标体系，完善风险识别和发现机制。

第三，金融风险防控体系建设。强化对重大风险的识别和系统性金融风险的防范，做好海南自由贸易港金融开放的压力测试。一是全面落实中央金融监管部门对海南自由贸易港跨境资金流动自由化便利化制定的相关政策，特别是要落实好风险控制方面的监管措施，海南地方金融监管部门也形成了相应的金融风险防控政策。二是充分运用金融科技手段强化金融风险防范的能力。全面完善金融风险预警机制，做到早预防、早发现、早处置，特别是持续有效监测和化解地方中小金融机构、上市公司和非法集资等重点领域风险。三是有效化解存量风险。稳妥有序做好海南省内重点企业、P2P网贷、非法集资案件等领域的风险化解，将对海南金融业的冲击和影响降到最低，牢牢守住不发生系统性金融风险的底线。①

第四，数据流动风险防控体系建设。《总体方案》要求到2025年，海南自由贸易港在国家数据跨境传输安全管理制度框架下，开展数据跨境传输安全管理试点，探索形成既能便利数据流动又能保障安全的机制。海南省相关部门相继出台了一些地方性法规，包括《海南省大数据开发应用条例》、《海南省信息化条例》和《海南省电信设施建设与保护条例》等，初步确立了数据开发、数据共享、数据应用、数据安全、数据保护、产业促进的标准和行政管理框架，以及电信基础设施在建设、安全、维护等方面的行政法规框架。在数据流动风险防控方面，《海南自由贸易港数据跨境流动风险防控机制》和《海南省数据流动风险防控应急预案》的出台，落实了数据跨境流动风险防控工作机制。

---

① 海南省新闻办公室：《"奋进自贸港　建功新时代"系列专题新闻发布会（第十八场）》，2022年5月30日，海南省新闻办公室官网，https://www.hndnews.com/p/536090.html。

第五，公共卫生风险防控体系建设。成立公共卫生安全风险防控专项工作组，分析研判风险，动态调整公共卫生领域风险点及风险等级。构建了公共卫生预防、救治、保障和应急"四大体系"；建立了"全省一盘棋"的疫情发现、报告和处置机制；完善了公共卫生突发事件应急处置预案，建立了"属地处置、区域协作、高效联动"的应急处置机制和社区疫情防控工作体系。建立全球传染病疫情采集、分析等监测机制，及时全面收集各国重点传染病疫情信息，提升疫情预警能力。海南省委召开七届十一次全会专题部署风险防控工作，强调风险防控是事关海南自由贸易港建设成败的最关键变量。海南省成立了走私、投资、金融等15个由分管省领导牵头的风险防控专项工作组，高位统筹各专项领域重大风险防控工作，贯彻落实海南自由贸易港建设重大风险防控任务，持续开展重点领域风险监测，动态梳理更新风险点和风险等级，对100多个风险点进行分级分类管理，一手抓政策落实，一手抓风险防控，牢牢守住了不发生系统性风险的底线。

二 2021~2022年海南自由贸易港建设成效

海南自由贸易港建设的推进不仅带来了外资外贸等规模指标的增长，也促进了产业和经济的高质量发展。集中体现在以下四个方面：一是外资外贸规模增长迅速，外向型经济开放水平显著提升；二是释放政策创新效应，推动现代产业体系高质量发展；三是重点园区集聚效应显现，辐射外溢能力进一步增强；四是实施国家生态文明试验区重大标志性工程，生态环境质量持续改善。

（一）外资外贸规模增长迅速，外向型经济开放水平显著提升

2021年6月至2022年5月，海南自由贸易港建设稳步推进，外向型经济开放水平得到明显提升，特别在外资、外贸等核心经济指标上表现不俗，增长速度大幅超过同期全国平均增速。这表明，海南自由贸易港的制度创新和开放政策高地建设，带来的早期收获效应已显现。

1. 实际利用外资持续高速增长，市场主体设立踊跃

2021年6月至2022年5月，海南自由贸易港实际利用外资累计达42亿美元，同比增长了20%，明显高于全国同期15.2%的增速，实际利用外资在上一年大幅增长的基础上，继续维持了较高增速。2022年1~5月海南自由贸易港实际利用外资约14.4亿美元，同比增长80.6%①，这表明，在国际经贸形势变化和全球新冠肺炎疫情大流行背景下，外资企业对海南自由贸易港建设充满信心，海南自由贸易港继续成为新增外资的重要投资目标区域。随着海南自由贸易港制度创新效应的不断释放，境内外市场主体设立踊跃，截至2022年5月，全省新设市场主体108.78万户，其中新设企业40.17万户，全省市场主体总数达到191.62万户②。

2. 货物贸易规模首破千亿元大关，增速大幅超过全国平均水平

2021年6月至2022年5月，海南自由贸易港进出口贸易额达1760亿元，同比增长65.5%，是同期全国进出口贸易增速的4.8倍；海南进出口贸易占GDP的比重上升到27.2%，比上年同期的比重提高10个百分点，进出口贸易对经济增长的贡献显著提升。其中，出口额和进口额分别为422亿元和1338亿元，同比分别增长64.2%和65.8%，均大大超过同期全国出口额和进口额的平均增长水平。2021年，海南自由贸易港货物贸易规模首次突破千亿元，达到1476.8亿元，同比增长57.7%，高于全国平均增速36.3个百分点。2022年1~5月，实现货物贸易进出口额745.7亿元，同比增长61.4%，高于全国平均增速53.1个百分点③。

3. 进出口贸易结构持续优化，推动货物贸易高质量发展

商品贸易结构进一步改善，高附加值产品出口占比不断提高。2021年6

---

① 海南省统计局：《海南统计月报（2022年5月）》，海南省统计局官网，http：//stats.hainan.gov.cn/tjj/tjsu/jdsj/id2019_83719/202206/P020220629578073954185.pdf。
② 中共海南省委自由贸易港工作委员会办公室：《海南自由贸易港建设白皮书（2021.06-2022.05）》，第25页，海南省人民政府官网，https：//www.hainan.gov.cn/hainan/5309/202207/2d82fd811be14c2 98c330c6242dda406.shtml。
③ 海南数据来自海南省统计月报、海南海关；全国货物贸易进出口额数据来自中国海关总署官网。

月至2022年5月，海南自由贸易港重点出口产品包括：成品油（104.8亿元）、机电产品（102.6亿元）、高新技术产品（52.8亿元）、农产品（42.6亿元）、医药材及药品（21.4亿元），其中，机电产品、高新技术产品和医药材及药品三大类重点产品的出口占比依次为：24.3%、12.5%和5.1%，分别比上年同期的占比提升2个、7.7个和2.6个百分点，高技术、高附加值产品出口占比不断提高。进口产品方面，美容化妆品及洗护用品、金属矿及矿砂、基本有机化学品、农产品的进口占比分别为21.8%、22.3%、10.3%和6.3%，金属矿及矿砂和基本有机化学品的进口占比分别比上年同期上升14个和5个百分点；美容化妆品及洗护用品的进口占比与上年同期相比下降了12.7个百分点[1]；农产品进口占比与上年同期相比基本保持不变。

货物贸易方式结构继续优化，一般贸易进出口占比大幅提升。2021年6月至2022年5月，海南自由贸易港前三大进出口贸易方式分别为一般贸易、保税物流贸易和加工贸易，进出口额依次为：936亿元、418亿元和146亿元，占全部进出口贸易的比重分别为：53.2%、23.8%和8.3%[2]，与上年同期相比，一般贸易和加工贸易进出口的占比分别提升14.8个和1.8个百分点，保税物流贸易的占比基本保持稳定。

4."零关税"等清单落地，进一步提升外向型经济开放水平

海南自由贸易港自用生产设备"零关税"负面清单、交通工具及游艇"零关税"正面清单、原辅料"零关税"正面清单等政策持续生效，截至2022年5月，"零关税"政策项下进口货值达98.9亿元[3]。"一线放开、二线管住"进出口管理制度在洋浦综合保税港区率先试点后，进一步扩展到海口综合保税区、海口空港综合保税区，相关企业累计享受加工增值内销免

---

[1] 根据海口海关官网数据整理计算，其中，上一期的统计范围为：2020年6月~2021年5月。
[2] 根据海口海关官网数据整理计算。
[3] 中共海南省委自由贸易港工作委员会办公室：《海南自由贸易港建设白皮书（2021.06-2022.05）》，第21页，海南省人民政府官网，https://www.hainan.gov.cn/hainan/5309/202207/2d82fd811be14c298c330c6242dda406.shtml。

关税货值17.5亿元。近年来，海南自由贸易港的经济外向度不断提升，2021年，海南全省的对外贸易依存度增加到22.8%①，比上一年提高了5.9个百分点，比2017年提高7.1个百分点，这为海南自由贸易港加快打造我国深度融入全球经济体系的前沿地带和打造引领我国新时代对外开放的重要门户奠定了基础。

（二）释放政策创新效应，推动现代产业体系高质量发展

海南自由贸易港建设紧密围绕发展旅游业、现代服务业、高新技术产业和热带特色高效农业四大主导产业，已形成自由贸易港制度创新与现代产业体系高质量发展良性互动的机制。

1. 离岛免税政策效应持续显现，旅游业对经济增长的贡献增强

离岛免税政策是国家赋予海南的一项特有政策，对加快海南旅游业发展和国际旅游消费中心建设带来重要影响。特别是自2020年7月1日起，财政部、海关总署、税务总局发布的《关于海南离岛旅客免税购物政策的公告》正式实施后，免税购物额度从每年每人3万元提高至10万元；离岛免税商品品种进一步增多；取消了单件商品的免税限额规定；同时鼓励适度竞争，具有免税品经销资格的经营主体均可平等参与海南离岛免税经营。新政实施后，海南离岛免税政策的经济带动效应持续显现。

据海口海关统计，自2020年7月1日海南离岛免税新政实施至2022年6月底，两年来，海关监管离岛免税购物金额906亿元、销售件数1.25亿件、购物旅客1228万人次。日均购物金额1.24亿元，较新政实施前增长257%②。可见，海南离岛免税购物呈现免税销售快速增长、品牌更加丰富、购物环境优化、营销方式多样、购物便利性提升、风险防控持续加强等特点。在离岛免税政策的撬动下，2021年，海南接待游客总人数8100.43万

---

① 此处的对外贸易依存度计算公式为：（货物进出口贸易额/GDP）×100%。原始数据来自海南省统计局，根据公式计算。

② 《海南离岛免税新政实施两年销售额达906亿元》，海关总署官网，http：//beijing.customs.gov.cn/haikou_customs/605732/605733/4449927/index.html。

人次，实现旅游总收入 1384.34 亿元，旅游业增加值占 GDP 比重达 9.1%、旅游业对全省 GDP 的综合贡献率达 33.89%[1]。这表明，离岛免税政策总体上激发了国内的旅游消费潜力，进一步增强了旅游业对海南经济增长的重要引擎作用。

2. 落实服务业高水平开放试点，形成现代服务业政策开放高地

目前，《海南自由贸易港跨境服务贸易特别管理措施（负面清单）（2021 年版）》已正式实施，为海南自由贸易港形成现代服务业开放的政策高地带来示范作用。截至 2022 年 7 月底，25 项开放措施已实现政策落地，4 项开放措施所涉及的法规已调整完毕，有 7 项开放措施已实现"首单"业务落地（如澳大利亚邱氏律师事务所驻海口代表处的业务从担任政府兼职法律顾问向提供外国法律咨询拓展；境外验船机构已有越南船级社、挪威船级社、美国船级社、法国船级社在海南开展船舶检验活动 5 次；境外个人在海南证券经营机构开立 21 个证券账户，主要来自中国香港、澳门、台湾地区，以及美国、加拿大、澳大利亚、新西兰、韩国等国家；有 5 艘境外游艇自由进出海南口岸，不再向当地引航机构申请引航）[2]。此外，2022 年 2 月，洋浦经济开发区作为国内率先进行跨境贸易投资高水平开放外汇管理改革试点区域，在经常项目和资本项目方面的进一步开放和便利化提升，促进了新型贸易形态的发展以及金融服务业的发展，例如首创非居民参与交易制度，推进境外非居民按照规定参与特定品种的交易和资金结算。

随着服务业高水平开放试点的落地推广，海南现代服务业政策高地效应逐步显现。2021 年，海南现代服务业实际使用外资 32.2 亿美元，占全部外资比重达 91%。部分现代服务业的固定资产投资实现了高速增长，2022 年 1 月至 2022 年 5 月，科学研究和技术服务业的固定资产投资，同比增长 102.7%，大大超过全国同期 12.3% 的平均增长水平。此外，服务贸易也实

---

[1] 参见省旅游和文化广电体育厅官网，http://lwt.hainan.gov.cn/xxgk_55333/lytj/2022data/202207/t20220718_3231793.html。

[2] 《海南：一批含金量高的自贸港政策落地生效红利加速释放》，网易新闻，https://www.163.com/dy/article/HDFSEH7505346936.html。

现了快速发展，2021年，全省服务进出口额达287.79亿元，同比增长55.5%。2022年1~5月，全省服务进出口额达124.83亿元，同比增长15%①。

3. 高新技术产业体系初步形成，重点产业的规模效应逐步显现

2021年7月，海南省人民政府发布《海南省高新技术产业"十四五"发展规划》（琼府办〔2021〕26号），明确海南高新技术产业体系将加快发展数字经济、石油化工新材料和现代生物医药三大战略性新兴产业；培育壮大南繁种业、深海科技和航天产业三大未来产业；优化升级清洁能源、节能环保、高端食品加工三大优势产业。目前，海南省高新技术产业体系初步形成，产业集聚效应开始显现。2021年，海南省高新技术企业总数1203家，增长43.6%；高新技术产业实现营收3432.6亿元，同比增长32.8%，实现增加值961.96亿元，占全省GDP的比重为14.9%②。

一方面，三大战略性新兴产业的发展势头良好。数字经济产业发展方面，2021年，全省数字经济增加值达450亿元，占全省GDP的比重为7%③，已超过交通运输、住宿餐饮等传统行业。石油化工新材料产业发展方面，截至2021年底，海南油气全产业链实现营收1533亿元，同比增长22.4%；规上企业完成产值983亿元，同比增长36%④。现代生物医药发展方面，正通过发挥自由贸易港和技术、装备、药品国际"三同步"政策叠加效应，支持打造千亿元级生物医药产业集群。

另一方面，三大未来产业的培育步伐明显加快。在南繁种业方面，国家耐盐碱水稻技术创新中心已经揭牌运行。在深海科技方面，全海深载人潜水

---

① 中共海南省委自由贸易港工作委员会办公室：《海南自由贸易港建设白皮书（2021.06-2022.05）》，第23页，海南省人民政府官网，https：//www.hainan.gov.cn/hainan/5309/202207/2d82fd811be14c298c330c6242dda406.shtml。

② 中共海南省委自由贸易港工作委员会办公室：《海南自由贸易港建设白皮书（2021.06-2022.05）》，第34页，海南省人民政府官网，https：//www.hainan.gov.cn/hainan/5309/202207/2d82fd811be14c298c330c6242dda406.shtml。

③ 海南省科技厅：《海南"3+1"主导产业发展态势良好全省数字经济增加值达450亿元》，海南省科技厅官网，https：//www.most.gov.cn/dfkj/hain/zxdt/202205/t20220507_180558.html。

④ 《海南积极推动油气产业往下游走、往高端走、往低排放走多措并举拉长油气产业链》，网易新闻，https：//www.163.com/dy/article/HAHID864053469JX.html。

器"奋斗者"号等一批重大深海科研成果在三亚先后落地，我国万米潜次和人数跃居世界首位。在航天产业方面，文昌航天发射场成为我国航天发射的主战场，海南商业航天发射场正式开工建设。在文昌航天城组建了航天技术创新中心，围绕发展火箭链、卫星链、数据链布局建设了一批航天科技创新平台。

4. 充分挖掘资源禀赋优势，实现热带特色高效农业高质量发展

热带特色高效农业是海南自由贸易港建设的四大主导产业之一。海南以科技创新为手段和动力，充分挖掘要素资源禀赋优势，推动热带特色高效农业高质量发展。一方面，重点发挥国家南繁科研育种基地的科技创新功能，海南省划定了26.8万亩南繁科研育种核心区，建成乐东县抱孔洋、陵水县安马洋配套服务区，每年全国29个省份、800多家科研生产单位、高等院校、科技企业的8000多名专家来海南从事南繁育种工作，科研育种面积达4万多亩。另一方面，加大农业科技创新平台建设力度，不断夯实农业科技创新基础。国家耐盐碱水稻技术创新中心已在三亚挂牌运行，成为我国19个国家技术创新中心之一，也是农业领域唯一的国家技术创新中心。海南儋州热带农业生态系统国家野外科学观测研究站和国家热带植物种质资源库2个国家级科技创新平台获批建设。

近年来，海南省热带特色高效农业建设取得重要成效。2019年、2020年、2021年海南热带特色高效农业增加值分别为：785亿元、842.89亿元、962.04亿元，增速分别为3.1%、4.1%、14.1%，分别高于传统农业（2.7%、2.1%、4.1%）0.4、2.0、10.0个百分点。GDP占比维持在20%左右，为海南经济高质量发展作出了较大贡献[1]。同时，通过打造国家南繁科研育种基地、国家冬季瓜菜生产基地、热带水果生产基地、热带作物生产基地、现代渔业生产基地、特色畜禽生产基地六大热带农业生产基地，形成了极具"海南特色"的热带高效农业示范基地。

---

[1]《海南重点打造六大热带农业"特色名片"》，澎湃新闻，https://www.thepaper.cn/newsDetail_forward_18241904

（三）重点园区集聚效应显现，辐射外溢能力进一步增强

2020年6月3日，随着《总体方案》的公布，海南省为11个园区集体挂牌，这些园区成为海南自由贸易港建设的样板区，承担了海南自由贸易港先行先试的重任。早在2019年，海南省出台的《海南省重点产业园区规划布局调整优化方案》，对全省重点产业园区进行了优化调整，确定了11个重点园区。同时海南省人民政府不断完善重点园区的管理体制和机制，制订《关于完善十一个重点园区管理体制的实施方案》，充分授权重点园区，建立与海南自由贸易港政策相适应的园区运行机制。同时，海南还先后制订了《海南省产业园区管理暂行办法》和《海南省重点产业园区考核评价办法》，对园区设立、运营管理、政策扶持、业绩考核等进行规范，以结果为导向建立健全产业园区考核评价体系和动态调整机制。此外，为进一步提升产业园区的投融资能力，2022年6月，海南省级产业园区发展建设联席会议办公室出台了《关于支持提升海南自由贸易港重点园区投融资能力十条措施》，旨在破解现阶段制约园区发展的投融资问题，推动产业园区高质量发展。

1. 11个重点园区建设对海南全省经济带动效应显著

海南自由贸易港制度创新措施率先在十一个重点园区试点，取得了积极的建设成效，带来了海南自由贸易港建设的早期收获。据统计，2021年，海南省11个重点园区共实现营收13555.5亿元，同比增长134.0%；自由贸易港2021年，11个重点园区500万元（含）以上项目914个，完成固定资产投资1173.38亿元，同比增长73.6%；实际利用外资32.04亿美元。洋浦经济开发区营业收入突破5000亿元大关。海口江东新区、海南生态软件园、海口复兴城互联网信息产业园、海口综合保税区进入"营收千亿元俱乐部"。税收进入增长"超车道"，11个重点园区税收收入585.63亿元，同比增长47.73%，以不到全省2%的土地面积贡献40.1%的税收。亩均税收为30.55万元，接近国家级经

开区平均水平[①]。

随着重点园区新型国际贸易形态的不断增加，新型产业体系不断发展，重点园区对区外产业的带动会逐步体现，产生区域产业的溢出效应。例如，洋浦保税港区加工增值的落地项目已开始从大豆油、菜籽油、玉石珠宝等行业，向高性能新材料等高技术产业延伸，与洋浦经济开发区的绿色石化新材料等主导产业紧密契合，对进一步促进洋浦经济开发区和海南全省的产业高质量发展带来积极的外溢效应。再如，海口国家高新区的生物医药产业集群集聚效应明显，在全国生物医药园区百强榜中排名第29位，现已汇聚64家医药及医疗器械类企业，2021年医药产业产值完成184亿元，占全市的77.4%、占全省的73.6%[②]，对海南全省生物医药产业的竞争力提升带来了显著的集聚和外溢效应。

2. 不同类型重点园区围绕其发展定位取得积极成效

海南11个重点园区有不同的产业定位和功能定位，与《总体方案》推进五个要素自由便利、现代产业体系和四个制度保障紧密结合，这11个重点园区可以分为四种类型，不同类型的重点园区围绕其发展定位取得积极成效。

第一种类型是以海关特殊监管区为重要载体的重点园区，包括洋浦经济开发区（含洋浦保税港区）和海口综合保税区。2021年7月和2021年12月，洋浦保税港区和海口综合保税区先后开始试点海南自由贸易港加工增值免关税制度，目前洋浦保税港区已有16家企业完成加工增值资质备案，实际开展共191票业务，加工增值内销物品累计货值13.16亿元，免征关税破亿元；海口综合保税区落地加工增值项目7个，正在推进项目9个[③]。这些

[①] 中共海南省委自由贸易港工作委员会办公室：《海南自由贸易港建设白皮书（2021.06-2022.05）》，第35~36页，海南省人民政府网，https：//www.hainan.gov.cn/hainan/5309/202207/2d82fd811be14c298c330c6242dda406.shtml。

[②] 海南省发展改革委：《多方位推动海口国家高新区高质量发展》，搜狐网，https：//www.sohu.com/a/546436177_121106994。

[③] 《海口综保区已落地加工增值项目7个》，新浪财经，http：//finance.sina.com.cn/roll/2022-06-20/doc-imizmscu7718735.shtml。

措施不仅显著降低了企业承担的关税成本，同时也为后续海南自由贸易港的全岛封关运作提供了重要的试点场景和经验。此外，洋浦经济开发区还在离岸贸易等新型国际贸易发展上取得积极成效，2021年洋浦经济开发区新型离岸国际贸易累计完成贸易额69.19亿美元，占全省的85%，2022年1~6月，累计完成新型离岸国际贸易57.2亿美元，同比增长120%以上[1]，为推动海南现代服务业的转型升级发挥了重要作用。

第二种类型是围绕医疗、教育和航天等产业的重点园区，包括博鳌乐城国际医疗旅游先行区、陵水黎安国际教育创新试验区和文昌国际航天城。博鳌乐城国际医疗旅游先行区围绕制度创新集成改革方案推进了医疗旅游业务的发展，充分发挥国家赋予的先行先试的政策优势，积极吸引境外医疗消费回流。目前，乐城先行区设立了全国首个真实世界数据研究与评价重点实验室，进口特许药械品种首例应用突破200例，基本实现医疗技术、装备、药品与国际先进水平"三同步"，2020年、2021年乐城先行区医疗机构接待医疗旅游人数年增长速度分别为31.2%和90.6%。陵水黎安国际教育创新试验区于2021年10月正式开学，标志着国际教育创新岛建设取得重大阶段性成果。截至2022年1月，试验区已签约引进的中方高校共有10所，包括北京大学、东南大学、南开大学、电子科技大学等；外方高校共有12所，包括加拿大阿尔伯塔大学、英国格拉斯哥大学、美国罗格斯大学、瑞典斯德哥尔摩经济学院等。文昌国际航天城建设稳步推进，2021年文昌国际航天城企业营收约28亿元，税收收入5.45亿元，固定资产投资完成近19亿元；2022年1月至5月，园区企业实现营收19.97亿元，税收约1.1亿元，固定资产投资8.82亿元[2]。

第三种类型是围绕高新技术产业及互联网新经济产业的重点园区，包括海口国家高新技术产业开发区、三亚崖州湾科技城、复兴城互联网信息产业

---

[1] 《洋浦新型离岸国际贸易快速增长》，海南省人民政府官网，https://www.hainan.gov.cn/hainan/sxian/202207/8c64a44444394d87bd43d23bb58e8704.shtml。

[2] 《发挥"三大优势" 海南文昌稳步推进国际航天城建设》，新华网，http://www.hq.xinhuanet.com/service/2022-06/29/c_1128787282.htm。

园和海南生态软件园。海口国家高新区是海南自由贸易港唯一的国家级高新区，踏上了"扩区发展、多元发展"之路，从"一城四园"拓展为"一区七园"，从主攻高新技术产业延展到旅游业、现代服务业、高新技术产业等产业。2021年，海口国家高新区（含观澜湖）营业总收入537.4亿元，增加值129.17亿元；税收67.76亿元，增收14.45亿元，同比增长27.1%；固定资产投资104亿元，同比增长31%[①]。三亚崖州湾科技城聚焦深海科技和南繁科技两大核心进行布局规划，形成深海、南繁和遥感航天等产业体系，先后有海南大学坝头南繁公共试验基地、深海科技创新公共平台等一批项目建设投产，凸显了三亚崖州湾科技城"海陆互动"的优势。目前，崖州湾科技城累计注册企业6156家，累计注册资本金为1064.52亿元。复兴城互联网信息产业园初步形成了数字经济类龙头企业的集聚，构建了集众创空间、孵化器、创投基金、公共服务、商业配套为一体的互联网创新创业生态体系；2021年，复兴城互联网信息产业园园区数字经济类企业营收占海南省数字经济产业营收的40%以上，2021年园区营收突破1000亿元，税收超过50亿元，成为全省千亿级互联网产业集群培育打造的主力军。海南生态软件园是海南自由贸易港重点园区，也是海南发展数字经济的主要平台和载体，园区初步形成了金融、信息服务、科技及其他专业服务为主体的现代服务业产业集群。截至2022年3月，海南生态软件园已有腾讯、百度、字节跳动、唯品会等超1.2万家企业落户海南生态软件园。2021年，园区收入超1000亿元，税收突破100亿元，同比增长164.6%[②]。

第四种类型是围绕总部经济业态的重点园区，包括海口江东新区和三亚中央商务区。江东新区以总部经济为导向，以金融、旅游、科教、文化创意、航空租赁、航空维修、数字贸易、专业服务和健康养生等产业为补充，构建"临空经济+服务经济+生态经济"的产业体系。自2020年6月

[①] 《海口高新区着力打造"1个千亿+4个百亿"高新技术产业集群》，海南省人民政府官网，https://www.hainan.gov.cn/hainan/sxian/202207/7ceb12c4b7264cfc987037b0c91085bd.shtml。

[②] 《超1.2万家企业落户海南生态软件园》，海南省人民政府官网，https://www.hainan.gov.cn/hainan/5309/202204/836dc1d32fe84fa0a882574772e261fe.shtml。

挂牌两年来，海口江东新区已累计实现"首单跨境船舶租赁""首支QFLP基金业务落地""首单事后审核离岸贸易业务"等19项自由贸易港"首单"业务的突破，总部经济区目前已吸引重点企业46家，其中世界500强企业35家。近年来，江东新区各项指标保持快速增长势头，2021年完成营收2272亿元，同比增长105%；完成税收45亿元，同比增长187%。引进外资13亿美元，同比增长56%，居海南自由贸易港各重点园区首位①。三亚中央商务区重点构建以总部经济、金融服务、现代商贸、邮轮游艇为主导，以专业服务与休闲文化为支撑的现代产业体系，旨在打造更具国际影响力和竞争力的特殊经济功能区，以吸引全球投资者目光，引来国内外龙头企业入驻，打造自由贸易港陆海经济增长极，加快三亚产业转型升级。2021年，三亚中央商务区建设保持超常规推进态势：新增入园企业1446家，同比增长99.17%；实现税收38.35亿元，同比增长164.99%；实际利用外资2.53亿美元，占三亚全市实际使用外资的56.22%；完成固定资产投资127.08亿元，同比增长54.6%②，三亚中央商务区建设的快速推进，为打造更具影响力和竞争力的现代服务业集聚发展创新试验区打下重要基础。

（四）实施国家生态文明试验区重大标志性工程，生态环境质量持续改善

海南自由贸易港运行以来，持续推进创新生态文明体制机制建设，完善生态建设与环境保护长效机制，统筹推进自然资源产权制度和有偿使用、国土空间规划体系建设、自然生态空间用途管制试点、自然资源统一调查评价和确权登记工作，探索生态产品价值实现机制③。在创新生态文

---

① 《挂牌两年，自贸港这个区"成绩单"亮眼！》，新浪网，http://k.sina.com.cn/article_6145283913_v16e49974902001p0zt.html。
② 《三亚中央商务区：打造自贸港园区靓丽名片》，澎湃新闻，https://www.thepaper.cn/newsDetail_forward_17810389。
③ 中共海南省委自由贸易港工作委员会办公室：《海南自由贸易港建设白皮书（2021.06-2022.05）》，第40页，海南省人民政府官网，https://www.hainan.gov.cn/hainan/5309/202207/2d82fd811be14c298c330c6242dda406.shtml。

明体制机制的基础上,实施一批重大标志性工程建设,推动生态环境质量持续改善。一是热带雨林国家公园入选首批国家公园。国家公园核心保护区生态搬迁稳妥推进,矿产项目已退出或不再开采,小水电有序退出,国家公园内热带雨林面积占比达73.89%,森林覆盖率增长至95.85%。热带雨林生态系统的原真性、完整性和生物多样性得到有效保护。二是实现可再生能源全额消纳。截至2021年,海南省清洁能源产业新扩建"核光风气"等一批重大项目,建成后将新增装机容量980万千瓦。海南电网着力优化电网调度运行,实现可再生能源全额消纳。截至2021年年底,全省清洁能源装机比重提升至70.9%,较全国平均水平高出23个百分点;清洁能源发电量占统调发电量比重提升至56.5%。海南省成为全国首个宣布禁售燃油车目标的省份。三是实施全国首部"禁塑"地方法规,装配式建筑面积连续四年翻番。海南省率先颁布实施了全国首部地方法规《海南经济特区禁止一次性不可降解塑料制品规定》,首次构建了"法规+标准+名录+替代品+可追溯平台"的塑料制品管理制度体系和全流程闭环管理体系。2021年全省装配式建筑产能增长1.3倍;装配式建筑面积2280万平方米,实现连续四年逐年翻番[①]。

三 海南自由贸易港建设展望

海南自由贸易港建设要按照《总体方案》2025年前的重点任务,特别是全岛封关建设任务,以制度系统集成创新推动要素集聚,促进海南现代产业体系的形成。

(一)进一步推进要素自由便利

在目前海南自由贸易港已经形成要素自由便利制度体系的基础上,重点

[①] 《海南推进国家生态文明试验区标志性工程建设》,三沙卫视官网,https://www.ssws.tv/p/19751.html。

围绕全岛封关运作准备工作，以海南现代产业体系为抓手，以 RCEP 生效实施为契机，对标《全面与进步跨太平洋伙伴关系协定》（CPTPP）和《数字经济伙伴关系协定》（DEPA）等高水平自由贸易协定，细化要素自由化便利化的制度和政策体系。

1. 贸易自由化便利化

围绕全岛封关运作准备工作，加快形成货物"一线"和"二线"之间的进出境管理制度，并建立对应口岸监管制度。进一步扩大"一线放开、二线管住"的试点区域，在总结洋浦保税港区的试点成效基础上进一步促进洋浦保税港区货物自由化和便利化。评估《海南自由贸易港跨境服务贸易特别管理措施（负面清单）（2021年版）》制度。以数字化促进海南自由贸易港贸易便利化。

第一，加快推动全岛封关准备工作。瞄准 2023 年底前具备封关硬件条件、2024 年底前完成封关各项准备既定目标，项目化清单化推进各项任务。① 一是推进全岛口岸硬件建设。经国务院批准，海南自由贸易港已设立 8 个对外开放口岸，往来海南自由贸易港与中华人民共和国关境外其他国家和地区间的人员、货物、物品、交通运输工具从对外开放口岸进出。新增设立 10 个二线口岸，往来海南自由贸易港与中华人民共和国关境内其他地区的人员、货物、物品、交通运输工具从二线口岸进出。海南省需加快推进原有对外开放口岸的升级改造和新增二线口岸的基础设施建设。二是推进非设关地综合执法点建设。海南省在全岛沿海岸线布局了 64 个非设关地综合执法站和海警工作站，主要依托省社管平台技术支撑，整合海岸警察、海南海警、综合执法等部门力量，开展岸线"三反一防"（反走私、反偷渡、反渗透、防回流）等工作。海南省需加快推进非设关地综合执法点建设，与口岸共同形成全岛监管闭环。三是推进全岛封关运作软件建设。在开展口岸和非设关地硬件建设的同时，海南省还需加快税收制度、法律法规、监管办法等配套软件建设，作为全岛封关运作的必要

① 冯飞：《政府工作报告》，《海南日报》，2022 年 1 月 26 日。

支撑。

第二，对货物进出境管理制度运行评估和优化。需要对2020年6月3日起实施的《中华人民共和国海关对洋浦保税港区监管办法》进行评估，提出进一步优化海南自由贸易港"一线放开、二线管住"货物进出境管理制度先行先试的政策建议。在"一线放开、二线管住"货物进出境管理制度试点扩大到海口综合保税区和海口空港综合保税区的基础上，选择若干重点产业园区，进一步扩大试点区域，为全岛封关运行提供更多的压力测试场景。

第三，评估《海南自由贸易港跨境服务贸易特别管理措施（负面清单）（2021年版）》制度。根据海南现代服务业发展的要求，结合高水平自贸区协定服务贸易规则的演变趋势，对现有《海南自由贸易港跨境服务贸易特别管理措施（负面清单）（2021年版）》实施成效进行评估，提出优化海南自由贸易港跨境服务贸易负面清单制度的政策建议。

第四，推进海南自由贸易港贸易便利化。对标DEPA商贸便利化措施，以海南自由贸易港国际贸易"单一窗口"为载体，充分利用数字技术，促进海南自由贸易港商贸便利化。结合WTO即将生效的《服务贸易总协定》（GATS）中的重要条款以及海南自由贸易港重点推动的现代服务业产业体系，率先试点相关服务国内规则，促进服务贸易便利化。

2. 投资自由化便利化

以海南自由贸易港投资便利化作为重点内容，进一步改善和优化海南自由贸易港投资环境。

第一，进一步推进海南自由贸易港国际投资自由化制度。评估《海南自由贸易港外商投资准入特别管理措施（负面清单）（2020年版）》，结合自由贸易区协定中国际投资制度的演变趋势，以建设海南自由贸易港现代产业体系为目标，提出优化《海南自由贸易港外商投资准入特别管理措施（负面清单）（2021年版）》的政策建议。首先，根据联合国社会与经济事务部《产品总分类（2.1版）》（CPC）中的服务业分类目录，对照现有的《海南自由贸易港鼓励类产业目录（2020年版）》，提出更为细化的海南现代服务业发展目录,针对外资准入前后的限制措施,提出取消或减少限制措施的建议。其次,鉴于金融监管的复杂性,海南自由贸易港可以对外资金融企业单独形成正面和负面相结合的准入措施。最后,就目前而言,要将精力聚焦在细分产业,结合《海南省国民经济和社会发展第十四个五年规划和二〇三五年远景目标纲要》和其他十四个规划,抓住RCEP生效的契机,加快形成产业发展的新增长点。

第二,跟踪WTO《投资便利化协议》谈判进程,推动海南自由贸易港投资便利化。WTO《投资便利化协议》是WTO推动的一个重要多边协议,有利于促进全球投资便利化。根据WTO《投资便利化协议》的合并本文,其核心条款包括国际投资措施的透明度、精简和加快行政程序和要求、国内监管协调和跨境合作。德国社会发展研究所[1]根据WTO《投资便利化协议》谈判所涵盖的议题,建立了投资便利化的衡量指标体系,其指标体系是将投资便利化分为合作、电子政务、申请过程、联络点和申诉、对外投资中的母国责任以及透明度和可预测性等6大领域117个指标。下一步海南自由贸易港投资便利化建设要借鉴这个指标,找出问题和短板,进一步优化国际投资"单一窗口",进一步促进海南自由贸易港投资便利化。

第三,进一步改善海南自由贸易港的投资环境。依据《海南自由贸易港营商环境重要量化指标赶超国内一流实施方案(1.0版)》中涉及投资环境的指标,重点完善影响成本和效率的环境指标,使海南吸收内外资的营商环境明显改善。在《海南自由贸易港营商环境重要量化指标赶超国内一流实施方案(1.0版)》推进过程中,为了提高营商环境的可比性,可以比较世界银行即将推出的宜商环境(Business Enabling Environment,BEE)指标,就每个指标的具体定义、指标信息收集方法和测量方法等进行比较,并定期向社会公布。

3. 跨境资金自由化便利化

在人民银行、银保监会、证监会、外汇局发布《关于金融支持海南全

---

[1] Berger, A., Dadkhah, A., & Olekseyuk, Z., *Quantifying Investment Facilitation at Country LevelIntroducing a New Index*(Report No. Discussion Paper 23/2021). Bonn.

面深化改革开放的意见》（银发〔2021〕84号）和人民银行海口中心支行、省地方金融监管局、海南银保监局、海南证监局、外汇局海南省分局制定《关于贯彻落实金融支持海南全面深化改革开放意见的实施方案》（琼府办函〔2021〕319号）的基础上，全面提升人民币可兑换水平支持跨境贸易投资自由化便利化，完善海南金融市场体系。

第一，以重点园区作为支持跨境贸易投资自由化便利化的突破口，在现有政策框架下进一步实施金融支持重点园区的"一园一策"制度，加快海南现代产业体系的形成。第二，运用数字金融、金融科技等新一代数字金融技术，在风险可控的条件下运用金融科技手段试点提升人民币可兑换水平促进跨境贸易投资自由化和便利化的政策，试点与国际贸易新业态相关的贸易融资、供应链金融和跨境电子支付等国际贸易新业态。通过数字手段推动对外投资的便捷服务，特别是吸引中国在"一带一路"沿线国家的境外经贸合作区建设企业落户海南自由贸易港。第三，充分利用海南自由贸易港的税收制度安排，吸收国内外各类金融主体，加快现代海南金融市场体系建设。

4. 交通运输往来自由化便利化

在《海南自由贸易港国际船舶条例》的基础上进一步完善国际船舶登记制度及相关配套政策。并以建设西部陆海新通道国际航运枢纽和航空枢纽为抓手，进一步推进自由和便利化的交通运输往来。

《海南自由贸易港国际船舶条例》出台后，在该条例的推进过程中还需要完善优化登记、监管、税收和金融等政策体系。同时要针对国外竞争对手的情况，比较海南自由贸易港国际船舶登记制度系统集成的优劣势，特别是考察是否存在成本优势，以形成更自由便利的企业运营环境。因此，海南自由贸易港国际船舶登记制度改革应借助海南自由贸易港税收制度安排，集成港航、海事、海关、金融和法律等领域的制度创新，通过强化制度体系集成创新，切实加强航运"软实力"，构建航运"软环境"。[①]

[①] 苏仰周：《创新国际船舶登记制度，建设更加开放的海运政策体系》，《海南日报》，2020年9月4日。

要以建设西部陆海新通道国际航运枢纽和航空枢纽建设为目标，提出与枢纽建设需要的交通运输往来自由便利政策。根据《洋浦港洋浦港区国际集装箱码头区域规划》的修订要求，以国际中转和转口贸易、现代物流、多式联运、指定口岸监管、现代航运及供应链服务等功能突破为核心，提出作为国际航运枢纽的制度系统集成体系。推动海南第五、第七航权试点的政策配套体系，实现国内货物经海口向国际出口或进口货物经海口向国内其他城市分拨发散，最终将海南自由贸易港建设为航空枢纽港。

5. 人员进出自由化便利化

根据海南自由贸易港的推进进程实施更加开放的免签入境政策。对标高水平自贸区协定中自然人移动规则，探索与海南自由贸易港鼓励类产业相关的境外人员临时执业许可制度、境外人才专业资格单向认可和实施商务人士短期入境制度等细化制度体系。借鉴新加坡吸收国际人才方面的法规体系，形成海南自由贸易港国际人才法规体系。新加坡目前已经建立了《移民法案》《雇佣法案》《外国人力雇佣法案》《职业安全与健康法案》《工伤赔偿法案》《雇佣代理法案》等完整国际人才的法律体系，涵盖了工作签证、雇佣关系、外籍人管理、职业安全和赔偿机制，以及健康保障等范围。[①] 对不同层次人才进行分类管理，新加坡对创业、高技术人才到保姆等工作人员，根据自身学历、技能水平、薪酬水平等因素进行分类，发放不同种类的工作签证[②]。

6. 数据安全有序流动

根据目前海南省正在试点工业领域的数据出境安全管理政策，要加快相关法律法规的落实，积极对接国际数据跨境安全有序流动规则。在数字基础建设方面加快 5G 和高速网络宽带建设、构建专用海缆传输通道、推动建设全业务国际通信出入口局、布局绿色数据中心建设。在增值电信业务试点方面，通过形成与增值电信业务开放匹配的事前、事中和事后监管体系，加快推进数字服务业的发展。

---

① 王惠平主编《海南自由贸易港发展报告（2021）》，社会科学文献出版社，2021，第 125 页。
② 董彦龙：《自由贸易港人员自由流动管理的制度创新研究》，《商业经济》2019 年第 2 期，第 108~110 页。

（二）进一步推进现代产业体系建设

无论是《中共中央国务院关于支持海南全面深化改革开放的指导意见》还是《海南自由贸易港建设总体方案》，都明确了海南要建设以旅游业、现代服务业和高新技术产业等重要产业为主的现代产业体系框架。《海南省国民经济和社会发展第十四个五年规划和二〇三五年远景目标纲要》对海南现代产业体系进行了细化，提出了发展三大战略性新兴产业，即数字经济、石油化工新材料和现代生物医药，培育以"陆海空"为主的三大未来产业，即南繁产业、深海产业和航天产业，优化升级三大优势产业，即清洁能源产业、节能环保产业和高端食品加工产业，发展壮大现代服务业，即现代物流业、医疗健康产业、现代金融业和商务服务业，并提出了基本建成国际旅游消费中心积极拓展旅游消费业态、加快创建全域旅游示范省、提升海南旅游国际化水平。

在海南现代产业体系定位已经明确，重点产业"十四五"规划出台的情况下，如何利用海南自由贸易港的制度安排，加快现代产业体系的形成是当务之急。首先，要找准海南自由贸易港制度系统集成与现代产业体系建设之间的关系。制度系统集成创新需要从海南现代产业体系建设为出发点，要分析基于这些产业的全球发展趋势，新型国际贸易形态的变化，采用自上而下和自下而上相结合的制度系统集成创新[①]。也就是说，在海南自由贸易港制度安排框架基本确立的情况下，要进一步细化要素自由便利，以现代产业体系建设为依托，形成制度创新与产业体系建设之间的良性循环。其次，要借鉴国内地区产业推进的经验，建设产业公共服务平台，通过公共服务平台促进产业的成长。例如中国（厦门）全球一站式航空维修基地是目前全国最大的航空维修基地，福建自贸区厦门片区除打造中国（厦门）全球一站式航空维修基地，还创新"修理物品+保税仓库"一体化监管模式，完善产

---

① 沈玉良、陈历幸：《海南自贸港国际贸易形态、区域协同发展与制度系统集成研究》，《南海学刊》2022年第1期，第20~31页。

业发展扶持政策体系，形成了以产业发展导向的制度系统集成。① 海南自由贸易港要充分利用加工增值制度、税收制度和服务业自主性开放政策，建立细分产业推进工作目标，形成具有海南自由贸易港特色的产业推进体系。最后，要以重点园区和一般园区相结合共同推进现代产业体系建设为目标，对重点园区产业推进要实施动态跟踪机制，省政府要优先将政策资源放在有加速推进具体产业能力的重点园区。同时，省政府要鼓励各市县按照海南自由贸易港现代产业体系建设的要求培育园区。

（三）进一步推进保障措施

从税收制度、社会治理、法治制度和风险防控体系等方面同步推进海南自由贸易港制度建设，形成高质量的保障措施。

1. 税收制度

税收制度要重点围绕全岛封关建设形成简税制方案，将现行增值税、消费税、车辆购置税、城市维护建设税及教育费附加等税费进行简并，形成货物和服务零售环节征收销售税的整体方案，建设适合海南自由贸易港制度安排需要的税收制度体系。由于海南自由贸易港与内地税收制度的差异，对可能带来的税收风险进行预研究。

2. 社会治理

根据《中华人民共和国海南自由贸易港法》第八条："海南自由贸易港构建系统完备、科学规范、运行有效的海南自由贸易港治理体系"的要求，将海南自由贸易港治理体系的建设重点要放在基础性工作上，为创建系统完备、科学规范、运行有效的自由贸易港治理体系做准备。

建设规范政府服务标准。首先，要对现有政府服务标准进行梳理，明确哪些没有标准；哪些已经有了标准，但标准化程度不够；哪些是不合理的标准。初步形成海南自由贸易港的政府服务标准体系。其次，借鉴新加坡

---

① 福建自贸区厦门片区：《中国厦门全力打造"一站式"航空维修基地》，《航空维修与工程》2018年第10期，第14~15页。

《数字服务标准》（DSS），结合海南自由贸易港的实际，形成数字服务标准体系。新加坡《数字服务标准》（DSS）是为政府机构制定的一套数字服务标准体系，以确保各部门在实施数字服务时，达到"提供简单易用、无缝衔接，与国民及企业活动密切相关"这一数字政府蓝图（DGB）目标。[①] 最后，根据数字服务标准，对现有政府机构职责进行调整，推动政府机构改革和职能转变。

通过利用数据技术，推动海南自由贸易港的数据政府建设。可以借鉴纽约建设数字政府的经验，以提供数据驱动的城市安全和服务为目标，通过最大限度开放公共数据提升政府治理能力。纽约市的数据立法在数据立法的依据、公共数据集采集质量、数据融合共享系统、数据在城市治理中的运用实践以及可执行的组织构架等方面对海南自由贸易港建立数据政府治理体系具有一定的借鉴意义。[②]

探索共建共治共享的社会治理机制。要行业组织发挥更大的作用，需要赋予行业组织更大自主权，发挥行业组织在市场秩序维护、标准制定实施和行业纠纷调处中的作用，先期可以在离岛免税行业进行试点，逐步培育具有海南自由贸易港特色的社会治理体制和机制。

3. 法治制度建设

《中华人民共和国海南自由贸易港法》已经正式出台，海南自由贸易港法治建设的重点一是围绕全岛封关运作准备工作，形成与全岛封关后整体法规体系，因而要超前研究与全岛封关有关的法规体系。二是要依托海南现代产业体系建设，以细化产业平台为对象，形成相关配套法规体系。三是根据海南自由贸易港的不断推进建立多元化商事纠纷解决机制，特别是完善国际商事纠纷案件集中审判机制，在实践中提供国际商事仲裁、国际商事调解等多种非诉讼纠纷解决方式。

---

① 参见新加坡科技局官网，https://www.tech.gov.sg/files/digital-transformation/GovTech_DSS_Summary_Infographic_2Oct2018.pdf。

② 《纽约市政府数据在政府治理中的作用》，纽约市政府官网，https://opendata.cityofnewyork.us/data/。

4. 风险防控体系建设

风险防控体系建设是海南自由贸易港安全运行的基本条件，要根据海南自由贸易港制度安排的特点，按照海南自由贸易港的推进进程，逐步健全风险防控体系。

第一，要对可能产生的风险进行识别。从制度演进过程中看，有三种风险类型。第一种类型是原有制度安排本身可能存在的风险，例如在货物制度、投资制度和金融制度等安排下可能出现的风险，这种风险具有全国共性特征，例如货物领域的走私等问题。第二种类型是海南自由贸易港制度安排可能带来的风险，以及其在制度推进中可能带来的风险，如在货物、金融、数据和投资等领域都有可能出现套利风险和安全风险。第三种类型是海南自由贸易港制度安排与内地制度安排存在着落差，这种落差可能带来制度套利风险。因此，海南自由贸易港风险防控体系要形成基于不同类型的风险识别体系。

第二，在风险防控体系中，重点关注系统性风险，在海南自由贸易港建设中不发生系统性风险。系统性风险描述为经历一个"强大的"系统触发事件（也就是一个同时并深远影响多数或所有国内经济领域的"大的"冲击）的风险。系统性风险可以被认为是具有蔓延（传播）性的风险，即一个特殊问题影响一个机构，然后影响另一个机构的多米诺骨牌效应。系统性风险还强调金融系统与实体经济的宏观经济联系。系统性风险的两个主要来源是时间维度和空间维度，时间维度，即总体风险或者称为顺周期效应，它与总体风险的不断积累有关，是随着时间不断积累的失衡引发的风险。[①] 空间维度，即跨行业维度，指机构之间的相互关联（敞口）和共同行为所引发的风险，关注风险在任一给定的时点是如何在金融系统内分布和相互作用的。这两种维度的系统性风险相互关联，相互作用，识别系统性风险的分析框架可以从时间和空间两个维度进行。[②] 海南自由贸易港整体推进过程中，

[①] 沈玉良：《建设开放度最高的自由贸易试验区》，上海人民出版社，2015，第23～42页。

[②] European Central Bank, *Financial stability review*, June 2009, https：//www.ecb.europa.eu/pub/pdf/other/financialstabilityreview200906en.pdf.

要形成系统性风险模型，特别是不同风险之间关联到系统性风险的影响。

第三，将全岛封关运作作为风险压力测试的重要窗口期。全岛封关运作不仅涉及贸易、资金、税收等重大制度系统性改革，而且与内地的制度落差扩大，在这种态势下，对全岛封关可能带来的风险进行定性和定量分析，并进行压力测试。

附件一
海南自由贸易港制度（政策）类型统计

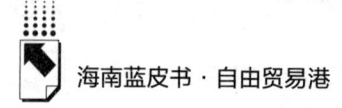

单位：个

时间段	2020年6月~2021年5月 制度 中央	2020年6月~2021年5月 制度 海南	2020年6月~2021年5月 配套制度 中央	2020年6月~2021年5月 配套制度 海南	合计	2021年6月~2022年5月 制度 中央	2021年6月~2022年5月 制度 海南	2021年6月~2022年5月 配套制度 中央	2021年6月~2022年5月 配套制度 海南	合计	汇总统计 制度合计	汇总统计 配套制度合计	总计
税则制度	10	0	9	9	28	2		2	4	8	12	24	36
人才制度	0	6	0	4	10	1			2	3	7	6	13
贸易制度	3	0	1	0	4	2			1	3	5	2	7
投资制度	3	3	0	3	9					0	6	3	9
金融制度	1	8	0	0	9	1	2		1	4	11	1	12
运输制度	3	1	0	0	4	2	4			6	10	0	10
产业政策	1	11	0	0	12		14		5	19	26	5	31
园区政策	0	7	0	4	11	2				2	9	4	13
优化营商环境	0	6	0	0	6		1			1	7	0	7
法律法规规章	2	6	0	1	9	1	16			17	25	1	26
保障措施	2	6	0	0	8	1	15		1	17	24	1	25
合计	25	54	10	21	110	10	54	2	14	80	142	47	189

042

附件二
2020年6月到2022年6月中央和海南推出的重大制度（政策）

序号	文件名	部门	时间	政策类型
1	《关于印发〈海关对洋浦保税港区加工增值货物内销税收征管暂行办法〉的通知》	海关总署	2021年7月8日	税收政策
2	《关于海南自由贸易港进出岛航班加注保税航油政策的通知》	财政部、海关总署、税务总局、民航局	2021年7月8日	税收政策
3	《关于做好海南省现代物流业创业创新人才落户工作的通知》	省发展改革委省交通运输厅省邮政管理局	2021年7月5日	人才政策
4	《关于同意在全面深化服务贸易创新发展试点地区暂时调整实施有关行政法规和国务院文件规定的批复》	国务院	2021年9月15日	贸易政策
5	《海南自由贸易港跨境服务贸易特别管理措施（负面清单）（2021年版）》	商务部	2021年7月23日	贸易政策
6	《洋浦经济开发区开展跨境贸易投资高水平开放外汇管理改革试点实施细则》	国家外汇管理局海南省分局	2022年1月27日	金融政策
7	《关于金融支持海南自由贸易港重点园区的指导意见的通知》	人行海口中心支行等部门	2021年6月	金融政策
8	《海南自由贸易港试点开放第七航权实施方案》	中国民用航空局	2020年6月3日	运输政策
9	《关于调整海南进出境游艇有关管理事项的公告》	海关总署	2020年7月9日	运输政策
10	《海南现代综合交通运输体系规划》	国家发展改革委	2020年9月10日	运输政策
11	《关于海南省开展环岛旅游公路创新发展等交通强国建设试点工作的意见》	交通运输部	2021年6月7日	运输政策
12	《关于印发〈海南自由贸易港国际客船、国际散装液体危险品船经营管理办法〉的通知》	省政府	2021年9月17日	运输政策
13	《关于印发〈海南邮轮港口中资方便旗邮轮海上游航线试点管理办法（试行）〉的通知》	省政府办公厅	2021年7月12日	运输政策
14	《关于印发〈外籍邮轮在海南自由贸易港开展多点挂靠业务管理办法〉的通知》	省政府办公厅	2021年9月11日	运输政策
15	《关于印发〈海南自由贸易港外国船舶检验机构入级检验监督管理办法〉的通知》	省政府办公厅	2021年9月28日	运输政策

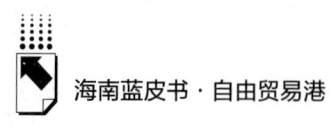

续表

序号	文件名	部门	时间	政策类型
16	《海南自由贸易港国际船舶登记程序规定》	海南海事局	2020年11月3日	运输政策
17	《智慧海南总体方案（2020~2025年）》	推进海南全面深化改革开放领导小组办公室	2020年8月14日	产业政策
18	《海南能源综合改革方案》	推进海南全面深化改革开放领导小组办公室	2020年8月14日	产业政策
19	《关于促进中医药在海南自由贸易港传承创新发展的实施意见》	省委、省政府	2020年11月2日	产业政策
20	《海南自由贸易港博鳌乐城国际医疗旅游先行区临床急需进口医疗器械管理规定》	省政府	2020年6月2日	产业政策
21	《海南省支持高新技术企业发展若干政策（试行）》	省政府	2020年10月24日	产业政策
22	《海南省创新型省份建设实施方案》	省政府	2022年2月26日	产业政策
23	《中国（三亚）跨境电子商务综合试验区实施方案》	省政府办公厅	2020年7月31日	产业政策
24	《关于印发〈海南省以超常规手段打赢科技创新翻身仗三年行动方案（2021-2023年）〉的通知》	省政府办公厅	2021年6月16日	产业政策
25	《关于印发〈三亚崖州湾科技城知识产权特区建设方案（2021-2025）〉的通知》	省政府办公厅	2021年8月31日	产业政策
26	《关于印发〈海南自由贸易港种子进出口生产经营许可管理办法〉的通知》	省政府办公厅	2021年11月18日	产业政策
27	《关于海南省促进非国有博物馆发展的意见》	省政府办公厅	2022年3月17日	产业政策
28	《海南省关于加快区块链产业发展的若干政策措施》	省工信厅	2020年5月9日	产业政策
29	《引进知名高校补助资金管理办法（暂行）》	省教育厅	2020年6月9日	产业政策
30	《关于印发〈海南省"十四五"期间享受进口税收政策社会研发机构名单核定实施办法〉的通知》	省科技厅等部门	2021年8月17日	产业政策
31	《关于印发〈海南省省级产业创新服务综合体认定管理办法（试行）〉的通知》	省科技厅	2020年9月3日	产业政策

续表

序号	文件名	部门	时间	政策类型
32	《关于进一步优化监管服务支持海南博鳌乐城国际医疗旅游先行区高质量发展若干措施的通知》	省药品监督管理局等部门	2021年9月15日	产业政策
33	《海南省科技型中小企业认定管理暂行办法》	省科技厅	2021年9月19日	产业政策
34	《海南省企业研发机构认定和备案管理办法》	省科技厅	2021年9月22日	产业政策
35	《关于印发〈海南省科技计划体系优化改革方案〉的通知》	省科技厅等部门	2021年9月24日	产业政策
36	《海南国际设计岛示范基地管理办法(试行)》	省工信厅	2021年9月27日	产业政策
37	《海南省加快工业互联网创新发展三年行动计划(2021-2023年)》	省信息化建设领导小组办公室	2021年9月30日	产业政策
38	《关于促进海南跨境电商合规经营健康发展的指导意见》	省市场监督管理局	2021年11月19日	产业政策
39	《海南省先进装备制造首台套奖励资金管理实施细则》	省工信厅等部门	2022年4月26日	产业政策
40	《关于海南自由贸易港洋浦经济开发区等重点园区管理体制的决定》	省人大常委会	2020年4月2日	园区政策
41	《海南自由贸易港博鳌乐城国际医疗旅游先行区条例》	省人大常委会	2020年6月16日	园区政策
42	《关于批准在洋浦经济开发区等六个园区推广适用"三园"特别极简审批的决定》	省人大常委会	2020年7月31日	园区政策
43	《海南自由贸易港三亚崖州湾科技城条例》	省人大常委会	2020年12月2日	园区政策
44	《海南自由贸易港海口江东新区条例》	省人大常委会	2020年12月30日	园区政策
45	《海南陵水黎安国际教育创新试验区管理局设立和运行管理规定》	省政府	2020年8月28日	园区政策
46	《文昌国际航天城管理局设立和运行管理规定(修订)》	省政府	2021年12月6日	园区政策
47	《海南省产业园区管理暂行办法》	省政府办公厅	2020年12月13日	园区政策

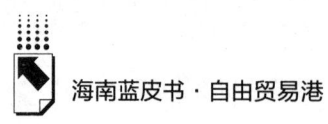

续表

序号	文件名	部门	时间	政策类型
48	《关于在园区实行"飞地经济"政策的实施意见(试行)》	省级园区发展建设联席会议办公室	2022年3月10日	园区政策
49	《海南自由贸易港制度集成创新行动方案(2020~2022年)》	省委办公厅、省政府办公厅	2020年10月9日	优化营商环境
50	《海南省创一流营商环境行动计划(2020~2021年)》	省委办公厅、省政府办公厅	2020年10月10日	优化营商环境
51	《海南省政务服务事项目录管理办法》	省政府办公厅	2020年9月1日	优化营商环境
52	《海南省全面推行证明事项告知承诺制实施方案、海南省全面推行涉企经营许可事项告知承诺制实施方案》	省政府办公厅	2020年12月31日	优化营商环境
53	《加强海南自由贸易港事中事后监管工作实施方案(试行)》	省市场监督管理局	2020年6月8日	优化营商环境
54	《关于推行包容审慎监管优化营商环境的指导意见》	省市场监督管理局	2020年9月3日	优化营商环境
55	《2021年海南省提升营商环境重要量化指标便利度实施方案》	省优化营商环境工作专班	2021年6月10日	优化营商环境
56	《中华人民共和国海南自由贸易港法》	全国人大常委会	2021年6月10日	法律法规规章
57	《关于在中国(海南)自由贸易试验区暂时调整实施有关行政法规规定的通知》	国务院	2020年6月28日	法律法规规章
58	《关于在中国(海南)自由贸易试验区深化改革开放调整实施有关规章规定的公告》	交通运输部	2020年9月14日	法律法规规章
59	《海南省反走私暂行条例》	省人大常委会	2020年1月8日	法律法规规章
60	《海南省多元化解纠纷条例》	省人大常委会	2020年6月16日	法律法规规章
61	《海南自由贸易港消防条例》	省人大常委会	2020年7月31日	法律法规规章
62	《海南热带雨林国家公园条例(试行)》	省人大常委会	2020年9月3日	法律法规规章
63	《海南省生态保护补偿条例》	省人大常委会	2020年12月2日	法律法规规章
64	《海南自由贸易港国际船舶条例》	省人大常委会	2021年6月1日	法律法规规章

续表

序号	文件名	部门	时间	政策类型
65	《海南自由贸易港优化营商环境条例》	省人大常委会	2021年9月30日	法律法规规章
66	《海南自由贸易港公平竞争条例》	省人大常委会	2021年9月30日	法律法规规章
67	《海南自由贸易港社会信用条例》	省人大常委会	2021年9月30日	法律法规规章
68	《海南自由贸易港反消费欺诈规定》	省人大常委会	2021年9月30日	法律法规规章
69	《海南自由贸易港企业破产程序条例》	省人大常委会	2021年12月1日	法律法规规章
70	《海南自由贸易港市场主体注销条例》	省人大常委会	2021年12月1日	法律法规规章
71	《海南自由贸易港科技开放创新若干规定》	省人大常委会	2021年12月1日	法律法规规章
72	《海南自由贸易港知识产权保护条例》	省人大常委会	2021年12月1日	法律法规规章
73	《海南自由贸易港征收征用条例》	省人大常委会	2021年12月1日	法律法规规章
74	《海南自由贸易港闲置土地处置若干规定》	省人大常委会	2021年12月1日	法律法规规章
75	《海南自由贸易港免税购物失信惩戒若干规定》	省人大常委会	2021年12月1日	法律法规规章
76	《海南自由贸易港安居房建设和管理若干规定》	省人大常委会	2021年12月1日	法律法规规章
77	《海南自由贸易港洋浦经济开发区条例》	省人大常委会	2021年12月30日	法律法规规章
78	《海南自由贸易港游艇产业促进条例》	省人大常委会	2022年3月25日	法律法规规章
79	《海南自由贸易港海口国家高新技术产业开发区条例》	省人大常委会	2022年3月25日	法律法规规章
80	《海南省实施国务院授权土地征收审批事项管理办法》	省政府	2020年11月24日	法律法规规章
81	《关于设立海南自由贸易港知识产权法院的决定》	全国人大常委会	2020年12月26日	保障措施

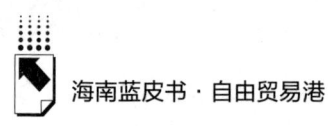

续表

序号	文件名	部门	时间	政策类型
82	《关于充分履行检察职能服务保障海南自由贸易港建设的意见》	最高人民检察院	2021年11月19日	保障措施
83	《海南自由贸易港公职人员容错纠错办法(试行)》	省委	2020年11月24日	保障措施
84	《关于将旅行社设立审批等省级管理权限调整由海南自由贸易港重点园区管理机构在重点园区范围内实施的决定》	省人大常委会	2021年7月27日	保障措施
85	《关于将林业植物检疫证书核发等省级管理权限调整由海南自由贸易港重点园区管理机构实施的决定》	省人大常委会	2021年12月1日	保障措施
86	《关于支持儋州洋浦一体化发展的若干意见》	省委、省政府	2022年5月9日	保障措施
87	《关于委托实施部分省级用地行政审批事项的决定》	省政府	2020年7月10日	保障措施
88	《关于将部分省级管理权限调整由重点园区管理机构实施的决定》	省政府	2021年6月22日	保障措施
89	《关于推进气象事业高质量发展助力海南自由贸易港建设的意见》	省政府	2021年7月12日	保障措施
90	《海南自由贸易港深化"证照分离"改革进一步激发市场主体发展活力实施方案》	省政府	2021年9月16日	保障措施
91	《海南省推进知识产权强省建设强化知识产权保护和运用的实施意见》	省委办公厅、省政府办公厅	2022年2月22日	保障措施
92	《关于落实进一步优化营商环境更好服务市场主体实施意见的措施》	省政府办公厅	2021年6月19日	保障措施
93	《关于完善建设用地使用权转让、出租、抵押二级市场的实施意见(试行)》	省政府办公厅	2021年9月10日	保障措施
94	《海南省政务服务"零跑动"改革实施方案》	省政府办公厅	2021年10月18日	保障措施
95	《海南省农垦经营性建设用地入市试点办法》	省政府办公厅	2021年11月30日	保障措施
96	《关于做好省重点(重大)项目土地要素保障的通知》	省政府办公厅	2022年1月28日	保障措施
97	《关于完善海南自由贸易港住房保障体系的指导意见》	省政府办公厅	2022年5月6日	保障措施

续表

序号	文件名	部门	时间	政策类型
98	《关于建立"土地超市"制度的实施意见》	省政府办公厅	2022年5月16日	保障措施
99	《海南省产业用地先租后让管理实施细则》	省自然资源和规划厅	2020年11月30日	保障措施
100	《海南自由贸易港个人诚信积分管理办法(试行)》	省发展改革委等部门	2021年8月30日	保障措施
101	《海南自由贸易港享受个人所得税优惠政策高端紧缺人才清单管理暂行办法》	省政府	2020年8月26日	税收政策
102	《关于落实海南自由贸易港高端紧缺人才个人所得税优惠政策有关问题的通知》		2020年12月15日	税收政策
103	《关于海南自由贸易港企业所得税优惠政策有关问题的公告》	国家税务总局海南省税务局	2020年7月31日	税收政策
104	《中华人民共和国海关对海南离岛旅客免税购物监管办法》	海关总署	2020年7月6日	税收政策
105	《关于海南离岛免税购物经营主体有关问题的公告》	省财政厅等部门	2020年7月10日	税收政策
106	《海南离岛免税店销售离岛免税商品免征增值税和消费税管理办法》	国家税务总局	2020年9月29日	税收政策
107	《关于对海南离岛免税进口食品化妆品实施特定附条件放行监管创新模式的公告》	海口海关	2020年10月9日	税收政策
108	《关于印发〈海南自由贸易港免税商品溯源管理暂行办法〉的通知》	省政府	2021年7月31日	税收政策
109	《国际运输船舶增值税退税管理办法》	税务总局	2020年12月2日	税收政策
110	《海南自由贸易港进口"零关税"原辅料海关监管办法(试行)》	海关总署	2020年11月30日	税收政策
111	《关于调整海南自由贸易港原辅料"零关税"政策的通知》		2021年12月24日	税收政策
112	《关于印发海南自由贸易港"零关税"进口交通工具及游艇管理办法(试行)的通知》	省政府	2020年12月30日	税收政策
113	《关于印发〈海南自由贸易港"零关税"营运车辆管理实施细则(试行)〉的通知》	省交通运输厅	2021年7月26日	税收政策
114	《关于印发〈海南自由贸易港船舶保税油经营管理暂行办法〉的通知》	省政府	2021年12月14日	税收政策

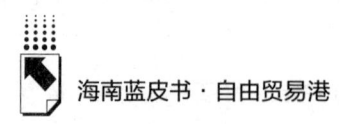

续表

序号	文件名	部门	时间	政策类型
115	《关于调整海南自由贸易港自用生产设备"零关税"政策的通知》	财政部、海关总署、税务总局	2022年2月14日	税收政策
116	《洋浦保税港区加工增值货物内销税收征管海关实施暂行办法》	海口海关	2021年7月13日	税收政策
117	《海南自由贸易港对境外人员开放职业资格考试目录清单(2020)》	省委人才发展局等部门	2020年9月22日	人才政策
118	《海南自由贸易港认可境外职业资格目录清单(2020)》	省委人才发展局等部门	2020年9月22日	人才政策
119	《关于印发〈海南自由贸易港境外人员参加税务师职业资格考试实施办法〉的通知》	省税务局省委人才发展局	2021年8月10日	人才政策
120	《关于允许外籍人员参加全国注册验船师职业资格考试的公告》	海南海事局	2021年9月26日	人才政策
121	《海南自由贸易港高层次人才分类标准(2020)》	省委人才办	2020年9月23日	人才政策
122	《关于持永久居留身份证外籍高层次人才创办科技型企业试行办法》	省市场监督管理局	2020年9月27日	人才政策
123	《关于洋浦保税港区统计办法的公告》	海关总署	2020年9月20日	贸易政策
124	《海南自由贸易港跨境服务贸易负面清单管理办法(试行)》	省政府	2021年8月25日	贸易政策
125	《关于强化知识产权保护的实施意见》	省委办公厅、省政府办公厅	2020年8月11日	投资政策
126	《关于完善产权保护制度依法保护产权的实施意见》	省委办公厅、省政府办公厅	2020年8月28日	投资政策
127	《企业信用风险分类监管暂行办法》	省市场监督管理局	2020年7月23日	投资政策
128	《关于贯彻落实金融支持海南全面深化改革开放意见的实施方案》	人行海口中心支行等部门	2021年8月30日	金融政策
129	《海南省高新技术企业培育库管理办法》	省科技厅	2021年6月29日	产业政策
130	《海南省整体迁入高新技术企业奖励细则》	省科技厅	2021年8月12日	产业政策
131	《海南省高新技术企业研发经费增量奖励细则》	省科技厅	2021年8月12日	产业政策

续表

序号	文件名	部门	时间	政策类型
132	《关于印发〈海南省高新技术企业"精英行动"实施方案〉的通知》	省科技厅	2021年9月3日	产业政策
133	《海南国际设计岛产业发展规划》	省工信厅	2022年6月10日	产业政策
134	《海南自由贸易港博鳌乐城国际医疗旅游先行区临床急需进口医疗器械管理规定》	省政府	2020年6月2日	园区政策
135	《海南自由贸易港博鳌乐城国际医疗旅游先行区制度集成创新改革方案》	省政府办公厅	2020年9月1日	园区政策
136	《海南博鳌乐城国际医疗旅游先行区临床急需进口药品带离先行区使用管理暂行办法》	省药品监督管理局	2020年3月27日	园区政策
137	《海南博鳌乐城国际医疗旅游先行区临床急需进口药品带离先行区使用申报指南》	省药品监督管理局	2020年4月27日	园区政策
138	《海南热带雨林国家公园特许经营管理办法》	省人大常委会	2020年12月2日	优化营商环境
139	《关于印发支持儋州洋浦一体化发展若干措施的通知》	省工业和信息化厅	2022年5月8日	保障措施

附表1 海南自由贸易港与全国经济指标比较（2021年6月至2022年5月）

主要经济指标	海南省 当期	海南省 上一期	海南省 同比(%)	全国 当期	全国 上一期	全国 同比(%)
实际利用外资(亿美元)	42	35	20.00	1897	1647	15.18
固定资产投资增速	7.4	—	—	6.2	—	—
其中:制造业固定资产投资增速	89.6	—	—	10.6	—	—
科学研究和技术服务业增速	102.7	—	—	12.3	—	—
社会消费品零售总额(亿元)	2424	2313	4.80	438194	427569	2.48
货物进出口总额(亿元)	1760	1064	65.4	403192	355134	13.5
其中:货物出口总额(亿元)	422	257	64.2	226422	197781	14.5
货物进口总额(亿元)	1338	807	65.8	176770	157353	12.3

注：其中，上一期的统计范围为：2020年6月-2021年5月。海南数据来自海南省统计月报、海南海关，固定资产投资仅有固定资产投资增长率数据，当期按照2022年1~5月的累计同比增长率。全国实际利用外资数据来自商务部网站，货物进出口数据来自中国海关总署官网，固定资产投资和社会消费品零售总额数据来自中国国家统计局官网。

附表2　海南自由贸易港进出口重点商品变化（2021.6-2022.5）

出口				进口			
重点商品	出口额（亿元）	占比（%）	上一期占比（%）	重点商品	进口额（亿元）	占比（%）	上一期占比（%）
全部出口合计	422	100	100	全部进口合计	1338	100	100.0
成品油	104.8	24.8	24.1	美容化妆品及洗护用品	291.1	21.8	34.5
机电产品	102.6	24.3	22.3	金属矿及矿砂	299.0	22.3	8.3
高新技术产品	52.8	12.5	4.8	基本有机化学品	137.6	10.3	5.3
农产品	42.6	10.1	12.8	农产品	84.5	6.3	6.2
医药材及药品	21.4	5.1	2.5	-	-	-	-

注：根据海口海关官网数据整理计算，其中，上一期的统计范围为：2020年6月-2021年5月。

附表3　海南自由贸易港进出口贸易方式变化（2021.6-2022.5）

贸易方式	进出口(亿元,%)			出口(亿元,%)			进口(亿元,%)		
	进出口	占比	上一期占比	出口	占比	上一期占比	进口	占比	上一期占比
全部贸易	1760	100	100.0	422	100	100	1338	100	100
一般贸易	936	53.2	38.4	205	48.6	56.7	731	54.7	32.6
加工贸易	146	8.3	6.5	64	15.1	15.6	82	6.1	3.6
来料加工贸易	26	1.5	1.7	18	4.4	5.5	8	0.6	0.5
进料加工贸易	120	6.8	4.8	45	10.8	9.9	74	5.6	3.1
保税物流	418	23.8	24.9	139	32.9	25.7	280	20.9	24.7
海关保税监管场所进出境货物	207	11.8	13.6	128	30.4	25.2	79	5.9	9.9
海关特殊监管区域物流货物	211	12.0	11.3	10	2.4	0.3	201	15.0	14.8

注：根据海口海关官网数据整理计算，其中，上一期的统计范围为：2020年6月-2021年5月。

分 报 告
Topical Reports

B.2
海南自由贸易港服务贸易负面清单制度研究

沈玉良*

摘　要： 本报告重点分析了《海南自由贸易港跨境服务贸易特别管理措施（负面清单）（2021年版）》的基本特征、实施意义和实施成效，并与现有高水平自由贸易区协定中的服务贸易规则进行比较，提出了现有《海南自由贸易港跨境服务贸易特别管理措施（负面清单）（2021年版）》在服务业开放程度、开列方式和特别管理措施方面的差距，提出进一步优化服务贸易负面清单制度的基本思路。同时，服务贸易负面清单制度要以服务贸易国内规则为基础，要根据《服务贸易国内规制参考文件》中的要求，率先建立与海南自由贸易港现代服务业开放一致的服务贸易国内规则。

---

* 沈玉良，上海社会科学院世界经济研究所研究员，主要研究方向为国际贸易理论与政策。

关键词： 服务贸易　负面清单制度　跨境交付　服务贸易形态　数字技术

本研究报告在分析《海南自由贸易港跨境服务贸易特别管理措施（负面清单）（2021年版）》基本特征和实施效果的基础上，比较高水平自由贸易区协定服务贸易规则和WTO"服务贸易国内规制联合声明倡议"，提出进一步扩大海南自由贸易港服务业开放，提升服务贸易监管水平方面的举措。

一　海南自由贸易港服务贸易制度安排及成效

海南自由贸易港是我国服务贸易自主性开放的重要试验平台，也是海南自由贸易港现代国际贸易体系的重要组成部分。

（一）服务贸易与服务贸易规则

无论是学术界，还是国际机构，目前都没有对服务贸易作出明确的定义，在国际相关贸易协定中，也没有具体定义，而只是描述了服务贸易的方式。

在《服务贸易总协定》（GATS）中，服务贸易被确定为四种贸易方式，即从一成员境内向任何其他成员境内提供服务（模式1，跨境交付），在一成员境内向任何其他成员的服务消费者提供服务（模式2，境外消费），一成员的服务提供者在任何其他成员境内以商业存在提供服务（模式3，商业存在）和一成员的服务提供者在任何其他成员境内以自然的存在提供服务（模式4，自然人流动），GATS涵盖通过模式3提供服务领域的投资。目前在部分自由贸易协定中仍然沿用《服务贸易总协定》中的规则和承诺方式，被称为"GATS模式"。

但1994年美国主导并实施生效的《北美自贸区协定》（NAFTA）采用了另外一种服务贸易规则和承诺方式，这种规则将模式1、模式2和模式4统一称为跨境服务贸易，用专章形式形成独立的服务贸易规则，同时电信和金融服务也设立单独的章节，而模式3则作为国际投资，与服务贸易并列形成了专门的国际投资章节。① 这种模式在越来越多的自由贸易协定中使用，被称为"NAFTA模式"，或者被称为"GATS-X模式"。

GATS模式和GATS-X模式在协定结构、缔约方承诺列表方式和服务贸易规制纪律等方面存在着很大的差异。② 《服务贸易总协定》以及部分自贸区服务贸易规则中的义务包括适用于所有成员和服务部门的一般义务以及仅适用于成员承诺减让表中所列部门的义务，一般义务是最惠国待遇和透明度，具体承诺市场准入和国民待遇，金融服务、电信服务和专业服务列入GATS协定附件。

GATS-X模式的一般义务包括国民待遇、最惠国待遇、市场准入和当地存在，具体承诺采用不符措施的形式，即通过附件方式列出在国民待遇、最惠国待遇、市场准入和当地存在等义务不作承诺的措施。GATS-X模式中将电信和金融服务作为专门章节，例如CPTPP中金融服务章节包含正文、附件和负面清单（CPTPP的附件Ⅲ）三个部分。从承诺方式看，GATS-X模式采用负面清单方式，但美韩自由贸易协定签署以来，美国主导的GATS-X模式在金融跨境交付方面采用了正面清单方式，这可能是与随着数字技术的不断发展，金融服务跨境交付的潜在风险有所显现有关。③

目前中国签署的自由贸易协定中有关服务贸易规则的义务和承诺一直采用GATS模式，但不同的自由贸易协定，服务贸易自由化程度有所不同，RCEP中中方服务贸易开放承诺达到了现有自由贸易协定的最高水平。但与CPTPP、USMCA等国际高水平自由贸易协定比较，现有RCEP服务贸易规则的总体深度水平仍然较低。④

---

① USITC：*Economic Impact of Trade Agreements Implemented under Trade Authorities Procedures*, *2021 Report*, 2021.6, https://www.usitc.gov/publications/332/pub5199.pdf。
② 石静霞：《国际服务贸易规则的重构与我国服务贸易的发展》，《中国法律评论》2018年第5期，第47~57页。
③ 朱隽：《金融服务规则》，贸易投资网，http://www.tradeinvest.cn/information/9536/detail。
④ 李杨、高媛：《RCEP服务贸易规则深度测算与国际比较研究》，《亚太经济》2022年第2期，第50~56页。

（二）《海南自由贸易港跨境服务贸易特别管理措施（负面清单）（2021年版）》制度安排

为了进一步促进我国服务业对外开放，根据《海南自由贸易港建设总体方案》要求推进服务贸易自由便利，实施跨境服务贸易负面清单制度。2021年7月，商务部发布《海南自由贸易港跨境服务贸易特别管理措施（负面清单）（2021年版）》并于同年8月26日实施。

《海南自由贸易港跨境服务贸易特别管理措施（负面清单）（2021年版）》（以下简称《海南服务贸易负面清单制度》）明确列出针对境外服务提供者的11个门类70项特别管理措施（见表1）。其基本特征是，第一，《海南服务贸易负面清单制度》第一次使用GATS-X模式，是我国自主性服务业开放的重要组成部分。《海南服务贸易负面清单制度》在对境外服务提供者的特别管理措施中规定，贸易方式包括境外消费、跨境交付和自然人流动，在特别管理措施中对跨境交付和自然人流动的限制措施最多，自然人流动涉及48项措施，跨境交付涉及40项措施。在特别管理措施的类型中，限制措施42项，禁止措施30项。

表1 《海南自由贸易港跨境服务贸易特别管理措施（负面清单）（2021年版）》基本情况

单位：项，%

服务部门	措施数（占比）	服务贸易方式				不符措施		
		境外消费	跨境交付	自然人流动	合计	限制	禁止	合计
一、与农、林、牧、渔业相关的服务贸易	1(1.43)	0	0	1	1	1	0	1
二、与建筑业相关的服务贸易	1(1.43)	0	0	1	1	0	1	1
三、批发和零售业	2(2.86)	0	2	2	4	1	1	2
四、交通运输、仓储和邮政业	13(18.57)	0	2	12	14	5	8	13
五、信息传输、软件和信息技术服务业	6(8.57)	0	6	1	7	4	2	6

续表

服务部门	措施数（占比）	服务贸易方式				不符措施		
		境外消费	跨境交付	自然人流动	合计	限制	禁止	合计
六、金融业	17(24.29)	3	17	9	29	12	4	16
七、租赁和商务服务业	12(17.14)	0	3	11	14	4	8	12
八、科学研究和技术服务业	4(5.71)	0	2	3	5	4	0	4
九、教育	2(2.86)	0	1	1	2	2	0	2
十、卫生和社会工作	1(1.43)	0	0	1	1	1	0	1
十一、文化、体育和娱乐业	11(15.71)	0	7	6	13	8	6	14
合计	70(100)	3	40	48	91	42	30	72

资料来源：作者根据《海南服务贸易负面清单制度》整理。

第二，从服务贸易功能角度看，经合组织（OECD）将服务贸易分为数字网络、运输和分销供应链以及基础设施建设服务三个大类[①]，《海南服务贸易负面清单制度》中，市场衔接与配套服务的特别管理措施最多，为36项，占总数的51.43%，其次是数字网络17项，占总数的24.29%，运输和分销供应链为15项，占总数的21.43%，从总体上看，目前开放程度最高的是运输、分销和物流领域以及某些专业服务（如建筑和工程服务）领域。

第三，具体从不同服务行业特别管理措施安排来看，相对我国现有服务贸易的对外开放，海南自由贸易港服务贸易自主性开放形成了更加开放的规则体系。例如从自然人的资质认可来看，《海南服务贸易负面清单制度》取消境外个人参加注册计量师、勘察设计注册工程师、注册消防工程师等10多项职业资格考试方面的限制。在提升运输自由便利化方面，《海南服务贸易负面清单制度》取消了境外船舶检验机构没有在中国设立验船公司，不

---

① Geloso Grosso, M. et al., "Services Trade Restrictiveness Index (STRI) Scoring and Weighting Methodology", OECD Trade Policy Papers, 2015, No. 177, OECD Publishing, Paris. http://dx.doi.org/10.1787/5js7n8wbtk9r-en.

得派员或者雇员在中国境内开展船舶检验活动的限制，取消了外国服务提供者从事航空气象服务的限制等，实施了更加开放的船舶运输政策和航空运输政策。在扩大专业服务业对外开放方面，允许境外律师事务所驻海南代表机构从事部分涉海南的商事非诉讼法律事务，允许海南律师事务所聘请外籍律师担任外国法律顾问和港澳地区律师担任法律顾问，取消外国服务提供者从事报关业务的限制等。在扩大金融业对外开放方面，允许境外个人申请开立证券账户或者期货账户，并且可以申请证券投资咨询从业资格和期货投资咨询的从业资格等，这些自主开放政策都超过了中国在现有自由贸易协定中对金融服务领域的承诺。

为了保障《海南服务贸易负面清单制度》的顺利实施。海南省人民政府办公厅印发了《海南自由贸易港跨境服务贸易负面清单管理办法（试行）》（以下简称《管理办法》），明确了清单内管理和清单外管理，在清单内管理方面，境外服务提供者不得以跨境方式提供负面清单中禁止类型的业务。负面清单之外的领域，在海南自由贸易港内按照境内外服务及服务提供者待遇一致原则实施管理。负面清单中未列出的与国家安全、公共秩序、金融审慎、社会服务、人类遗传资源、人文社科研发、文化新业态、航空业务权、移民和就业措施以及政府行使职能等相关措施，按照现行我国相关规定执行。

（三）《海南服务贸易负面清单制度》实施意义和成效

《海南服务贸易负面清单制度》对于我国进一步扩大服务业开放以及落实《海南自由贸易港建设总体方案》具有重大意义。首先，《海南服务贸易负面清单制度》是对我国服务贸易管理模式的重大突破，与以往我国服务贸易的自主性开放措施相比较，《海南服务贸易负面清单制度》第一次完整系统地形成了服务贸易自主性开放举措，也是我国推进"放管服"改革的一项具体实践。其次，负面清单是我国在服务业领域的主动开放安排，在专业服务、运输服务、金融服务等领域都作出了迄今为止最高水平的国内服务业自主性开放。最后，负面清单为海南建设现代产业体系，特别是现代服务业体系提供了发展的机会,主要体现在自然人流动方面,放宽了对境外教育服务提供者的各种限制,为吸收优秀境外人才提供了制度保障。在专业服务、金融服务和研发服务等领域的先期开放,为这些服务业的发展提供了发展的机会。

从负面清单实施的效果来看,有7项措施已取得了进展,分别是取消境外游艇进出海南需引航申请的限制措施,取消境外船舶检验机构未在中国设立验船公司不得派员或雇员开展船舶检验活动的限制措施,取消境外教育服务提供者两年工作经验的限制措施,取消外国服务提供者不得从事航空气象服务的限制措施,放宽申请开立证券账户或期货账户的限制措施,允许聘请外籍律师和港澳律师担任法律顾问和允许境外律师事务所驻海南代表机构从事部分涉海南商事非诉讼法律事务措施。这些措施的落地,对推进海南自由贸易港服务贸易发展起到示范作用。

二 服务贸易发展趋势及海南服务贸易规则推进方向

由于信息技术和数字技术的发展,服务贸易正在发生着革命性的变化,并成为获取贸易利益的重要贸易方式。服务贸易的变化对海南自由贸易港现代服务业发展既是机会,也是严峻的挑战,因而,海南服务贸易制度自主性开放要根据服务贸易的发展趋势,根据《海南自由贸易港建设总体方案》要求,形成更高质量的海南自由贸易港自主性开放服务制度。

首先,数字技术改变了服务贸易方式,跨境交付在服务贸易中的比重不断提高。根据世界贸易组织统计,2017年,全球跨境交付总额达到3.7万亿美元,占四种服务贸易方式的27.7%,跨境交付服务贸易在不同的服务部门广泛存在,包括交通运输、专业和商业服务、分销服务、通信服务,以及计算机服务和相关服务。[①] 跨境交付的发展主要有三个方面的原因。一是

---

① 世界贸易组织:《世界贸易报告——服务贸易的未来(2019)》,上海人民出版社,2019,第14页。

原来不可贸易的服务转变为具有可贸易的特征,这主要得益于数字化、互联网和低成本电信的发展。原来许多服务具有边生产边消费的特征,但服务数字化以后可以存储和传输,这使许多服务具有可贸易的特征,而可贸易特征主要以跨境交付为表现方式。二是原来部分通过商业存在的贸易方式,随着全球数字平台的发展,都采用跨境交付方式,例如在金融服务业,电子银行、手机银行和在线销售等新型商业模式正在改变传统以实体商业网络提供金融服务的模式。三是原来有些需要自然人流动的贸易方式,部分也被跨境交付替代,例如原来的翻译需要通过自然人流动提供服务,但目前许多翻译提供者通过网络为客户提供在线翻译服务。

其次,服务贸易在全球价值链中的作用越来越大,并变得越来越复杂。因为制造业和包括知识产权在内的服务业互相交织,成为所有生产过程的组成部分。[1] 越来越多的制成品不能再简单地被称为"物品"而应被视为大量产品与服务交互的复杂体,在这种情况下,GATS中的四类服务提供模式并不能解释这样的事实,大量且不断增长的服务正被嵌入产品中,并在全球范围内交易,因此许多高附加值制造品不能再被定义为传统意义上的"产品",而是作为货物与服务相互作用形成的复杂捆绑物或混合体,在服务贸易方式上被称为第五种模式(见图1)。[2]

图2是经济合作与发展组织(Organization for Economic Cooperation and Development, OECD)国家和部分非OECD国家制造业出口中各服务部门增加值所占比例[3],从图2中可以看出,在制造业出口各服务部门增加值中批发和零售、金融和保险、交通和仓储所占比重相对比较高,也就是在第五种服务提供模式中这三个服务部门是最重要的服务部门。

最后,以数据驱动的数字贸易成为国际贸易的重要组成部分。数字产

---

[1] Sébastien Miroudot, "Services And Manufacturing In Global Value ChainsIs The Distinction Obsolete?" *ADBI Working Paper* 927 (2019).

[2] Miroudot, S. and C. Cadestin, "Services In Global Value ChainsFrom Inputs to Value-Creating Activities", *OECD Trade Policy Papers*, 2017. No.197, OECD Publishing, Paris. http://dx.doi.org/10.1787/465f0d8b-en.

[3] 统计数据包括38个OECD成员国和29个非OECD国家(地区)。

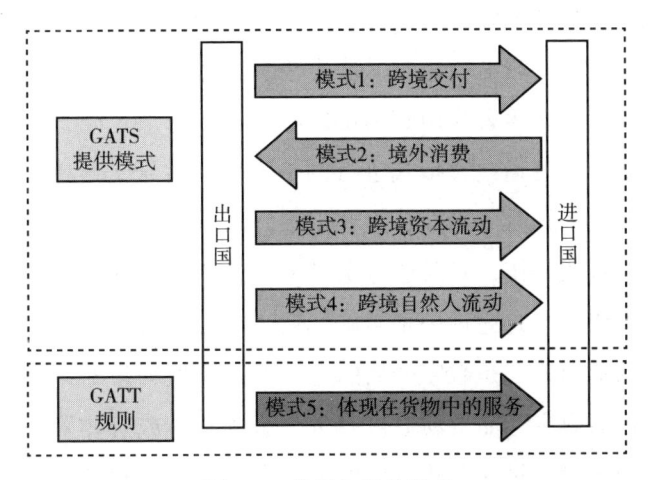

图 1 五类服务提供模式

资料来源：作者自制。

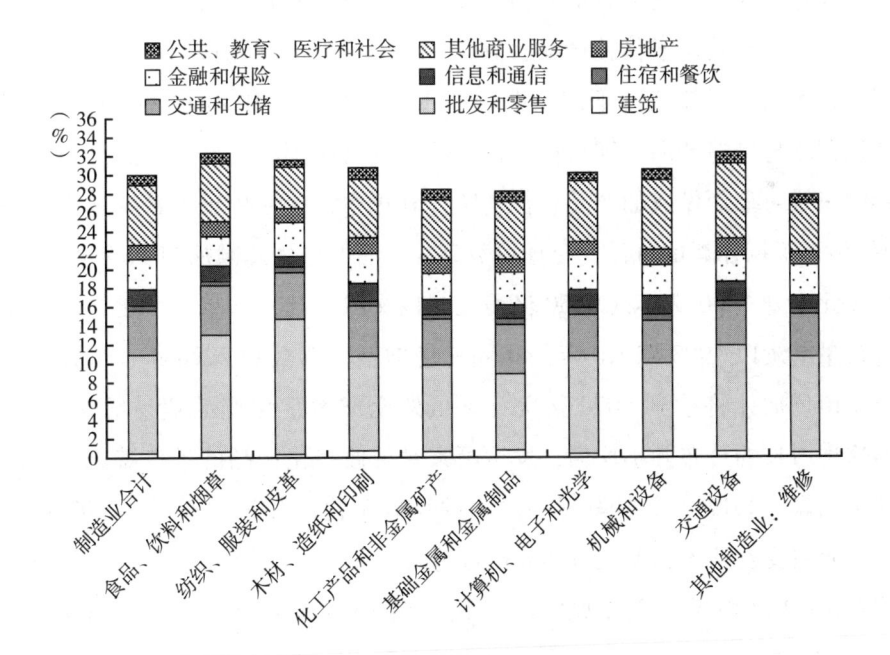

图 2 制造业出口各服务部门增加值占比

资料来源：作者自制。

品贸易正改变着传统的货物贸易和服务贸易，跨境数据传输已经成为国际贸易的条件之一。在现有自由贸易协定中，电子传输和数字产品实际上是两个不同的概念，在美韩自由贸易协定电子商务章节，电子传输或通过电子方式传输指通过任何电磁形式进行的传输，包括光子形式。数字产品指电脑程序、文本、视频、图像、声音记录，以及其他以数字进行编码和制作用于商业销售或分销，且可通过电子方式进行传输的产品。其中在协定脚注中加强说明，一是为进一步明确，数字产品不包括金融工具的数字形式，也不包括货币；二是数字产品的定义不得被理解为缔约方表达对通过电子传输进行的数字产品贸易应被归类为服务贸易或货物贸易的观点，但数字产品这个概念只是在美式自由贸易协定中使用，并且也没有进一步解释数字产品涉及的行业范围。Banga[1]认为，数字产品可以分成三类，第一类是通过互联网订购的有形货物（或电子商务产品），它们属于WTO货物框架；第二类是电子传输产品，WTO将其定义为"以前以有形形式交付，但现在可以通过互联网下载以电子形式交付的基于内容的产品"；第三类是远程增材制造产品，即将特定材质的连续层应用到平面上，直到这些层形成三维对象而做成的产品，在其统计分析中，他使用了可数字化产品的概念[2]，根据作者的统计，全球可数字化产品的进口总额从2011年的1610亿美元上升至2017年的2550亿美元。该文献预计，如果数字化产品的总进口量继续以1998~2010年的相同速度增长，那么到2026年，可数字化产品市场估计将达到5070亿美元。虽然全球数字化产品贸易增长迅速，但这种增长的分布并不均匀，发达国家对可数字化产品的进口需求大于发展中国家，2017年主要发展中国家的可数字化产品进口总额为807亿美元，而主要发达国家则为1445.7亿美元。发展中国家可数字化产品进口需求相对较小主要有两个原因。一是这些国家互联网普及率低，而互联网

---

[1] Banga, Rashmi., "Rising Product Digitalisation and Losing Trade Competitiveness." *Working Paper-Centre for WTO Studies*, 2017.

[2] Banga, Rashmi., "Growing Trade in Electronic TransmissionsImplications for the South." *Research Paper Series*, 2019.

的普及是经济数字化的基本要求，这意味着这些国家在数字化贸易（尤其是电子传输和增材制造产品）方面缺乏竞争的能力。二是较低的互联网普及率导致这些国家国内电子商务市场份额远低于发达国家。这又必然导致发展中国家和最不发达国家通过电子商务参与全球贸易的竞争力不足，而这些国家的电子传输产品的跨境贸易也会受到较低的跨境电子商务市场份额的影响。可数字化产品进口的产品类别分布也并不均匀，2017年全球数字化产品实物进口量占比最高的是印刷品（33%），其次是软件（29%）、视频及其他游戏（19%）、声音和媒体（18%）以及摄影和电影影片（1%）。从实物进口来看，印刷品和软件在所有可数字化产品进口中占比最高。电子游戏虽然占比相对较低，但其进口贸易额增长迅速，未来可能使可数字化产品类别的比重发生变化。

因此，下一步完善海南自由贸易港服务贸易负面清单制度要以《海南自由贸易港建设总体方案》中提出的建设现代服务业体系为基础，结合服务贸易特征和发展趋势，寻求更高质量的海南自由贸易港服务贸易自主性开放举措。

首先，要确定海南自由贸易港服务贸易新增长点。海南自由贸易港服务贸易除了发展传统旅游等服务贸易外，重点在农业和高新技术制造业中扩大服务贸易含量，发展与商业存在和跨境交付结合的新型服务贸易形态以及与数据驱动结合的数字产品贸易形态。这主要基于以下三个方面的考虑。

第一，海南确定了依托文昌国际航天城、三亚深海科技城，培育深海深空产业。围绕生态环保、生物医药、新能源汽车和智能汽车等壮大先进制造业，发挥国家南繁科研育种基地优势，建设全球热带农业中心和全球动植物种质资源引进中转基地，这就需要通过引进高质量服务资源以嵌入全球价值链体系，在农业和制造业出口中扩大服务贸易份额，才能提升海南服务贸易在全球价值链中的位置。

第二，海南在发展服务贸易方式中，应当更多地关注商业存在与跨境交付相结合的新型服务贸易。这种服务贸易的特点是服务提供商在海南自由贸易港内投资设立公司，通过跨境交付方式为国内市场和国际市场提供服务。[①]之所以要发展这种新型服务贸易形态，是基于以下考虑。一是海南需要建立现代产业体系，必然需要实体经营的各种服务主体，仅仅靠跨境交付难以支撑海南现代产业体系。二是如果海南只发展商业实体的服务，那么其服务半径和市场容量就局限在海南，至少短期内服务企业投资海南的动力是不够的，如果在商业实体基础上通过跨境交付建立起服务平台，就会扩大服务的市场半径，同时为国内和国际两个市场提供服务。三是有利于跨境交付的监管。数字技术的发展使跨境交付在大多数领域的拓展成为可能，但是也带来了监管风险，商业存在与跨境交付相结合的新型服务贸易，有利于以商业存在为基础形成新型的事前和事中事后监管体系。

第三，数据驱动的数字产品贸易形态。数字产品贸易作为一种新型贸易形态，在海南自由贸易港现代产业体系建设中具有重要的作用。例如以货物为载体的数字产品，3D打印在工业机械、航空航天、汽车、消费电子和医疗等领域得到广泛应用[②]。而航空航天、新能源汽车和医疗等是海南自由贸易港确定现代产业体系中的重要领域。类似的数字产品也随着数字技术的不断推进在不断扩大，对海南现代产业体系的支撑作用越来越明显。以服务为载体的数字产品对海南现代服务产业体系建设的意义更大，因为数字技术对许多现代服务业（例如试听、专业服务、部分健康服务等）都是通过数字产品的形式表现，这些数字产品服务是对部分传统服务的替代。

其次，发展海南自由贸易港服务贸易需要自主性制度开放需求和服务贸易国内规则（部分与海南自由贸易港现代产业体系密切相关的服务业）。要以《海南自由贸易港建设总体方案》为依据，以服务贸易的发展趋势为基础，形成可操作和可预见的海南自由贸易港服务贸易自主性制度开放政策。

一是要根据联合国社会与经济事务部发布的《产品总分类（2.1版）》

[①] 沈玉良、陈历幸：《海南自贸港国际贸易形态、区域协同发展与制度系统集成研究》，《南海学刊》2022年第1期，第20~31页。

[②] ING,"3D printinga threat to global trade," https：//think.ing.com/uploads/reports/3D_ printing_ DEF_ 270917. pdf.

（CPC）中的服务业分类目录，对照现有《海南自由贸易港鼓励类产业目录（2020年版）》，提出更为细化的海南现代服务业发展目录，例如广告服务（836）可以细分为广告的设计、制作和布置服务（83610）、收取佣金的购买或出售广告空间或时间服务（83620）、互联网广告空间出售（收取佣金者除外）（83633）[1]，只有细分产业，才能形成具体服务贸易的开放措施。

二是对细分产业的国际贸易形态及其发展特征进行分析，特别是对重点产业在跨境交付、商业存在和自然人流动三种贸易方式之间的关系，跨境交付对商业存在和自然人流动替代的程度进行分析，提出国际贸易形态模式，这是进一步设计海南自由贸易港服务贸易自主性制度开放的基础。

三是根据国际贸易形态的变化，提出海南自由贸易港服务贸易自主性制度开放清单以及基于清单基础上的国内监管制度，结合WTO即将生效的《服务贸易国内规制参考文件》（见附件一）中的重要条款以及海南自由贸易港需要重点推动的现代服务业产业体系，率先试点相关服务贸易国内规则，《服务贸易国内规制参考文件》的重要条款包括GATS第6条第4款规定"资格要求""程序""技术标准""许可要求"；基于国内规制的必要性测试；基于规制透明度和监管一致性和基于发展中国家利益强调国内规制的国际标准。[2]

最后，对现有海南自由贸易港服务贸易自主性制度开放的政策进行评估，并提出优化建议。与现有海南自由贸易港服务贸易自主性制度开放有关的政策安排包括《海南自由贸易港外商投资准入特别管理措施（负面清单）（2020年版）》《海南服务贸易负面清单制度》《海南自由贸易港鼓励类产业目录（2020年版）》和《商务部关于印发〈海南省服务业扩大开放综合试点总体方案〉的通知》（商资发2021年第64号），要结合海南自由贸易港在现代服务业推进中的实效，提出服务贸易自主开放政策的优化措施。

---

[1] Department of Economic and Social Affairs，Central Product Classification（CPC）Version 2.1
[2] 张艳、杨宏旭、唐宜红：《2022服务贸易国内规制问题研究——基于WTO谈判模式的视角》，《国际商务研究》2022年第2期，第37~46页。

三 优化海南自由贸易港服务贸易负面清单制度的总体思路

进一步优化海南自由贸易港服务贸易负面清单制度要从全球服务贸易规则的发展趋势出发,为我国参与服务贸易规则制订提供先行先试的经验,为构建海南自由贸易港现代服务业体系打好基础。

从目前看,《海南服务贸易负面清单制度》与国际高标准服务贸易负面清单制度之间尚存在一定的差距。一是国际高水平服务贸易负面清单制度是将投资和贸易放在一起,形成一张不符措施承诺表,包括国际投资、跨境服务贸易和国际投资服务贸易的限制措施,同时不符措施的列表都比较短,CPTPP中不符措施列表最长的是日本,一共40项,最短的是新西兰,只有4项。二是不符措施是某个服务部门下的具体业务,或者涉及地方政府的不符措施,并会涉及义务、政府层级、措施和描述四个方面的基本要素,以日本机动车拆卸修理业务的不符措施为例,其义务涉及市场准入(第10.5条)和当地存在(第10.6条),政府层级是中央政府,不符措施是《道路车辆法》(1951年第185号法)中的第6章,具体描述:跨境服务贸易,欲从事机动车拆卸维修业务的人,需在日本设立工厂,并获得对工厂所在区具有管辖权的区运输局局长的批准。而《海南服务贸易负面清单制度》没有列出国内法规体系以及具体描述。三是国际高水平服务贸易负面清单中的大部分不符措施是限制性措施,而不是禁止性措施,而现有《海南服务贸易负面清单制度》中禁止类措施所占比重相对比较大。

《海南服务贸易负面清单制度》既要体现对标高水平国际贸易规则,以制度性自主开放为国家开放战略服务,又要根据《海南自由贸易港建设总体方案》,吸收优质国内外服务资源为国内和国际两个市场服务。进一步推进思路如下。

第一,将《海南自由贸易港跨境服务贸易特别管理措施(负面清单)(2021年版)》、《海南自由贸易港外商投资准入特别管理措施(负面清单)

（2020年版）》和《海南省服务业扩大开放综合试点总体方案》中正面开放措施合并成《海南自由贸易港国际投资和服务贸易特别管理措施（负面清单）》一张清单。一是服务业国际投资和跨境服务贸易往往结合在一起，特别是数字技术加速了国际投资和跨境服务贸易之间的融合。二是一张清单是国际高标准国际投资和服务贸易规则的惯例，通过合并清单可以为今后我国与相关国家进行高水平贸易规则谈判提供实践经验。三是就海南目前服务业和服务贸易的基础而言，靠自然人流动或跨境交付难以推动海南服务贸易的发展，这主要是由制造业出口形成的服务贸易模式以及海南现代服务业目前面临的实际所决定的，也符合现代服务贸易的发展趋势。

第二，借鉴高水平国际贸易规则，以提高负面清单制度质量和可执行性。一是涉及义务应该包括多种形式，除了传统的国民待遇外，还包括当地存在、高级管理人员和董事会、业绩要求、市场准入等多方面的不符措施，这样一方面暗含着国家安全的因素，例如在负面列表中措施基本集中在对运输服务、教育服务、文化服务和电信服务中的管理人员限制；另一方面暗含着跨境交付方面的行业限制，主要是随着信息与通信技术的发展，这些业务都可以实现在线提供，比如教育和健康等领域。二是增加不符措施对应的国内法律，同时增加不符措施对应描述部分，建议将《市场准入负面清单》中涉及国内法律以及不对外国投资者和外国服务提供者的措施加入负面清单。三是减少禁止性措施，增加限制性措施。

第三，单独列出金融服务业特别管理措施，并采用正负面混合清单方式在海南自由贸易港先行先试。由于数字技术带来金融服务贸易业态的变化，跨境交付正成为金融服务贸易的重要服务形态，而金融跨境交付的潜在风险需要在保险及相关服务，以及银行和其他金融服务跨境交付中采用正面清单，并实施金融审慎监管措施，而对于商业存在、自然人流动则可以采用负面清单方式。

附件一
服务贸易国内规制参考文件[①]

第一节　总则

1. 成员已同意本参考文件中的服务贸易国内规制纪律（以下简称"纪律"），其目的是根据《服务贸易总协定》（以下简称《协定》）第六条第4款的规定，详细阐述《协定》的条文。[②]

2. 成员意识到服务提供者（特别是发展中国家成员的服务提供者）在遵守其他成员的许可要求和程序、资格要求和程序及技术标准方面可能面临的困难，特别是来自最不发达国家成员的服务提供者可能面临的特定困难。

3. 成员意识到其有权在其领土内对服务供应进行规制和引入新的规定，以实现其政策目标。

4. 成员进一步意识到不同国家的服务规制发展程度之间存在不对称性，特别是发展中国家和最不发达国家成员的服务规制发展程度之间存在不对称性。

5. 纪律不得解释为对该等纪律的实施进行规定或强加任何特定的监管规定。

6. 纪律不得被解释为减少成员在《协定》项下的任何义务。

部门覆盖和调度方式

7. 成员应在其附表中将第二节中的纪律列为《协定》第十八条所规定的额外承诺。成员可选择将第三节中的纪律列入他们在金融服务方面的承诺。

8. 根据本节第7款所规定的纪律适用于作出具体承诺的情况。此外，鼓励成员在其附表中列入纪律所适用的其他部门。

[①] 这是翻译文本，仅供参考，没有法律有效性。
[②] 成员意识到可根据《协定》第六条第4款的规定制定进一步的纪律。

9. 成员可将第二节第 22 款（d）项和第三节第 19 款（d）项所规定的纪律排除在本节第 7 款所规定的额外承诺之外。

发展

发展中国家成员的过渡期

10. 发展中国家成员可在该等纪律生效后时长不超过 7 年的过渡期届满后指定用于实施的具体纪律。指定的范围可能仅限于个别服务部门或子部门。过渡期应被列入具体承诺的相应附表。要求延长实施过渡期的发展中国家成员应按照相关程序提出申请。① 成员应考虑到提出申请的成员的具体情况，对批准此类申请给予同情的考虑。

最不发达国家成员的参与

11. 最不发达国家成员应不迟于脱离最不发达国家地位前 6 个月，将本节第 7 款规定的纪律列入其具体承诺附表。届时，最不发达国家成员可根据本节第 10 款指定过渡期。尽管如此，应鼓励最不发达国家成员根据各自的实施能力在其脱离最不发达国家地位前适用该等纪律。

技术援助和能力建设

12. 鼓励有能力的发达国家和有能力的发展中国家成员应发展中国家成员（特别是最不发达国家成员）的请求并按照共同商定的条款和条件，向后者提供具体的技术援助和能力建设，除其他事项外，还旨在：

（a）培养和加强制度和监管能力，以规制服务的供应和执行该等纪律，特别是过渡期所适用的规定和部门；

（b）协助发展中国家成员（特别是最不发达国家成员）的服务提供者满足出口市场的相关要求和程序；

（c）促进技术标准的制定及促进面临资源限制的发展中国家成员（特别是最不发达国家成员）参与相关国际组织；和

---

① 相关程序包括根据《马拉喀什协定》第四条第 3 款（b）项或援引《服务贸易总协定》第 21 条申请豁免。

(d) 通过公共或私营机构和相关国际组织，协助发展中国家成员（特别是最不发达国家成员）的服务提供者培养其供应能力并遵守国内规制。

第二节　服务国内规制纪律

纪律的范围

1. 本纪律适用于成员所采取的有关许可要求和程序、资格要求和程序及影响服务贸易的技术标准的措施。

2. 本纪律不适用于根据《协定》第十六条或第十七条在成员附表中列出的任何条款、限制、条件或资格。

3. 就本纪律而言，"授权"是指关于提供服务的许可，其由申请人必须遵守以证明符合许可要求、资格要求或技术标准的程序产生。

申请的提交

4. 每位成员应在切实可行的范围内，避免要求申请人就每项授权申请与多个主管部门联系。如果任一项服务在多个主管部门的管辖范围内，则可能需要多次申请授权。

申请时间表

5. 如任一成员需要授权以提供服务，则其应确保其主管部门在可行的范围内允许在全年的任何时间提交申请；① 而如已规定具体的申请期限，则成员应确保主管部门允许在合理期限内提交申请。

电子申请和副本的接受

6. 如任一成员需要授权以提供服务，则其应确保其主管部门：

（a）在考虑到它们的竞争优先事项和资源限制的情况下，尽量接受以电子格式提交的申请；及

（b）接受根据成员的国内法律法规认证的文件副本代替原始文件，主管部门为保护授权过程的完整性而要求原始文件的情形除外。

---

① 主管部门无须在其官方工作时间和工作日之外开始考虑申请。

申请的处理

7. 如任一成员需要授权以提供服务，则其应确保其主管部门：

（a）在切实可行的范围内，提供处理申请所需的指示性时间表；

（b）应申请人的要求，提供有关申请状态的信息，不得无故拖延；

（c）在切实可行的范围内，确定根据成员的国内法律法规提交的处理申请的完整性，不得无故拖延；

（d）如主管部门认为根据成员的国内法律法规提交的处理申请已完整，[1] 则在提交申请后的合理时间内确保：

（ⅰ）已完成对申请的处理；及

（ⅱ）尽可能以书面形式，[2] 将有关申请的决定通知申请人；[3]

（e）如主管部门认为根据成员的国内法律和法规提交的处理申请不完整，则在合理的时间内及可行的范围内：

（ⅰ）将申请不完整的情况通知申请人；

（ⅱ）应申请人的要求，确定完成申请所需的额外信息，或就申请被视为不完整的原因提供指导；和

（ⅲ）让申请人有机会[4]提供完成申请所需的额外信息；

（ⅳ）但如以上各项都不切实可行，且申请因不完整而被拒绝，则应确保主管部门在合理的时间内通知申请人；

（f）如申请被拒绝，则在可能的情况下，主动或应申请人的要求，告知申请人拒绝的理由及（如适用）重新提交申请的程序；不应仅以先前被拒绝的申请为由阻止申请人提交另一份申请[5]。

8. 成员的主管部门应确保授权一经给出即在符合适用条款和条件的情

---

[1] 主管部门可能会要求以指定格式提交所有信息，以将其视为"已完成处理"。
[2] 主管部门可通过提前以书面形式通知申请人（包括通过公布的措施）未能在自申请提交之日起的指定时间段内回复却表明接受申请或拒绝申请来满足这一要求。
[3] "书面形式"可包括电子形式。
[4] 此种机会不需要主管部门提供延期。
[5] 主管部门可要求对此类申请的内容进行修改。

况下①立即生效，不得无故拖延。

费用

9. 各成员应确保其主管部门收取的授权费用②合理、透明、基于措施中列出的权限，且其本身不限制相关服务的提供。

资格的评估

10. 如任一成员须接受就提供服务的授权进行的审查，则该成员应确保其主管部门以合理的频率安排此类审查，并提供一个合理的时间段以使申请人能够要求参加审查。考虑到相关成本、行政负担和程序的完整性，鼓励成员接受以电子形式提出的关于接受此类审查的申请，并在可行的范围内考虑在审查的其他方面使用电子方式。

承认

11. 如成员的专业机构均对就与承认专业资格、许可或注册有关的问题建立对话感兴趣，则相关成员应考虑在它们要求时和适当的时候支持该等机构的对话。

独立性

12. 如任一成员采取或维持与授权提供服务有关的措施，则该成员应确保其主管部门以独立于任何需要授权的服务提供者的方式作出决定和管理其决定。③

可用的出版物和信息

13. 如任一成员要求获得与提供服务有关的授权，则根据《协定》第三条的规定，该成员应立即发布④或以书面形式公开提供服务提供者或寻求提供服务的人士所需的信息，以遵守关于获得、维持、修改和更新此类授权的要求和程序。除其他事项外，此类信息还应包括：

---

① 主管部门不对由于其权限范围之外的原因造成的拖延负责。
② 授权费不包括使用自然资源的费用，为拍卖、招标或其他授予特许权的非歧视性方式支付的费用，或对普遍服务提供的强制性缴款。
③ 为更加明确，此条款并未规定特定的行政结构；它是指决策过程和对决策的管理。
④ 就该等纪律而言，"发布"是指在官方出版物（例如官方期刊）或官方网站上登载。鼓励成员将电子出版物整合至同一个门户网站中。

（a）要求和程序；

（b）有关主管部门的联系方式；

（c）费用；

（d）技术标准；

（e）申诉或审查有关申请的决定的程序；

（f）监督或强制遵守许可或资格的条款和条件的程序；

（g）公众参与的机会，例如通过听证会或评论；及

（h）处理申请所需的指示性时间表。

生效前提出意见的机会和信息

14. 各成员[①]应在切实可行的范围内并以符合其有关措施采取的法律制度的方式，提前公布：

（a）其拟就本节第 1 款范围内的事项制定的普遍适用的法律和法规；或

（b）提供有关此类可能制定的新法律或法规的足够详细的信息文件，以使利益相关者和其他成员能够评估他们的利益是否以及如何受到重大影响。

15. 鼓励各成员在切实可行的范围内并以符合其有关措施采取的法律制度的方式，将本节第 14 款适用于其拟就属于本节第 1 款范围内的事项采取的普遍适用的程序和行政裁决。

16. 鼓励各成员在切实可行的范围内以符合其有关措施采取的法律制度的方式，向利益相关者和其他成员提供合理的机会，对根据本节第 14 或 15 款公布的此类拟议措施或文件发表意见。

17. 各成员应在切实可行的范围内并以符合其有关措施采取的法律制度的方式，考虑根据本节第 16 款的规定收到的意见。[②]

18. 鼓励各成员在发布本节第 14 款（a）项所述的法律或法规之时或在此类发布之前，在可行的范围内以符合其有关措施采取的法律制度的方式，

---

① 本节第 14 至第 17 款承认，在采取某些措施之前，成员有不同的制度来就某些措施与利益相关者和其他成员进行磋商，并且本节第 14 款中列出的替代方案反映了不同的法律制度。

② 本条规定不影响成员作出最终决定来采取或维持任何与授权提供服务有关的措施。

解释该法律或法规的目的和基本原理。

19. 各成员应在切实可行的范围内，尽力在本节第14（a）款所述法律或法规文本的公布与服务提供者必须遵守法律或法规的日期之间留出合理的时间。

查询点

20. 各成员应维持或建立适当的机制，以回应服务提供者或寻求提供服务的人士对本节第1款所述措施的询问。① 成员可选择通过根据《协定》第三条和第四条建立的查询和联络点或任何其他适当的机制来处理此类查询。

技术标准

21. 各成员应鼓励其主管部门在采用技术标准时采用通过公开透明的程序制定的技术标准，并应鼓励任何被指定制定技术标准的机构（包括相关国际组织）② 采用公开透明的程序。

措施的制定

22. 如任一成员采取或维持与授权提供服务有关的措施，则其应确保：

（a）此类措施基于客观和透明的标准；③

（b）程序具有公正性，且程序足以让申请人证明他们是否符合要求（如存在此类要求）；

（c）程序本身不会不合理地致使无法满足要求；且

（d）此类措施不存在男女之间的歧视。④

第三节　金融服务业服务国内规制的替代性纪律

范围

1. 本纪律适用于成员制定的与影响《服务业贸易总协定》金融服务附

---

① 各成员国理解资源限制可作为确定一个响应机制是否适当的因素。
② "相关国际组织"一词是指其成员资格对至少所有WTO成员的相关机构开放的国际机构。
③ 除其他事项外，此类标准还可能包括提供服务的胜任度和能力，包括以符合会员监管要求的方式提供服务，例如健康和环境要求。主管部门可评定每项标准的权重。
④ 合理和客观的、旨在实现合法目的的差别待遇，以及成员国采取的旨在加速男女事实上平等的暂行特别措施，不应被视为本条款中的歧视。

件中定义的金融服务贸易的许可要求和程序、资格要求和程序相关的措施。

2. 本纪律不适用于根据《协定》第十六条或第十七条在成员附表中列出的任何条款、限制、条件或资格。

3. 就本纪律而言,"授权"是指提供服务的许可,其由申请人为证明符合许可要求、资格要求或技术标准而必须遵守的程序产生。

申请时间表

4. 如任一成员需要授权以提供服务,则其应确保其主管部门在可行的范围内允许在全年的任何时间提交申请;① 而如已规定具体的申请期限,则成员应确保主管部门允许在合理期限内提交申请。

电子申请和副本的接受

5. 如任一成员需要授权提供服务,则其应确保其主管部门:

(a) 在考虑到它们的竞争优先事项和资源限制的情况下,尽量接受以电子格式提交的申请;及

(b) 接受根据成员的国内法律法规认证的文件副本代替原始文件,主管部门为保护授权过程的完整性而要求原始文件的情形除外。

申请的处理

6. 如任一成员需要授权提供服务,则其应确保其主管部门:

(a) 在切实可行的范围内,提供处理申请所需的指示性时间表;

(b) 应申请人的要求,提供有关申请状态的信息,不得无故拖延;

(c) 在切实可行的范围内,确定根据成员的国内法律法规提交的处理申请的完整性,不得无故拖延;

(d) 如主管部门认为根据成员的国内法律法规提交的处理申请已完整,② 则在提交申请后的合理时间内确保:

(i) 完成对申请的处理;及

---

① 主管部门无须在其官方工作时间和工作日之外开始考虑申请。
② 主管部门可能会要求以指定格式提交所有信息,以将其视为"已完成处理"。

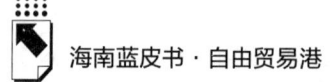

（ⅱ）尽可能以书面形式,①将有关申请的决定通知申请人;②

（e）如主管部门认为根据成员的国内法律和法规提交的处理申请不完整,则在合理的时间内及可行的范围内:

（ⅰ）将申请不完整的情况通知申请人;

（ⅱ）应申请人的要求,确定完成申请所需的额外信息,或就申请被视为不完整的原因提供指导;和

（ⅲ）让申请人有机会③提供完成申请所需的额外信息;

（ⅳ）如以上各项都不切可行,且申请因不完整而被拒绝,则应确保主管部门在合理的时间内通知申请人;

（f）如申请被拒绝,则在可能的情况下,主动或应申请人的要求,告知申请人拒绝的理由及（如适用）重新提交申请的程序;不应仅以先前被拒绝的申请为由阻止申请人提交另一份申请④。

7. 成员的主管部门应确保授权一经给出即在符合适用条款和条件的情况下⑤立即生效,不得无故拖延。⑥

费用

8. 每个成员应确保其主管部门就其收取的授权费向申请人提供费用表或有关如何确定费用金额的信息。

资格的评估

9. 如任一成员须接受就提供服务的授权进行的审查,则该成员应确保其主管部门以合理的频率安排此类审查,并提供一个合理的时间段以使申请人能够要求参加审查。考虑到相关成本、行政负担和程序的完整性,鼓励成

---

① 主管部门可通过提前以书面形式通知申请人（包括通过公布的措施）未能在自申请提交之日起的指定时间段内回复即表明接受申请或拒绝申请来满足这一要求。
② "书面形式"可包括电子形式。
③ 此种机会不需要主管部门提供延期。
④ 主管部门可要求对此类申请的内容进行修改。
⑤ 主管部门不对由于其权限范围之外的原因造成的拖延负责。
⑥ 授权费不包括使用自然资源的费用,为拍卖、招标或其他授予特许权的非歧视性方式支付的费用,或对普遍服务提供的强制性缴款。

员接受以电子形式提出的关于接受此类审查的请求,并在可行的范围内考虑在审查的其他方面使用电子方式。

独立性

10. 如任一成员采取或维持与授权提供服务有关的措施,则该成员应确保其主管部门以独立于任何需要授权的服务提供者的方式作出决定和管理其决定。①

可用出版物和信息

11. 如任一成员要求获得提供服务的授权,则根据《协定》第三条的规定,该成员应立即发布②或以书面形式公开提供服务提供者或寻求提供服务的人士所需的信息,以遵守关于获得、维持、修改和更新此类授权的要求和程序。除其他事项外,此类信息还应包括:

(a) 要求和程序;

(b) 有关主管部门的联系方式;

(c) 申诉或审查有关申请的决定的程序;

(d) 监督或强制遵守许可或资格的条款和条件的程序;

(e) 公众参与的机会,例如通过听证会或评论;及

生效前评论提出意见的机会和信息

12. 各成员③应在切实可行的范围内并以符合其有关措施采取的法律制度的方式,提前公布:

(a) 其拟就本节第 1 款范围内的事项制定的普遍适用的法律和法规;或

(b) 提供有关此类可能制定的新法律或法规的足够详细信息的文件,以使利益相关者和其他成员能够评估他们的利益是否以及如何受到重大

---

① 为更加明确,此条款并未规定特定的行政结构;它是指决策过程和对决策的管理。

② 就这些纪律而言,"发布"是指在官方出版物(例如官方期刊)或官方网站上登载。鼓励成员将电子出版物整合至同一个门户网站中。

③ 本节第 12 款至第 15 款承认,在采取某些措施之前,成员有不同的制度来就某些措施与利益相关者和其他成员进行磋商,并且本节第 12 款中列出的替代方案反映了不同的法律制度。

影响。

13. 鼓励各成员在切实可行的范围内并以符合其有关措施采取的法律制度的方式，将本节第 12 款适用于其拟就属于本节第 1 款范围内的事项采取的普遍适用的程序和行政裁决。

14. 鼓励各成员在切实可行的范围内并以符合其有关措施采取的法律制度的方式，向利益相关者和其他成员提供合理的机会，对根据本节第 12 款或第 13 款公布的此类拟议措施或文件发表意见。

15. 各成员应在切实可行的范围内并以符合其有关措施采取的法律制度的方式，考虑根据本节第 14 款的规定提出的意见。①

16. 鼓励各成员在发布本节第 12 款（a）项所述的法律或法规之时或在此类发布之前，在可行的范围内并以符合其有关措施采取的法律制度的方式，解释该法律或法规的目的和基本原理。

17. 各成员应在切实可行的范围内，尽力在本节第 12 款（a）项所述法律或法规文本的公布与服务提供者必须遵守法律或法规的日期之间留出合理的时间。

查询点

18. 各成员应维持或建立适当的机制，以回应服务提供者或寻求提供服务的人士对本节第 1 款所述措施的询问。② 成员可选择通过根据《协定》第三条和第四条建立的查询和联络点或任何其他适当的机制来处理此类查询。

措施的制定

19. 如任一成员采取或维持与授权提供服务有关的措施，则其应确保：

（a）此类措施基于客观和透明的标准；③

（b）程序具有公正性，且程序足以让申请人证明他们是否符合要求（如存在此类要求）；

---

① 本条规定不影响成员作出最终决定来采取或维持任何与授权提供服务有关的措施。
② 各成员国理解资源限制可作为确定一个响应机制是否适当的因素。
③ 除其他事项外，此类标准还可能包括提供服务的胜任度和能力，包括以符合会员监管要求的方式提供服务，例如健康和环境要求。主管部门可评定每项标准的权重。

（c）程序本身不会不合理地致使无法满足相关要求；且此类措施不存在男女之间的歧视。①

附表1 主要贸易协定中金融服务减让表

协议名称	NAFTA	WTO/GATS	美韩	CPTPP	USMCA	EPA	欧越
生效时间	1994年1月1日	1995年1月1日	2012年3月15日	2018年12月30日	2020年7月1日	2019年2月1日	2020年8月1日
模式1 跨境交付	负面	正面	正面	正面	正面	负面	正面
模式2 境外消费	负面	正面	负面	负面	负面	负面	正面
模式3 商业存在	负面	正面	负面	负面	负面	负面	正面
模式4 自然人流动	负面	正面	负面	负面	负面	负面	正面

注：NAFTA是指《北美自由贸易协定》，这个协定被USMCA（《美国、墨西哥和加拿大三国协定》）替代。WTO/GATS是指世界贸易组织《服务贸易总协定》。美韩是指美韩自贸区协定。CPTPP是指《全面与进步跨太平洋伙伴关系协定》。EPA是指欧盟与日本的《经济伙伴关系协定》。欧越是指《欧盟——越南自由贸易协定》。

附表2 CPTPP跨境服务贸易减让表中的不符措施数量

单位：个，项

义务 国家	涉及部门		涉及业务						跨境服务贸易	投资与贸易
	部门数量	其中涉及所有行业	国民待遇	最惠国待遇	当地存在	业绩要求	市场准入	高管和董事会		
日本	41	0	11	3	31	1	39	4	34	7
加拿大	16	2	9	3	14	2	0	2	11	5
墨西哥	32	2	28	7	20	3	3	3	16	16
智利	20	1	19	9	14	2	0	6	12	8
马来西亚	17	0	16	0	12	2	4	5	3	14
新加坡	25	2	12	2	14	1	15	1	13	12
澳大利亚	8	1	5	2	6	1	0	1	3	5
新西兰	4	1	3	1	1	2	0	1	1	3
秘鲁	22	1	18	2	10	2	0	3	13	9
越南	5	0	4	0	1	0	0	0	1	4
文莱	20	0	18	0	13	8	12	9	3	17
12成员平均	19	1	13	3	12	2	7	3	10	9

资料来源：作者根据CPTPP减让表整理而成。

① 合理和客观的、旨在实现合法目的的差别待遇，以及成员国采取的旨在加速男女事实上平等的暂行特别措施，不应被视为本条款中的歧视。

附件二
CPTPP中日本部分服务部门的不符措施[①]

部门1——商业服务

分部门：产业分类

涉及义务：市场准入（第10.5条）当地存在（第10.6条）。

政府层级：中央政府

措施：《就业保障法》（1947年第141号法），第3章和第3-3章；《保障劳务派遣企业正常运行和保护被派遣劳工法》（1985年第88号法），第2章；《港口劳工法》（1988年第40号法），第4章；《海员就业保障法》（1948年第130号法），第3章；《建筑工人就业改善法》（1976年第33号法），第5、6章。

描述：跨境服务贸易

欲在日本为企业提供下列服务的人，需在日本拥有机构，并视具体情况获得主管当局许可，或向主管当局提交通知：（a）私人职业介绍服务，包括针对建筑工人的收费性职业介绍服务；或（b）劳务派遣服务，包括装卸工人派遣服务，海员派遣服务和针对建筑工人的工作机会保障服务。

劳务供给服务仅可通过依据《就业保障法》或《海员就业保障法》获得主管当局许可的工会进行。

部门2：分销服务

分部门：在公共批发市场提供的批发服务

产业分类：涉及义务：市场准入（第10.5条）。

政府层级：中央政府

措施：《批发市场法》（1971年第35号法），第9、10、15、17、33条。

---

① 资料来源：CPTPP日本服务贸易减让表。

描述：跨境服务贸易

如公共批发市场为确保市场良好运行的目的设定公共批发市场服务提供者的数量上限，可限制授予公共批发市场的批发服务提供者许可证的数量。

部门3：运输

分部门：空运

涉及义务：国民待遇（第9.4条和第10.3条）高级管理人员和董事会（第9.10条）市场准入（第10.5条）。

政府层级：中央政府

措施：《外汇与外贸法》（1949年第228号法），第27条；《外国直接投资内阁令》（1980年第261号内阁令），第3条；《民用航空法》（1952年第231号法），第7、8章注释：为进一步明确，为本项保留目的，《外汇与外贸法》第26条规定的"对内直接投资"的定义应适用于本项保留的解释。

描述：跨境服务贸易和投资

1.《外汇与外贸法》规定的事先通知要求和审查程序适用于欲在日本投资空运业务的外国投资者。

2. 审查依据如下标准进行：该投资是否可能给日本经济平稳运行带来严重不利影响。注释：为进一步明确，在本描述中未提及"国家安全"（国家安全在本附件第10、12、14、36、45、46、54、56项减让中提及），不意味着第29.2条（安全例外）不适用于审查，或日本放弃引用第29.2条（安全例外）来证明审查的合理性。

3. 根据审查结果，投资者可能被要求改变投资内容或停止投资进程。

4. 从事空中业务的国土交通省许可证，不授予下述申请该许可的自然人或实体：(a) 无日本国籍的自然人；(b) 外国，或外国公共实体或与外国公共实体相当的实体；(c) 依任何外国法律组建的法人或其他实体；和 (d) 由 (a)，(b) 或 (c) 项提到的自然人或实体代表的法人；董事会成员三分之一以上由（a）、（b）或（c）项提到的自然人或实体构成的法人；三分之一以上投票权由（a）、（b）或（c）项提到的自然人或实体持有的法人。如果从事空中业务的人属于（a）至（d）项提到的自然人或实体，许可证将失效。许可证的条件也适用于诸如控股公司这样的公司，此类公司对从事空中业务的人有实质性的控制。

5. 外国航空器不得用于日本领土内各地之间的飞行。

# B.3
海南自由贸易港投资便利化制度创新研究

吕文洁*

摘　要： 随着国际机构和组织积极推进投资便利化行动计划，以及WTO推进投资便利化多边协议谈判，投资便利化近年来成为国际热门议题。投资便利化涵盖投资政策和行政程序透明度以及与投资相关的行政效率提升问题，是衡量一个国家或地区投资环境的重要内容之一。本报告简述投资便利化议题的国际发展情况、WTO投资便利化谈判进展和内容架构，讨论投资便利化内涵和具体措施，在此基础上总结海南自贸港在投资便利化方面的主要制度改革和创新，并对海南自贸港投资便利化制度改革方向提出若干建议。

关键词： 投资便利化　营商环境　投资政策

一　投资便利化的国际发展和内涵

投资政策和投资程序的透明度以及行政效率提升是投资政策实施过程中必然面临的问题，是典型的国内制度执行问题。随着国际投资的不断扩大，越来越多的国际组织和国际平台将提升投资便利化水平作为促进国际投资的重要手段，部分国际经贸协议中与投资相关的规则也涉及国内投资政策信息公开、政策制定的平等参与问题以及投资程序的透明公平问题。21世纪以来，重要国际组织陆续推出国际投资便利化行动计

---

* 吕文洁，上海社会科学院世界经济研究所助理研究员，主要研究方向，国际投资理论与政策。

划或倡议，将之与投资自由化、投资保护和投资促进相提并论，作为各国提升投资吸引力的重要方面。随着WTO成员发布投资便利化共同声明，并且投资便利化多边协议谈判取得重要进展，投资便利化更成为国际投资领域热门议题。

（一）投资便利化的国际发展

随着全球投资重要性的不断提升，国际机构和国际平台逐渐将投资便利化作为单独议题，提出相应行动计划和行动指引，包括亚太经合组织（APEC）、G20、经合组织（OECD）、联合国贸发会议（UNCTAD）等都提出投资便利化原则或行动计划。WTO在投资便利化共同声明基础上，参照贸易便利化协议制定经验，正积极推进投资便利化多边协议谈判。

亚太经合组织（APEC）在2009年提出投资便利化行动计划（Investment Facilitation Action Plan，IFAP），同年APEC发起贸易便利化行动计划。在APEC框架下，投资便利化措施指政府在投资全周期过程中所采取的旨在提升其行政效率和效果，从而吸引投资的系列作为。APEC投资便利化行动计划基于八大指导原则，这八大原则主要应对行政透明度、高效监管以及投资政策和行政程序的简化和可预期等问题。这八大指导原则包括：（1）提高投资相关政策制定和行政程序的可及性和透明度；（2）提高投资政策环境的稳定性以及投资保护和财产保护力度；（3）提高投资相关政策的可预期性和一致性；（4）改善投资行政程序的效率和有效性；（5）建立具有建设性的利益相关方关系；（6）利用信息通信等新技术改善投资环境；（7）建立投资政策监测和评估机制；（8）促进国际合作[①]。APEC投资便利化行动计划定期交流和评估各国投资便利化行动的推进情况，通过经验总结和分享、信息交流等方式，督促各国提升

---

① 关于APEC八大指导原则更详细框架、政策措施，可参考APEC（2009）．*APEC Investment Facilitation Action Plan*，https://www.apec.org/docs/default-source/Press/Features/2009/09_cti_ieg_IFAP.pdf，最近访问日期：2022年8月19日。

其投资便利化水平[1]。

2016年，在中国担任轮值主席国期间，G20新设了贸易和投资工作组，G20杭州峰会发布了"全球投资政策制定指导原则"，其中包括促进透明度和提升投资者在设立、开展正常商业活动和扩大投资等方面的便利化水平，随后的G20峰会也提出更多关于投资便利化的非约束性行动建议。在G20杭州投资政策共识以及WTO投资便利化共同声明的推动下，OECD投资委员会于2018年讨论如何推动实现投资便利化的国际合作框架[2]，并在OECD投资政策框架内讨论投资便利化问题，其投资便利化议题不仅涵盖行政程序透明度（包括减少行政负担和简化程序等）等要求，也涵盖负责任商业行为和公共治理等要求。

2016年，UNCTAD在以可持续发展为导向的投资政策框架下，根据全球各国投资促进和便利化经验，提出UNCTAD十大全球投资便利化行动计划，这十大行动计划及其具体措施成为制定投资便利化政策的重要参考[3]（十大具体行动计划及政策框架见附表2）。另外，世界银行的营商环境指标体系涵盖了企业从投资设立到日常运营和破产等全周期投资过程的行政管理情况，其中大多数指标体现投资便利化水平，许多国际组织如APEC在比较和评估各国投资便利化水平时，部分指标参考世界银行营商环境指标体系[4]。

---

[1] Bayhaqi A., Singh S. K.（2019）."Facilitating Investment in APECImproving the Investment Climate through Good Governance". *APEC Secretariat*，*APEC Policy Support Unit*，https：//www.apec.org/publications/2019/11/facilitating-investment--in-apec，最近访问日期：2022年8月19日。

[2] Novik, A. & de Crombrugghe, A.（2018）. Towards an international framework for investment facilitation. *OECD Investment Insights*，https：//www.oecd.org/investment/Towards-an-international-framework-for-investment-facilitation.pdf，最近访问日期：2022年8月19日。

[3] UNCTAD（2016）. Global Action Menu for Investment Facilitation. https：//investmentpolicy.unctad.org/uploaded-files/document/Action%20Menu%2001-12-2016%20EN%20light%20version.pdf，最近访问日期：2022年8月19日。

[4] 2021年9月16日，世界银行发布声明决定停发《全球营商环境报告》。2022年2月，世界银行公布了新的营商环境评价体系（Business Enabling Environment，简称"BEE"项目，暂译为"宜商环境"）征求意见稿。虽然世界银行营商环境指标体系停止更新，但新的宜商环境指数与原来的营商环境指标框架差别不大，主要在数据和信息收集上存在差别。

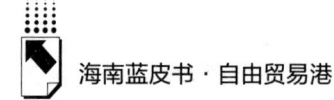

2017年开始，WTO部分成员积极推进投资便利化谈判。2017年4月，发展导向的投资便利化之友（Friends of Investment Facilitation for Development，FIFD）发起"发展导向的投资便利化"非正式对话。2017年12月，在WTO第11次部长级会议上，70个WTO成员共同发布"投资便利化共同声明"[1]，呼吁启动旨在形成"投资便利化多边框架"的结构化讨论。该共同声明明确结构化讨论将包括以下内容：提高投资措施的透明度和可预测性、简化和加快行政程序和要求、促进国际合作、信息交流和最佳实践经验交流以及建立争端预防机制。该共同声明明确结构化讨论不包括市场准入、投资保护和投资者国家争端机制等议题。

2018年11月，98个WTO成员第二次发布投资便利化共同声明[2]，承诺将进一步制定投资便利化框架，并努力在第12次部长级会议上产生具体成果。2020年9月，该倡议正式进入投资便利化协议谈判阶段，并明确涵盖四大谈判议题：一是提高投资措施的透明度和可预测性；二是简化和加快行政程序和要求；三是加强政府间、政府和投资者间的对话，支持企业推进负责任商业行为以及预防和反对腐败；四是明确为发展中和最不发达国家设立特殊和差别待遇、推进技术协助和能力建设。2021年4月，WTO形成了投资便利化协议的合并谈判文本（Easter文本），参与成员可在单一文本基础上进行谈判。2021年11月，112个WTO成员第三次发布投资便利化共同声明[3]，认定将Easter文本（发布共同声明时为第5修订版）作为未来谈判基础，并致力于2022年底达成文本谈判。截至2022年7

---

[1] WTO（2017），*Joint Statement on Investment Facilitation for Development*，WT/MIN（17）/59，https：//docs.wto.org/dol2fe/Pages/SS/directdoc.aspx?filename=q:/WT/MIN17/59.pdf&Open=True，最近访问日期：2022年8月19日。

[2] WTO（2019），*Joint Ministerial Statement on Investment Facilitation for Development*，WT/L/1072/Rev.1，https：//docs.wto.org/dol2fe/Pages/SS/directdoc.aspx?filename=q:/WT/L/1072r1.pdf&Open=True，最近访问日期：2022年8月19日。

[3] WTO（2021），*Joint Statement on Investment Facilitation for Development*，WT/L/1130，https：//docs.wto.org/dol2fe/Pages/SS/directdoc.aspx?filename=q:/WT/L/1130.pdf&Open=True。最近访问日期：2022年8月19日。

月，WTO投资便利化协议谈判仍在进行中①。

除了国际组织和机构推进投资便利化，部分国际投资协议（包括双边投资协议和自贸区协定中的投资规则）已包括与投资便利化议题相关的条款。最典型的是透明度义务条款，许多自贸区协定包括透明度专章。许多国际投资协议包括信息交流和合作条款，即促进缔约国之间投资促进机构的经验交流和国际合作，以及对部分发展中国家投资政策相关的能力建设和技术协助。但不同国际投资协议的投资便利化条款涵盖范围不同，义务的严格程度也不同。以透明度义务为例，在范围上，高标准透明度义务除了要求公开一般性的法律法规，还要求公开具体的投资相关法律法规；在义务内容上，除了信息公开义务，还要求东道国给予充分机会和时间征求利益相关者意见并要给予书面答复；在约束性上，部分协议透明度义务加上"尽力"或"尽实际情况"，约束力上有所软化。另外WTO框架下的服务业国内监管纪律也涵盖了投资程序的透明度要求，不同的是，该纪律要求仅涵盖服务贸易，未涵盖非服务业投资领域；而在规则内容上，WTO投资便利化协议特别强调通过电子政务或数字化手段如在线系统、"单一窗口"提升投资便利化水平，而这种类型规则目前较少在其他国际经贸协议中出现。

（二）投资便利化内涵

一直以来，投资便利化的内涵及其构成内容相对模糊。随着投资便利化成为国际热门议题，且WTO积极推动投资便利化多边协议谈判，国际社会越来越迫切需要明确投资便利化概念框架，包括其内涵及其具体措施范围。本部分结合当前WTO投资便利化谈判内容架构以及国际机构关于投资便利化行动计划的内容，讨论投资便利化的内涵、投资便利化和投资促进之间的差异。

---

① 关于投资便利化谈判进展，参见 https：//www.wto.org/english/tratop_e/invfac_public_e/invfac_e.htm，最近访问日期：2022年8月19日。

从一般性定义看，投资便利化指在投资全周期过程（包括投资设立、日常运营以及投资扩大和投资退出）中，通过提高行政政策的透明度和行政效率，建立更透明、有效和投资友好的商业环境。投资便利化政策并不改变各国投资政策（主要指投资准入和监管政策），而是提高投资政策的透明度和可预测性，并使投资相关的行政过程更加简化和有效率[1]。WTO明确投资便利化多边协议的主要支柱包括：投资措施的透明度、投资相关行政程序的加快和精简以及促进国际合作、信息共享和最佳实践经验交流。在WTO投资便利化多边框架下，除了投资政策和行政程序的透明度、可预期性和行政效率，还包括促进提升投资的效益，即投资对可持续发展的正向作用，因此涵盖促进投资者负责任商业行为和投资可持续发展的相应措施。WTO基于国际现有投资规则以及多边投资规则谈判的推进难度，明确将投资保护、市场准入和投资者国家争端解决机制排除在投资便利化多边谈判范围之外。

虽然国际社会对投资便利化上述一般化定义并无异议，但涉及具体措施时，投资促进措施、投资服务相关政策和投资便利化措施之间多出现重叠的情况，其中典型表现之一是各国多数投资促进机构同时承担投资促进和投资便利化职能，特别是在对外发布投资政策信息、投资者意见收集和反馈以及其他投资者服务方面，投资便利和投资促进都包括了上述相应职能。OECD认为投资促进主要是向投资者推介相应地区的投资吸引力[2]，而UNCTAD认为投资促进还涵盖投资激励政策[3]，而投资便利化未涵盖投资推介宣传或投资激励措施。截至2022年，WTO尚未达成投资便利化的多边协议，因此，

---

[1] 参见WTO："Investment Facilitation for Development in the WTO：Fact Sheet November 2021"，https://www.wto.org/english/tratop_e/invfac_public_e/factsheet_ifd.pdf，最近访问日期：2022年8月19日。

[2] Novik A., Crombrugghe A. D., "Towards an International Framework for Investment Facilitation". *OECD Investment Insights* 2018.

[3] UNCTAD. (2017). *Investment Facilitation：The Perfect Match for Investment Promotion*. The IPA Observer. https://unctad.org/system/files/official-document/webdiaepcb2017d4_en.pdf，最近访问日期：2022年8月19日。

投资便利化具体措施范围仍未有定论，但随着谈判推进，关于投资便利化具体措施范围的框架也将更加清晰。

（三）投资便利化具体措施范围

目前WTO投资便利化多边协议谈判涵盖了投资政策透明度、行政程序简化、针对发展中国家和最不发达国家的技术援助和能力建设、投资可持续发展导向相关政策等内容。在具体条款中，多边协议谈判除了涵盖透明度、行政程序简化相关的原则性要求外，还包括具体要求以及相应政策工具和机制建设要求，如授权费用要求、文件复印件效力、设立"单一窗口"和信息联络点以及建立在线审批系统等。另外，一些成员提出将投资相关自然人跨境流动的行政程序要求也纳入谈判范围，另外还包括资金转移和支付条款、母国投资便利化政策，以及反腐败要求等议题。因此，在投资便利化具体措施涵盖范围上，因WTO未达成谈判，在具体措施范围上并未有定论，但从其内容看，投资激励措施或投资推介不在其范围内（WTO多边投资协议目前谈判文本框架见表1，更详细的文本架构见附表1）。

表1 WTO合并谈判文本的架构及主要原则

框架	主要原则
序言	序言部分
第Ⅰ部分 范围和一般原则	适用范围：不包括市场准入、投资保护和投资者国家争端解决机制
	防火墙条款（目标：与国际投资协议的规则相独立）
	最惠国待遇/非歧视性原则
第Ⅱ部分 投资措施的透明度	投资措施和相关信息公布（包括在线公布）
	提案/草案相关措施公布以及给予征求意见的机会
	单一信息门户（或窗口）
	通知WTO的义务
第Ⅲ部分 精简和加快行政程序和要求	授权程序的一般原则
	申请程序、接受经验证的文件副本、授权费用要求、在线提交申请等
	主管机构的独立性
	上诉和复审

续表

框架	主要原则
序言	序言部分
第Ⅳ部分 联络点、国内监管协调和跨境合作	建立协助投资的联络点
	促进国内监管制度协调
	建立国内提供商数据库
	投资便利化的跨境合作
第Ⅴ部分 发展中和最不发达国成员的特殊差别待遇	特殊差别待遇的一般原则
	通知WTO义务
	技术支持和能力建设支持
第Ⅵ部分 可持续投资	负责任的商业行为
	反腐败措施
第Ⅶ部 机制安排和最后条款	WTO投资便利化委员会
	例外条款
	争端解决

资料来源：WTO（2021），Investment Facilitation for Development in the WTO：Fact Sheet November 2021，https：//www.wto.org/english/tratop_e/invfac_public_e/factsheet_ifd.pdf。

OECD从投资工具、政策和过程三分视角来看待投资便利化相关措施，这种视角有助于更深入了解当前WTO谈判所涵盖的投资便利化具体条款及其逻辑关系。投资便利化"工具"指政府通过设立具体的机制和服务项目，为投资者提供投资相关法律法规和行政规章的指引，包括建立一站式服务或"单一窗口"、企业在线登记系统、行政审核的在线门户以及建立系统化的投资后服务机制。投资便利化"政策"指提升投资措施和行政过程的透明度、可预测性以及有效性的具体政策，例如使得投资相关法律法规具有一致性、简化行政程序、建立良好公共治理和机制以及激励投资者采取负责任商业行为和促进投资导向可持续发展部门的政策。投资便利化的"过程"是一种动态或互动视角，指通过不同主体和机构之间的互动和合作，不断改善投资便利化工具和政策，使投资便利化相关机制和政策真正发挥持续有效的作用，例如建立公私部门间的对话机制、推动跨部门合作和协调、推动投资促进机构（IPA）和其他政府机构官员的能力建设、对现有的投资便利化工具、机制和政策进行持续动态监测和评估等。上述投资工具、政策和过程相关的具体措施和做法基本上可在目前 WTO 投资便利化谈判内容中找到相应条款。

德国社会发展研究所根据 WTO 投资便利化谈判所涵盖的议题，进一步提出投资便利化的衡量指标体系（指标体系框架见表2）以及权重建议，德国社会发展研究所将投资便利化分为合作、电子政务、申请过程、联络点和申诉、对外投资以及透明度和可预测性共 6 大领域 117 个指标，其中电子政务领域指标体现投资便利化的政策工具视角，而跨境合作以及与私人部门的合作互动领域指标体现了投资便利化的过程视角。德国社会发展研究所的指标体系有助于各国评估和比较投资便利化水平。

表 2 德国社会发展研究所的投资便利化指标框架

单位：项，%

六大领域	主要衡量内容	指标数量	权重
A. 合作	利用国际和区域倡议，建立投资政策相关专业能力，包括信息共享建立体制机制，推动国内跨机构合作	12	9.33
B. 电子政务	建立"单一窗口"和利用信息通信技术，提高透明度和行政效率利用新技术进行信息发布，简化投资申请和审批过程，提高行政效率	22	20.87
C. 申请过程	行政决策（包括投资审批）具有清晰的标准和透明的程序；减少收费类别和数量	23	14.66
D. 联络点和申诉	建立机制，促进东道国和利益相关方的互动；接受投资者申诉并提供协助，解决投资者面临的问题并通过信息反馈促进改善政策；支持创新有效且合理低成本的争端解决机制，包括私人仲裁服务；建立机制，以及时发现和处理投资者面临的问题	25	19.07
F. 对外投资	母国向其本国投资者提供综合性海外投资信息	8	7.99
G. 透明度和可预测性	提供全面、清晰和及时的投资政策信息，包括提前发布政策修改草案的信息；促进相关投资政策立法的简化	27	28.9

资料来源：Berger（2021）。

二 海南投资便利化制度改革

海南自由贸易港投资便利化制度创新主要体现在两大方面：一是落实《外商投资法》相关投资便利化条款的相关制度创新；二是"放管服"的营商环境优化。前者针对外商投资，后者同时涵盖内资和外资。另外，海南通过政务数字化建设，建立了"海南国际投资'单一窗口'"和"海易办"等在线政务服务，通过数字化方式实现流程简化优化以及行政过程透明化，推动政府间跨部门合作和协调，成为海南自由贸易港投资领域制度创新亮点之一。

（一）外国投资便利化制度改革

2020年1月1日起中国施行的《外商投资法》[1]及《外商投资法实施条例》[2]包括了投资便利化相关条款，主要体现在《外商投资法》第二部分"投资促进"和第三部分"投资保护"中的部分条款。《外商投资法》相应投资便利化条款内容包括政策透明度以及行政程序的便利化、建立在线信息窗口等要求，例如在信息公开方面，《外商投资法》及实施条例规定外商投资相关法律法规公开以及征求外商投资企业意见的要求，并要求在政府网站、全国一体化在线政府平台集合和公布投资相关政策和项目信息、要求编制和公布外商投资指引；在行政程序方面，要求各级政府按照便利、高效和透明原则建立办事程序和提高办事效率，并建立外商投资服务体系；在机构职责方面，明确县级以上地方人民政府根据法律法规规定在其权限范围内提供外商投资促进和便利化措施，要求政策承诺不能因行政调整而改变，以及要求建立外商投资投诉工作机制。虽然关于政策承诺以及违约补偿部分并不

---

[1]《中华人民共和国外商投资法》（2019年3月15日第十三届全国人民代表大会第二次会议通过），中国人大网，http：//www.npc.gov.cn/zgrdw/npc/xinwen/2019-03/15/content_2083532.htm，最近访问日期：2022年8月19日。

[2]《中华人民共和国外商投资法实施条例》（国令第723号），中国政府网，http：//www.gov.cn/zhengce/content/2019-12/31/content_5465449.htm，最近访问日期：2022年8月19日。

属于投资便利化的典型内容,但该条款明确不能因行政区划或负责人更替而改变政策承诺,这一规定提升了投资激励政策的确定性,特别是各地方政府在其自由裁量权范围内所作出的各类投资激励政策。《外商投资法》及其实施条例中投资便利化相关主要条款总结如表3所示。

表3 《外商投资法》投资便利化相关条款及其主要内容

《外商投资法》投资便利化条款	《实施条例》对应条款	主要内容
第一章(总则)第三条	—	目标:建立和完善外商投资促进机制,营造稳定、透明、可预期和公平竞争的市场环境
第二章(投资促进)第十条	第六条和第七条	政策公开、办理事项公开以及向外商投资企业征求意见建议
第二章(投资促进)第十一条	第八条和第九条	建立健全外商投资服务体系,通过政府网站、全国一体化在线政务服务平台集合和公布信息
第二章(投资促进)第十二条	—	投资领域和投资促进的国际交流合作
第二章(投资促进)第十八条	第十九条	县级以上地方人民政府在法定权限内制定费用减免、用地指标保障、公共服务提供等方面的外商投资促进和便利化政策措施
第二章(投资促进)第十九条	第二十条	按照便利、高效、透明的原则,简化办事程序,提高办事效率;有关主管部门应当编制和公布外商投资指引
第三章(投资保护)第二十五条	第二十七条和第二十八条	关于地方政府相关部门向外资的政策承诺和合同,不能因行政区划或机构调整或责任人更替而违约毁约,因公共利益改变承诺则给予损失补偿
第三章(投资保护)第二十六条	第二十九条、第三十条和第三十一条	建立外商投资企业投诉工作机制,及时处理外商投资企业或者其投资者反映的问题,协调完善相关政策措施

资料来源:笔者整理。

在《外商投资法》法律架构下,2020年中国商务部修订出台《外商投资企业投诉工作办法》[①],已于2020年和2021年连续发布全国版《中国外商投资指引》,在全国一体化在线政府服务平台发布投资相关信息和行政流

---

① 《外商投资企业投诉工作办法》(商务部令2020年第3号),商务部官网,http://www.mofcom.gov.cn/zfxxgk/article/xxyxgz/202112/20211203231099.shtml。

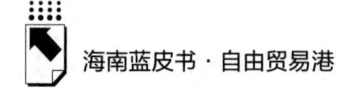

程服务①。各省市据本地产业和区域特点发布地方制度和外商投资指引。

海南自由贸易港在《外商投资法》框架下建立和实施外资便利化相应工作机制和办法，在外商投资企业投诉机制、投资信息发布、在线网站建设和信息服务等方面积极推进制度创新，其中典型代表为"国际投资'单一窗口'制度"。

在外商投资企业投诉机制方面，海南省商务厅于2021年10月发布实施《海南省外商投资企业投诉工作办法》和《海南省外商投资企业投诉指南》（琼商外规〔2021〕4号）②。根据该办法，在区域内依法设立的外商投资企业、外国投资者（"投诉人"）对相关政府部门工作人员侵犯其合法权益的行政行为，可向投诉工作机构申请协调解决，投诉人也可向投诉工作机构反映投资环境方面存在的问题，提出完善有关政策措施的建议。《海南省外商投资企业投诉指南》进一步详细明确投诉受理范围、所需材料、受理反馈期限以及处理期限等具体程序要求，并公布海南省各市以及洋浦经济开发区外商投资企业投诉工作机构名录和联系方式。

投资信息发布方面，海南自由贸易港通过发布投资指南、建立面向国际的网站和专门的推介机构（海南国际经济发展局），向全球投资者推介海南。海南省商务厅、海南国际经济发展局联合专业咨询机构连续发布2020年、2021年和2022年的中英文版《海南自由贸易港投资指南》③。该投资指南全面展现海南自由贸易港建设优势、政策、产业机遇，以及法治

---

① 参见2021年版《外商投资指引》，商务部官网，http://images.mofcom.gov.cn/wzs/202112/202112 14102746796.pdf；2020年版《外商投资指引》，商务部官网，http://images.mofcom.gov.cn/wzs/202011/20201117090119837.pdf；中国国家政务服务平台官网，http://gjzwfw.www.gov.cn/。

② 《海南省商务厅关于印发〈海南省外商投资企业投诉工作办法〉和〈海南省外商投资企业投诉指南〉的通知》（琼商外规〔2021〕4号），http://dofcom.hainan.gov.cn/dofcom/tssl/wstzqytshl.shtml。

③ 参见投资海南网，http://www.investhainan.cn/cn/cytzhxz/tzzn/index.html，另外在中国（海南）自由贸易试验区和中国特色自由贸易港招商引才网（https://www.contacthainan.gov.cn）和海南省商务厅官网（http://dofcom.hainan.gov.cn）也可获取中英文全本内容。

化、国际化、便利化的营商环境，为投资者在海南开展投资和经贸活动提供重要指引。"投资海南网"[①] 成为向全球投资者推介海南自由贸易港的重要国际性投资信息门户网站，目前提供中英文界面，并提供8种语言投资热线服务，及时更新海南投资政策汇编、产业机会、园区分布、各县市招商部门联系方式以及投资指南指引和报告等信息。该网站由海南国际经济发展局负责运行。海南国际经济发展局是海南省人民政府设立的不列入行政机构序列、从事法定职责事务的非营利性法人机构。海南国际经济发展局面向国际推介海南投资机会，其职责主要为国际商务服务以及国际企业服务、协助相关机构设立海外中心，推介宣传海南投资政策并为海南开放型发展提供政策咨询和建议[②]。海南国际经济发展局参考国内外法定机构以及其他省市类似机构设置制定其内设机构和岗位员额方案，其中"国际投资'单一窗口'"咨询服务、网站（海招网）、新媒体（"投资海南"微信公众号、抖音、推特等）等内容策划和实施均由海南国际经济发展局负责[③]。海南国际经济发展局相对灵活化的法定机构设置也是一项重要制度创新，有利于弹性化人才招聘和机构设置，有助于投资信息发布和投资机会推介等领域方面的数据化建设。

海南省国际投资"单一窗口"制度是海南国际投资便利化改革的重要制度创新。该制度通过数字化手段系统集成创新，加快和精简投资相关事项的申请和审批流程，提高投资相关行政效率，成为国内首个国际投资"单一窗口"，为全球投资者打造公开、透明、可预期的投资环境，是海南优化投资营商环境，探索自由贸易港投资便利化的新举措。2019年4月13日，

---

① 参见投资海南网，http：//www.investhainan.cn/cn/cytzhxz/tzzn/index.html。
② 《海南国际经济发展局设立和运行规定》（2019年海南省人民政府令第282号），海南人民政府网，https：//www.hainan.gov.cn/hainan/szfwj/201903/7285ad39be264cb292ce66 a5104503d0.shtml。
③ 综合处承担"国际投资'单一窗口'"咨询服务，联络活动处负责与国内外商会、行业协会、企业团体等经济机构建立良好的联系和沟通机制，投资促进一处和二处分别负责统筹海南不同市和不同产业的商务推介，信息宣传处负责运行维护全球招商网络平台，包含网站（海招网）、新媒体（"投资海南"微信公众号、抖音、推特等）等内容策划和实施等。参见《海南国际经济发展局内设机构和岗位》，投资海南网，http：//www.investhainan.cn/cn/gywm/jj/202008/t20200807_3287513.html。

海南国际投资"单一窗口"正式上线运行①，为外资企业提供"一站式"服务。2020年9月3日，"单一窗口"作为第八批海南自由贸易港制度创新案例之一由海南省委深改办正式对外发布。该"单一窗口"由海南省商务厅会同海南省大数据管理局、省市场监督管理局、省政务服务中心等部门开发建设，其主要功能包括：第一，海南国际投资"单一窗口"通过数字化手段，实现跨部门的流程再造和优化，简化并透明化行政程序，并能随时告知企业相关事项的办理事务。在2020年8月上线之初，该"单一窗口"就包含了咨询服务、企业开办、项目建设、配套服务四大模块，整合招商、市场监管、发展改革等13个部门20个涉及投资相关的政务系统，实现企业设立登记、变更、注销、社保登记、税务发票申领、公积金登记等企业开办业务的"一窗式"受理，并提供项目建设、银行预约开户、外汇登记、签证证件办理等179项投资延伸服务，覆盖投资事前、事中、事后的全流程业务，称为投资全流程"套餐式"服务平台。第二，"单一窗口"为企业员工推出人才认定、购车、购房、医疗、签证证件、子女就学等主题服务，打造投资者置业的"管家式"生活服务。第三，"单一窗口"在国内首次建立了"一账通"服务体系，实现投资相关业务审批平台服务的统一入口和统一身份认证及数据复用，平台业务办理内容涵盖投资全链条。"一账通"，通过一套账号和密码，即可在线办理企业设立、银行预约开户、外汇登记、投资项目核准备案等投资相关业务，通过数据共享，避免企业重复提交材料②。第四，在投资咨询、企业开办、项目建设、配套服务四个方面，国际投资"单一窗口"于2022年8月升级了相应功能，其中包括增设线下窗口"就近服务"功能。2022年8月已在海南省各市县、重点园区政务服务中心增设了24个线下服务窗口，由招商部门安排专人驻点及时响应企业线下咨询和服务诉求。

---

① 《海南国际投资"单一窗口"2019年4月13日上线试运行》，"单一窗口"官网，https://www.contacthainan.gov.cn/onestop。

② 《海南国际投资"单一窗口"正式上线》，海南日报官网，http://hi.people.com.cn/n2/2020/0814/c231190-34225872.html。

海南国际投资"单一窗口"成效显著。据统计,"单一窗口"实现外商投资企业开办至多跑一次,全流程减少55%的表单材料提交,审批时限和环节缩减70%。① 截至2022年8月2日,海南国际投资"单一窗口"系统线上办理了7358家外资企业共15969件投资相关业务②。国际投资"单一窗口"业务量持续上升,为企业缩减了成本,提升了企业注册和项目落地的效率。

(二)营商环境优化改革

海南自由贸易港投资便利化改革推进的另一领域为营商环境优化改革。2019年国务院发布《优化营商环境条例》并出台实施一系列优化营商环境的改革措施以及复制推广最佳经验做法的改革举措。各地方政府根据国务院要求推进营商环境优化改革,其指标框架多数在借鉴世界银行营商环境指标体系的基础上作出适当调整。

根据《海南自由贸易港建设总体方案》目标,到2025年,海南要初步建立以贸易自由便利和投资自由便利为重点的自由贸易港政策制度体系,营商环境总体达到国内一流水平;到2035年,要基本构建以自由、公平、法治、高水平过程监管为特征的贸易投资规则,实现贸易自由便利、投资自由便利、跨境资金流动自由便利、人员进出自由便利、运输来往自由便利和数据安全有序流动,海南自由贸易港营商环境更加优化,法律法规体系更加健全,并打造法治化、国际化、便利化的营商环境。《海南自由贸易港法》中第三章为投资便利化内容,其中第十八条要求要全面推行极简审批投资制度,营造公开、透明、可预期的投资环境;第二十条明确要实行以过程监管为重点的投资便利措施,逐步实施市场准入承诺即入制;第二十一条提出海南自由贸易港要"按照便利、高效、透明的原则,简化办事程序,提高办

---

① 《海南自贸港第八批制度创新案例发布》,中国日报网,https://hain.chinadaily.com.cn/a/202009/03/WS5f50b309a3100849784230fa.html,最近访问日期:2022年8月19日。

② 《海南国际投资"单一窗口"升级上线》,海南日报官网,http://hq.news.cn/news/2022-08/04/c_1128888686.htm,最近访问日期:2022年8月19日。

事效率，优化政务服务，建立市场主体设立便利、经营便利、注销便利等制度，优化破产程序"。从《海南自由贸易港建设总体方案》和《海南自由贸易港法》看，投资便利化是海南自由贸易港重要改革目标和内容。

海南近年以制度集成创新推进营商环境建设，在法律法规建设和制度落实、机构设置、在线平台以及政商关系处理和互动上作出具有特色的制度创新。在法律法规建设和制度落实方面，海南制定实施《海南自由贸易港优化营商环境条例》并发布优化营商环境行动计划和方案，根据国际营商环境相关指标和要素落实推动改革，2022年营商环境改革创新落实实施20项重点工作任务，探索实施市场准入承诺即入制、出台并落实《海南自由贸易港市场主体注销条例》和《海南自由贸易港企业破产程序条例》，从而健全市场主体退出机制等《海南自由贸易港法》所要求的改革内容。在机构设置方面，2021年2月海南设立了海南省优化营商环境工作专班，专班设办公室，建立营商环境体验员制度，制定让市场主体说了算、横向可比纵向监测的评价指标体系，在全省统筹推进营商环境改革并推广示范案例[①]。在网上平台信息收集和反馈方面，海南省优化营商环境工作专班于2021年6月30日开通了"营商环境问题受理平台"[②]，通过线上和线下渠道相结合方式，面向社会征集损害营商环境的问题线索和改进工作的意见建议[③]，征集的主要问题包括：从投资准入到日常运营和退出过程中的审批等问题、行政许可和行政收费问题、政府官员行为问题、以及营商环境相关问题等。截至2022年1月11日，平台共收到市场主体反映的问题线索1479件，办结

---

① 海南省优化营商环境工作专班成立以来，已发布实施多项营商环境优化相工作办法以及案例推广要求，详细的文件见海南自贸港网站：https：//www.hainan.gov.cn/hainan/zmghnwj/list_ hnzymyg.shtml，海南自贸港营商环境推进工作动态见：https：//www.hainan.gov.cn/hainan/zmgyshj/list_ hnzymyg.shtml，最近访问日期：2022年8月19日。

② 参见 https：//www.hainan.gov.cn/society/yshj.html，最近访问日期：2022年8月19日。

③ 营商环境问题受理平台采用线上与线下相结合的模式全面开启受理服务，线上模式通过海南省人民政府网、微信公众号"海南省政府网"、微信小程序"海南营商环境"和"海易办"App（原"码上办事"App）等4个端口，受理市场主体关于营商环境问题线索与意见建议。对于不熟悉线上操作的市场主体，提供线下受理服务。海南日报网，https：//www.ndrc.gov.cn/fggz/fgfg/dfxx/202111/t20211128_ 1305431.html？code=&state=123，最近访问日期：2022年8月19日。

1125件，该平台成为海南自由贸易港提升企业获得感、促进营商环境优化的有力抓手[①]。在政商关系互动上，海南省发布实施《海南省政商交往行为指引清单（试行）》，建立企业首席服务专员制度并组建服务专员团队，开展各类政企面对面服务，健全政企常态化沟通机制，实现动态化的信息收集和反馈。

海南自由贸易港营商环境优化改革效果显著。"证照分离"改革力度全国最大，告知承诺事项数量全国第一，企业开办时间压缩至1天；工程建设项目审批制度改革三年行动顺利推进，审批便利度全国排名明显提升；海南特别极简审批园区从3个推广到14个，园区项目落地审批提速70%；海南通过"海易办""海政通"平台，简化各项申请事项，55.6%的政务服务事项实现"零跑动"，30项实现"一件事一次办"，1038项实现"跨省通办"[②]。

三 改革建议

海南自由贸易港近年积极推动投资便利化改革和制度创新，投资政策透明度进一步提升，投资审批和其他相关行政过程进一步简化和加快。海南通过国际投资"单一窗口"、在线政务平台等数字化政务方式推进各项制度创新，在政企互动、与投资者互动方面推进常态化互动机制建设和创新，营商环境得到明显优化。针对海南自由贸易港投资政策现状和投资便利化议题本身特点，本报告就投资便利化问题提出以下方面改革。

第一，以整体综合视角，系统化推进投资领域的政策改革和制度创新。投资便利化是体现特定区域投资政策吸引力的一个方面，是其中一种手段，最终目标是要吸引高质量高生产率的投资项目，从而推动当地产业和经济发展。因此投资便利化、投资促进、投资自由化和投资保护政策要同时系统化

[①] 《我省营商环境问题受理平台已办结1125件问题线索》，海南日报网，http://hq.news.cn/news/2022-01/19/c_1128276335.htm，最近访问日期：2022年8月19日。

[②] 《海南省政府工作报告》，海南日报网，http://hi.people.com.cn/n2/2022/0127/c231190-35114438.html。

推进，不可偏颇。海南自由贸易港既要推进投资领域进一步开放，充分发挥自由贸易港特殊优惠政策，并根据海南产业特点争取中央各部门更多授权，又要充分发挥当地政府激励机制，通过数字化手段提升投资便利化水平，从而提升自由贸易港投资吸引力，争取高质量投资项目在海南落地。

第二，充分利用政务数字化过程提升投资便利化水平。海南通过"国际投资'单一窗口'"、"海易办"，以及"营商环境问题受理平台"等方式实现政务流程优化、简化审批流程以及提高行政透明度，取得了明显效果。海南自由贸易港应继续充分利用政务数字化过程，整合和发布投资信息，优化行政过程，推动政企信息互动。

第三，投资便利化改革要考虑成本效益问题，尽量实现以最小成本实现最大效益。所有的改革都要考虑成本收益问题，同样，投资便利化各项改革是有成本的，且同样存在改革收益递减现象。如对于特定行政审核流程，其审批时间从50天降为10天之内，企业获得感明显，但从2天降为1天，企业获得感有限。在投资领域，企业以长期经营和稳定获取投资利益为目标，企业不仅考虑审批时间缩短问题，还要考虑经营过程中各类监管风险问题，因此在投资领域，缩短一天时间对企业的效益可能是有限的。相比之下，国际贸易便利化问题相对简单，海关通关时间的缩短就是贸易成本的降低。基于投资管理的复杂性以及投资的长期性特点，政府在推进便利化改革时，要将行政资源约束考虑在内，将事前审批过程简化和事中事后监管的制度建设和完善结合起来考虑，不应顾此失彼，简化了审批过程但未完善事中事后监管制度，使得企业可能承担监管政策不完善所产生的负面效应，从而对所在区域的产业造成负面影响（如质量监管问题或行业声誉损失问题）。

第四，制度创新应以吸引投资项目和产业发展为目标，而非以各类营商环境或投资便利化指标考核和排名为目标。在近年营商环境优化改革过程中，各地政府以世界银行营商环境指标体系为参考标准进行相应考核和城市排比。虽然这种考核在一定程度上可以提升投资便利化水平，但有时出现避重就轻情况，盲目追求甚至操作营商环境指标考核结果，未重视当地经济发展所急迫需要改革的领域，改革重形式而轻实质，造成行政资源浪费且企业对于营商环境改革措施的获得感越来越弱，甚至各类行政审批的程序再造多变，数字化政务体系朝令夕改，反而一定程度提升企业遵从成本。

第五，完善投资相关政策法律体系，明确不同层级政府的自由裁量权，提升透明度的同时充分发挥各级政府和部门改善投资环境的积极性。在某些领域，投资政策无法实现透明化有其背后原因。一是法律规定未明确，当地政府只能根据原则性要求酌情落实，随着更明确细则或实施办法的出台，地方政府再进行修正；二是地方政府在某些领域具有自由裁量权和弹性化的政策优惠空间，例如土地供应、人才引进政策等方面，地方政府可根据当地产业特点和发展方向，因投资项目规模或特点而作出相对灵活而弹性化的安排。因此，在特定政策领域，完全透明化和确定化的投资政策环境难以实现。政策透明度需要以提高投资政策立法质量为前提，要进一步明确各级政府自由裁量权，而非简单地发布公开"口号式"政策文件，同时也要充分考虑地方政府积极性和激励机制，明确地方政府自主裁量范围和大小，增加地方政府行政激励的同时降低地方官员的政治风险。

总体而言，投资便利化议题是公共治理问题。因投资具有长期性，投资全周期过程中所面临的政策领域繁多且复杂，因此投资便利化指标体系只能反映一般性情况，无法将特殊业态或行业的投资便利化情况考虑在内，简单化的指标也无法充分衡量便利化措施的质量水平，例如对于"单一窗口"或在线政务网站，其融合的功能范围、对企业办事程序的简化程度千差万别，这种差别可能对企业影响较大，但量化指标难以反映这种重要差异。再加上企业选择投资目的地是基于多因素考虑所作出的决策，特别是当地经济和产业因素、当地要素成本和人才吸引能力等方面，因此，投资便利化改革推进要在综合的投资政策框架下予以考虑。换言之，投资政策制度创新仍要秉持结果导向原则，以全面综合方式推进投资便利化、投资开放以及投资激励政策等方面政策领域，以吸引投资项目为导向，提高当地投资并促进投资的可持续发展效益。

参考文献

[1] 中共海南省委自由贸易港工作委员会办公室：《海南自由贸易港建设白皮书（2021.06~2022.05）》，2022。

[2] 赖先进：《从便利化向市场化法治化国际化全面推进：持续优化营商环境的策略》，《行政与法》2022年第5期。

[3] 林桂军：《推进WTO投资便利化》，《国际贸易论坛》2019年第4期。

[4] 王璐瑶、葛顺奇：《投资便利化国际趋势与中国的实践》，《国际经济评论》2019年第4期。

[5] APEC. (2009). *APEC Investment Facilitation Action Plan*. https://www.apec.org/~/media/Files/Press/Features/2009/09_ cti_ ieg_ IFAP. pdf.

[6] Baliño, S., Bernasconi-Osterwalder, N., & Campos, S. L. (2021). *The Joint Initiative on Investment FacilitationDevelopments from 2020 and the road ahead to MC*12. GenevaInternational Institute for Sustainable Development and CUTS International. https://www.iisd.org/publications/joint-initiative-investment-facilitation.

[7] Baliño, S., Brauch, M. D., & Jose, R. (2020). *Investment FacilitationHistory and the latest developments in the structured discussions*. G. IISD (International Institute for Sustainable Development) and CUTS International. https://www.iisd.org/system/files/publications/investment-facilitation.pdf.

[8] Bayhaqi, A. (2019). *APEC Investment Facilitation Action Plan*. Retrieved from SESSION IIOptimizing Investment Facilitation Measures. http://mddb.apec.org/Documents/2019/CTI/WKSP4/19_ cti_ wksp4_ 014. pdf.

[9] Bayhaqi, A., & Singh, S. K. (2019). *Facilitating Investment in APECImproving the Investment Climate through Good Governance*. https://www.apec.org/publications/2019/11/facilitating-investment--in-apec.

[10] Berger, A., Dadkhah, A., & Olekseyuk, Z. (2021). *Quantifying Investment Facilitation at Country LevelIntroducing a New Index* (Report No. Discussion Paper 23/2021). Bonn.

[11] Echandi, R., & Sauvé, P. (2020). *Investment Facilitation and Mode 3 Trade in Services: Are Current Discussions Addressing the Key Issues?* Retrieved from Policy Research Working Paper: https://openknowledge.worldbank.org/handle/10986/33711.

[12] Ghouri, A. (2018). Served on a silver platter? A review of the UNCTAD Global

Action Menu for Investment Facilitation. *Indian Journal of International Law*, 58 (1), 139-170.

[13] Lazo, R. P. (2018). *Facilitation 2.0Investment and Trade in the Digital Age*. Geneva. Retrieved from The RTA Exchange: https://e15initiative.org/wp-content/uploads/2015/09/rta_ exchange_ -_ facilitation_ 2.0_ investment_ -_ polanco. pdf.

[14] Novik, A., & Crombrugghe, A. d. (2018). *Towards an International Framework for Investment Facilitation* Retrieved from OECD Investment Insights. https://www.oecd.org/investment/Towards-an-international-framework-for-investment facilitation.pdf.

[15] OECD. (2015). *Policy Framework for Investment (2015 Edition)*, https://www.oecd.org/investment/pfi.htm.

[16] UNCTAD (2016). Global Action Menu for Investment Facilitation. https://investmentpolicy.unctad.org/uploaded-files/document/Action%20Menu%2001-12-2016%20EN%20light%20version.pdf.

[17] UNCTAD. (2017). *Investment Facilitation: The Perfect Match for Investment Promotion*. Retrieved from The IPA Observer. https://unctad.org/system/files/official-document/webdiaepcb2017d4_ en. pdf.

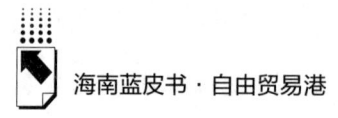

附表1　WTO投资便利化多边协议谈判文本架构

序言	条款名
第Ⅰ部分 范围和一般原则	第1条 范围
	第2条 最惠国待遇
第Ⅱ部分 投资措施的透明度	第3条 措施和信息的公开和可获得,包括通过电子手段
	第4条 通知WTO的义务
	第5条 询问点
	第6条 透明度要求的具体例外
第Ⅲ部分 精简和加快行政程序和要求	第7条 措施的合理性、客观性和公正性
	第8条 减少和简化行政程序和文件要求
	第9条 行政程序标准明确化
	第10条 授权程序 [第10条(草案二)风险管理技术和"非禁即人"原则("silence is consent" principle)]
	第11条 申请文件不完整和拒绝申请的处理
	第12条 费用和收费 [第12条(草案二)费用和收费——金融服务]
	第13条 行政程序和要求的定期评估
	第14条 信息和通信技术(ICT)的使用/电子政务,包括电子化应用
	第15条 一站式/"单一窗口"机制 (第15条 单一门户)
	第16条 主管机构的独立性
	第17条 上诉和复审
第Ⅲ部分(草案二)投资相关商务人员的临时停留和出入的便利化	另外草案表述为 第Ⅲ部分 投资相关自然人移动和便利化
第Ⅲ部分(草案三)转移和代位求偿	资金转移条款 代位求偿
第Ⅲ部分(草案四)遵从国内法律和国际义务	—
第Ⅳ部分 联系点/联络点/监察专员类型的机制,关于提升投资便利化的国内协调和跨境合作的安排	第18条. 联系点/联络点/监察专员机制类型 (第18条 投资促进主体)[商务障碍预警机制] 第19条 国内监管的一致性 第20条 投资便利化的跨境合作 [第20条(草案二) 国内供应商数据库]

续表

序言	条款名
第Ⅴ部分 发展中和最不发达成员的特殊差别待遇	第21条 一般原则
	第22条 实施
	第23条 实施日期的通知义务
	第24条 争端解决机制程序和规则谅解适用的宽限期
	第25条 技术支持和能力建设 （第25条 发展目标下投资便利化的技术支持和能力建设）
	第25.1条 与其他国际组织合作
第Ⅵ部分 横向议题	第26条 企业社会责任 （或第26条 企业商业行为)或(社会和环境责任） （公共健康、劳工、环境保护和安全标准的维持）
	第27条 反腐措施
	第27.1条 适用范围
	第27.2条 反腐措施
	第27.3条 促进公职人员廉洁
	第27.4条 反腐败法的适用和执行
	第27.5条 私人部门和社会的参与 （打击腐败、洗钱和资助恐怖主义）
第Ⅶ部分 机制安排和最后条款	第28条 WTO投资便利化委员会
	第29条 一般例外
	第30条 安全例外
	第30条(草案二 金融例外)
	第31条 争端解决
	第32条 最后条款

资料来源：Baliño, S., Bernasconi-Osterwalder, N., & Campos, S. L.（2021），来自2021年2月WTO传阅的非正式合并文本（INF/IFD/RD/50/Rev.8）。

附表2 UNCTAD全球投资便利化十大行动及其主要内容

十大行动	主要内容
1. 提高投资政策、监管措施和程序的可及性和透明度	1.1 提供清晰及时的投资制度信息 1.2 建立"单一窗口"或为投资政策和投资申请提供信息查询点 1.3 对于投资程序、申请标准、技术监管要求以及遵从要求的改变，要建立能提供及时和信息通知的机制 1.4 公布投资审查指引和明确的投资审查标准

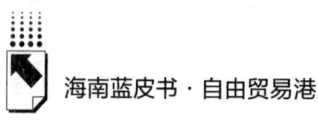

续表

十大行动	主要内容
2. 提高投资政策实施的可预测性和一致性	2.1 确保跨政府部门投资监管措施实施的一致性 2.2 避免因官僚自由裁量权而在投资法律法规的实施中出现歧视性问题 2.3 对投资审查、评估和批准机制的行政决策,要建立明确的标准和程序 2.4 建立友好的争端解决机制(包括调停),预防和解决投资争端
3. 提高投资行政程序的效率	3.1 对于投资程序、许可申请、投资者注册登记和税收等相关程序,缩短处理时间并合理简化程序 3.2 使用批准时间时限或采用"在特定期限内未拒绝即为批准"等方法,加快行政程序 3.3 及时提供相关行政建议,投资申请人可及时获知申请状态 3.4 鼓励和促进跨机构合作与协调。合理情形下,建立线上单一批准机构,明确中央和地方政府或多个投资项目审查和批准机构之间的职责 3.5 相关执行机构建立"客户章程",确立服务提供标准和良好实践 3.6 尽量降低投资者在批准过程中的成本 3.7 在现有法律框架下,提高投资项目相关人士入境和临时停留(包括签证便利化以及破除行政障碍) 3.8 简化与公共服务必要设施连接的程序 3.9 定期评估投资程序要求,确保投资程序简化、透明和低成本 3.10 建立经验推广机制,将在特殊经济区试点或实施的良好行政实践经验扩大至其他经济区域
4. 在投资政策实践中,与利益相关方建立建设性关系	4.1 与投资利益相关方建立常规咨询和有效对话机制,以发现和应对投资者和相关主体在投资中面临的各类问题 4.2 在法律法规和政策修改实施前,建立意见征求机制,尽可能使利益相关方(包括商会和投资相关方)有机会和充分时间提交意见 4.3 改善公司治理标准和负责任的商业行为
5. 指定牵头机构、联络点或投资促进中心承担法定职责	5.1 处理投资者及其母国的建议或意见 5.2 追踪并及时采取行动,以预防、应对和解决争端 5.3 为相关立法和监管提供信息 5.4 促进投资立法和程序的透明度 5.5 向相关政府部门反馈投资者常见问题
6. 建立投资便利化监测和评估机制	6.1 建立和采用行政程序效率指标体系,明确投资便利化改革重点领域 6.2 对于承担投资便利化或面向投资者提供行政服务的机构,建立绩效基准和指标,包括借鉴这类机构国际最佳实践
7. 建立相关机制,在投资便利化领域加强国际合作	7.1 在相关政府机构间建立定期磋商机制或形成投资便利化伙伴(包括监督具体投资便利化措施的执行情况;处理投资者面临的具体问题;设计、执行和监督投资便利化工作进程) 7.2 在投资程序领域展开反腐败合作 7.3 安排监管和行政执行领域的专家经验交流

续表

十大行动	主要内容
8. 通过技术协助和支持,促进发展中伙伴国提升投资便利化水平	8.1 为商业和投资者建立高透明度、有效和有效率的行政过程,包括采用文件归档和程序简化的技术和工具(例如 UNCTAD 的 e 监管、e 登记和商业便利化服务) 8.2 提升投资促进机构(IPA)或其他相关机构在商业和投资者便利化服务方面的能力,包括支持行政和遵从过程的能力建设 8.3 提升对潜在投资项目进行可行性研究的能力(包括环境和社会影响评估、监管和行政要求的可行性评估) 8.4 在投资全周期过程中,与私人部门和投资利益相关方建立有效对话机制,包括预防投资争端的升级加剧 8.5 提升 IPA 或其他投资机构的政策宣导作用,将之作为投资环境改革和处理投资者具体问题的重要渠道
9. 通过能力建设,提升发展中伙伴国投资政策的吸引力	9.1 在 IPA 或其他相关机构培养相关专业能力,包括投资项目建议书编制、项目评估、促进可持续发展投资率绿色投资和社会影响投资、提供投资后续服务包括投资扩大化服务 9.2 加强实现投资正向影响最大化的能力,如: -加强外国附属机构和当地企业之间的关联 -促进和支持各类认证和标准项目,如产品质量或安全相关的标准,以促进各类企业参与和加入外国附属机构的关联网 -促进国际投资者采用负责任商业行为
10. 加强投资促进的国际合作,使投资促进与投资便利化互相促进	10.1 鼓励母国为其外向投资提供支持性服务,如防范政治风险(如提供投资担保)或提供便利化服务 10.2 鼓励对外投资者采取高标准公司治理和负责任的商业行为 10.3 建立相关机构间定期磋商机制,或促进外向投资机构(Outward Investment Agencies,OIA)和投资促进机构(IPA)之间就投资项目的促进和便利化领域建立正式合作关系

资料来源:UNCTAD 官网。

B.4
海南自由贸易港跨境资金流动自由化便利化研究

严 婷[*]

摘　要： 推进跨境资金流动自由化便利化是海南自由贸易港建设的重点领域之一。围绕《海南自由贸易港建设总体方案》的任务目标，本研究梳理海南自由贸易港跨境资金流动自由化便利化的目标任务、建设进程和推进思路。第一，《总体方案》中的"跨境资金流动自由化便利化"目标有四个方面主要内容，分别为"构建多功能自由贸易账户体系""便利跨境贸易投资资金流动""扩大金融业对内对外开放""加快金融改革创新"。第二，跨境资金流动自由化便利化的建设进程，包括跨境贸易结算便利化、跨境投融资制度集成创新、金融产品和服务创新、金融风险防范制度体系等方面的建设成果。第三，未来跨境资金流动自由化便利化的推进思路，包括坚定制度集成创新、完善金融配套立法、提升跨境金融服务能力等方面的建设。

关键词： 跨境资金流动　制度集成创新　自由贸易账户　金融立法

一　海南自由贸易港跨境资金流动自由化便利化的目标和任务

（一）《总体方案》的制度框架设计

2020年6月1日，《海南自由贸易港建设总体方案》（以下简称《总体方

---

[*] 严婷，上海社会科学院世界经济研究所助理研究员，研究方向为国际投资。

案》）出台。《总体方案》坚持金融服务实体经济，重点围绕贸易投资自由化便利化，分阶段开放资本项目，从制度层面对"跨境资金流动自由化便利化"进行总体设计，有序推进海南自由贸易港的境外资金自由便利流动。

1. 构建多功能自由贸易账户体系

以国内现有本外币账户和自由贸易账户为基础，构建海南金融对外开放基础平台。通过金融账户隔离，建立资金"电子围网"，为海南自由贸易港与境外实现跨境资金自由便利流动提供基础条件。

2. 便利跨境贸易投资资金流动

进一步推动跨境货物贸易、服务贸易和新型国际贸易结算便利化，实现银行真实性审核从事前审查转为事后核查。在跨境直接投资交易环节，按照准入前国民待遇和负面清单模式简化管理，提高兑换环节登记和兑换的便利性，探索适应市场需求新形态的跨境投资管理。在跨境融资领域，探索建立新的外债管理体制，试点合并交易环节外债管理框架，完善企业发行外债备案登记制管理，全面实施全口径跨境融资宏观审慎管理，稳步扩大跨境资产转让范围，提升外债资金汇兑便利化水平。在跨境证券投融资领域，重点服务实体经济投融资需求，扶持海南具有特色和比较优势的产业发展，并在境外上市、发债等方面给予优先支持，简化汇兑管理。

3. 扩大金融业对内对外开放

率先在海南自由贸易港落实金融业扩大开放政策。支持建设国际能源、航运、产权、股权等交易场所。加快发展结算中心。

4. 加快金融制度创新

支持住房租赁金融业务创新和规范发展，支持发展房地产投资信托基金（REITs）。稳步拓宽多种形式的产业融资渠道，放宽外资企业资本金使用范围。创新科技金融政策、产品和工具。

与此同时，《总体方案》分步骤、分阶段地部署和安排了跨境资金流动自由便利的阶段性目标。

阶段1：2025年前围绕贸易投资自由化便利化，在有效监管基础上，有序推进开放进程,推动各类要素便捷高效流动,形成早期收获,适时启动全岛封关运作。涉及跨境资金流动自由化便利化的有以下几点。

试点改革跨境证券投融资政策,支持企业在境外发行股票、债券,将企业发行外债备案登记制管理权下放至海南省发展改革部门。探索开展跨境资产管理业务试点,企业境外上市外汇登记直接到银行办理。

加快金融业对内对外开放,支持境外证券、基金、期货等机构在海南自由贸易港设立独资或合资金融机构,依托海南自由贸易港建设,推动发展相关的场外衍生品业务,推进产权交易场所建设,支持财产险、人身险、再保险公司以及相互保险组织和自保公司的设立。

进一步增强金融服务实体经济能力,对有稳定现金流的优质旅游资产,推动开展证券化试点,支持保险业金融机构与境外机构合作开发跨境医疗保险产品。

阶段2:2035年前进一步优化完善开放政策和相关制度安排,全面实现贸易自由便利、投资自由便利、跨境资金流动自由便利、人员进出自由便利、运输来往自由便利和数据安全有序流动,推进建设高水平自由贸易港。涉及跨境资金流动自由化便利化的有:实现跨境资金流动自由便利。允许符合一定条件的非金融企业,根据实际融资需要自主借用外债,最终实现海南自由贸易港非金融企业外债项下完全可兑换。

(二)《关于金融支持海南全面深化改革开放的意见》的政策部署

2021年3月,中国人民银行、中国银行保险监督管理委员会、中国证券监督管理委员会、国家外汇管理局联合印发《关于金融支持海南全面深化改革开放的意见》(以下简称《意见》),《意见》在总体原则部分有两个方面直接提到了跨境资金流动自由化便利化。

一是在"以制度创新为核心深化金融改革开放"中提出,坚持对标国际的原则,深化金融改革开放。按照远近结合、循序渐进、突出重点的工作思路,在跨境资金流动自由便利、投融资汇兑便利化、金融业对外开放等方面先行先试,积极探索更加灵活的金融政策体系、监管模式、管理体制。

二是在"加强金融风险防控体系建设"当中提到，坚持底线思维，稳扎稳打、步步为营，完善与金融开放创新相适应的跨境资金流动风险防控体系，在确保有效监管和风险可控的前提下，稳妥有序推进各项金融开放创新举措，统筹安排好开放节奏和进度，成熟一项推进一项，牢牢守住不发生系统性金融风险的底线。这彰显出资金流动自由化便利化后金融风险防控体系建设的重要性和迫切性。

在具体的要求方面，《意见》对于资金流动自由化便利化则主要聚焦在提升人民币可兑换水平。具体包括以下7个方面。

一是进一步推动跨境货物贸易、服务贸易以及新型国际贸易结算便利化。根据"了解客户、了解业务、尽职审查"原则，审慎合规的海南自由贸易港银行可试点凭支付指令为优质客户办理真实合规货物贸易和服务贸易结算，实现银行真实性审核从事前审查转为事后核查。实施与跨境服务贸易配套的资金支付与转移制度。支持海南自由贸易港试点银行，在强化对客户分级管理的基础上，进一步便利真实合规新型国际贸易的跨境结算。

二是探索适应市场需求新形态的跨境投资外汇管理。在风险可控的前提下，允许海南自由贸易港内合格境外有限合伙人（QFLP）按照余额管理模式自由汇出、汇入资金，简化外汇登记手续。将海南自由贸易港纳入合格境内有限合伙人（QDLP）试点，给予海南自由贸易港QDLP试点基础额度，每年可按一定规则向其增发QDLP额度。

三是完善全口径跨境融资宏观审慎管理政策框架。可适当提高海南自由贸易港内注册的非金融企业（不含房地产企业和地方政府融资平台）跨境融资上限，实现更高额度的跨境资金融入规模。

四是探索开展跨境资产管理业务试点。支持境外投资者投资海南自由贸易港内金融机构发行的理财产品、证券期货经营机构私募资产管理产品、公募证券投资基金、保险资产管理产品等。

五是探索放宽个人跨境交易政策。支持在海南自由贸易港内就业的境外个人开展包括证券投资在内的各类境内投资。允许符合条件的非居民按实需原则在海南自由贸易港内购买房地产，对符合条件的非居民购房给予汇兑便利。研究进一步便利海南居民个人用汇。

六是在海南开展本外币合一跨境资金池业务试点。支持符合条件的跨国企业集团在境内外成员之间集中开展本外币资金余缺调剂和归集业务，专户内资金按实需兑换，对跨境资金流动实行双向宏观审慎管理。

七是支持符合资格的非银行金融机构开展结售汇业务试点。符合资格的非银行金融机构满足一定条件后可参与到银行间外汇市场，依法合规开展人民币对外汇即期业务和相关衍生品交易。

此外，《意见》也提到实现跨境资金流动自由化便利化要从金融产品和服务中着手。比如在加强金融产品和服务创新方面，《意见》就指出稳步扩大跨境资产转让范围。即在宏观审慎管理框架下，按照风险可控和规模可调节原则，在海南自由贸易港内试点扩大可跨境转出的信贷资产范围和参与机构范围。再如，在提升金融服务水平方面，《意见》指出要提升跨境移动支付便利化水平，即便利境外居民在海南使用移动电子支付工具。支持境内移动支付机构在境外开展业务，逐步扩大其通过人民币跨境支付系统（CIPS）境外参与机构进行跨境移动支付的地区范围等。

二 海南自由贸易港跨境资金流动自由便利的建设进程

（一）跨境贸易结算便利化建设

1. 自由贸易账户体系建设平稳推进

海南自由贸易账户（FT 账户）是海南自贸区建设的一项重大举措。自 2019 年 1 月 1 日正式上线以来，海南至今市场主体开户数量超过 2.2 万，发生资金流动 1557.6 亿元，已有超过十家银行机构通过直接接入模式提供 FT 账户金融服务[1]。海南 FT 账户改变了原本多账户开立、银行和监管机构多

---

[1] 中国人民银行海口中心支行货币政策分析小组：《海南省金融运行报告（2022）》，人行海口支行官网，https://www.pbc.gov.cn/goutongjiaoliu/113456/113469/4600879/2022070817551563347.pdf，2022 年 8 月 6 日。

账户管理的现状，能够更好地满足多币种清算和自由账户交换。对于海南的企业和个人而言，开设 FT 账户可使其充分享受离岸汇率牌价、便捷境外划转，这使得国内和离岸市场的资金融通更加便利。

2. 跨境贸易投资人民币结算便利化水平显著提高

从人民币跨境贸易结算量来看，受海南自由贸易港政策利好带动，海南以人民币进行跨境收付的规模显著加强。以东盟十国为例，2021 年东盟 10 国当中有 8 国与海南实现了人民币跨境收支，人民币跨境结算达到 50.19 亿元，相当于人民币跨境结算总额的近 10%，是 2020 年同期的 4.96 倍。同时，2021 年海南与东盟经常项目跨境人民币收付额为 37.7 亿元，同比增长超过 4 倍，主要为货物贸易，资本项目人民币跨境收付额为 12.48 亿元，同比增长超过 5 倍[①]。随着海南自由贸易港出口实体、货物和服务贸易的快速增长，以及在海南自由贸易港自身寻求跨境人民币业务创新的努力下，未来海南跨境人民币结算将有很大的提升空间。

3. 探索实施适应市场需求新形态的跨境投资管理制度

2021 年 1 月，海南省地方金融监督管理局发布了《非居民参与海南自由贸易港交易场所特定品种交易管理试行规定》（下称《试行规定》），对非居民参与自由贸易港交易场所特定品种交易进行大胆创新，并首次在我国引入了适当的外国人参与本地贸易场所和资金支付的制度。《试行规定》共有 33 条，明确了外国人参与交易的情况，列出了每个参与者的权利和义务，规定了外国人参与交易的基本规则以及监督和行政要求，从整体上规范外国人参与某些交易，并为该领域标准的制定提供制度保障。《试行规定》在货币交易的兼容性以及密切国内外投资者之间的联系方面取得了创新性突破。登记结算公司使用 FT 账户存储和管理境内外投资者的交易资金，将单个外国投资者需要面对的如换汇、跨境交易等需求，转换成登记结算公司在银行开立的存管账户购汇结汇与跨境

---

① 《2021 年海南与东盟国家跨境人民币结算额增长近 5 倍》，新华丝路，https://www.imsilkroad.com/news/p/476964.html，2022 年 8 月 6 日。

结算问题，并用打包的方式对其进行集中办理，大大避免了境外投资者办理资金跨境业务的麻烦。

（二）跨境投融资制度集成创新建设

1. 优质企业贸易外汇收支便利化政策受惠面扩大

国家外汇管理局海南省分局发布的《关于开展贸易外汇收支便利化试点工作的通知》，支持审慎合规的银行在为信用优良企业办理贸易收支时，实施更加便利的措施。2021年，海南自由贸易港积极开展贸易外汇收支便利化的试点工作。目前，有3家试点银行和16家试点企业，累计完成业务521笔，业务金额为1.46亿美元①。

2. 跨境投资双向渠道拓宽

继《海南省关于开展合格境外有限合伙人（QFLP）境内股权投资暂行办法》于2020年出台之后，2021年4月海南又发布了《海南省开展合格境内有限合伙人（QDLP）境外投资试点工作暂行办法》，这也意味着海南自由贸易港正式开始搭建资金双向跨境投资的"高速公路"。在境内投资方面，截至2022年4月末，海南自由贸易港共计引入17家QFLP基金管理企业，企业注册资本为4.41亿美元；管理61支QFLP基金，注册资本为63.77亿美元。在境外投资方面，海南自由贸易港目前37家企业作为试点，已经获得了额度。其中，3家基金管理公司已按照要求进行了外汇登记，登记金额累计达到4.9亿美元②。

3. 企业开展跨境融资更加便利化

国家外汇管理局海南省分局在2022年5月发布了《国家外汇管理局海南省分局全力做好疫情防控和经济社会发展金融服务》，其中关于企业跨境融资方面要强调三个重点：一是支持洋浦经济开发区内符合条件的高新技术

---

① 《海南：积极推动自贸港金融政策落地见效》，中国经济网，http://www.ce.cn/xwzx/gnsz/gdxw/202202/14/t20220214_37328165.shtml，2022年8月6日。
② 《海南不断拓宽跨境投资双向渠道，落地QFLP基金61支注册资本63.77亿美元》，南海网，http://www.hinews.cn/news/system/2022/05/12/032755493.shtml，2022年8月6日。

企业和"专精特新"中小企业开展外债便利化试点。二是支持符合条件的非金融企业在风险可控前提下，实现更高额度的跨境资金融资规模。三是降低海南自由贸易港内企业开展跨国公司跨境资金集中运营管理业务门槛。目前，2021年获得海南省"专精特新"企业认证的有97家，截至2020年4月共有省级"专精特新"入库企业153家①。按照国家外汇管理局《关于支持高新技术和"专精特新"企业开展跨境融资便利化试点的通知》的要求，海南自由贸易港试点内高新技术和"专精特新"企业便利化额度已经提高至等值1000万美元，即海南全省范围内符合条件的高新技术企业和"专精特新"企业可在1000万美元额度内自主借用外债。同时，2021年海南已吸引4家全球跨国公司在海南设立区域总部，并在海南自由贸易港洋浦经济开发区开展了跨境贸易投资高水平开放试点。在试点内，主要涵盖9项资本项目改革措施、4项经常项目便利化措施，以及2项加强风险防控和监管能力的要求，这些试点政策将为洋浦经济开发区的企业带来多项红利。

表1 海南自由贸易港洋浦经济开发区跨境贸易投资高水平开放试点政策要点

业务	内容	备注
资本项目业务	1. 符合条件的高新技术企业可在1000万美元额度内自主借用外债	例：A公司是高新技术企业，净资产规模1000万元人民币。因国内业务发展需要，希望从境外借入500万美元，借款期限1年。按原政策，可借外债金额在最近一期经审计的净资产的两倍范围内，即可借外债额度仅312.5万美元（按汇率6.4测算）。现可借外债额度500万美元
	2. 合格境外有限合伙人（QFLP）可通过股权、债权等形式投资国内市场；合格境内有限合伙人（QDLP）可开展符合国家政策导向的对外股权、债权投资	例：试点基金管理企业B向海南省地方金融监督管理局提交QFLP试点资格和QFLP规模申请。取得试点资格和QFLP规模后，到外汇局海南省分局办理QFLP规模外汇登记，资金按照余额管理模式灵活汇出、汇入

---

① 海南省工业和信息化厅：《关于2021年省级"专精特新"中小企业名单的公示》（琼工信企〔2021〕205号），2021年11月22日。

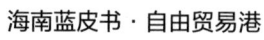

续表

业务	内容	备注
资本项目业务	3. 企业可自主选择跨境投融资业务的签约、流入和流出各环节币种	例：S公司向境外子公司借款100万美元外债。到期时，S公司可选择使用人民币资金归还其子公司
	4. 境外放款规模上限由其所有者权益的0.5倍提高到0.8倍	例：D公司所有者权益为1500万元人民币，其境外子公司需要资金1200万元人民币。按原政策，根据公式测算，境外放款额度仅750(1500×0.5)万元人民币。现可对其子公司放款1200(1500×0.8)万元人民币
	5. 扩大资本项目收入使用范围	资本金、外债、境外上市募集资金等资本项下收入，除法律禁止、直接或间接购买建设非自用房地产或向房地产企业、地方融资政府平台提供投融资和证券投资外，均可在经营范围内自主运用
	6. 稳慎开放跨境资产转让业务	允许试点区域的银行和代理机构按规定开展对外转让银行不良贷款、银行贸易融资资产等信贷资产业务
	7. 开展跨国公司本外币一体化资金池业务	进一步放松资金使用和汇兑限制：本外币资金均可入池；融出境外资金杠杆率提高到0.8；取消成员企业间拆借需委托银行贷款的要求；取消结汇待支付账户管理要求；意愿购汇
	8. 外商投资企业境内再投资无须办理登记手续	外商投资企业（房地产企业、地方政府融资平台除外）在试点区域内开展境内股权再投资的（不得直接或间接投资房地产），被投资企业或股权出让方无须办理接收境内再投资登记手续
	9. 主要资本项目外汇登记由银行办理	企业境外放款、外债、跨境担保、境外上市、境内上市公司外籍员工参与股权激励计划、中央企业和国有企业套期保值等外汇业务登记直接由银行办理
经常项目业务	10. 试点银行可根据客户指令为优质企业办理经常项目相关外汇业务	在切实履行客户尽职调查基础上，某试点银行确定Y公司为其优质企业。试点银行可凭Y公司指令为其办理经常项目相关外汇业务
	11. 试点银行可自主办理企业真实合规的新型国际贸易外汇收支业务	例：A公司从印度尼西亚购买动力煤，然后转卖给新加坡H公司。A公司可凭相关运输单据等真实性材料，直接向印度尼西亚支付货款，从新加坡H公司收取货款
	12. 试点银行可为企业办理与境外交易对手间经常项下收汇和付汇轧差净额结算	例：境内A公司应向境外B公司支付货款300万美元，收取设计费100万美元。通过轧差净额结算，A公司实际只需要付汇200万美元
	13. 试点银行可直接为企业办理单笔等值5万美元以上、超过180天或非原路的货物贸易特殊退汇业务	例：K公司收到一笔50万美元汇款，是境外供应商退回半年前K公司预付的进口货款，因某些原因，双方协商取消了该笔货物进口业务。K公司可到试点银行办理退款手续，无须事前到外汇局登记

资料来源：海南省人民政府网站。

4.资本项下资金使用情况良好

自《关于开展贸易外汇收支便利化试点工作的通知》发布以来,海南自由贸易港一直在推动银行为信用优良企业办理贸易收支时提供更加便利的措施。主要包括:优化贸易外汇收支单证审核、简化进口报关核验、试点企业免于货物贸易特殊退汇业务登记手续。截至2022年4月末,全省共办理资本项目收付便利化试点业务584笔,境内支付使用金额达10.72亿美元[1]。

(三)金融产品和服务创新建设

1.跨境投融资服务能力提升

截至2021年年末,海南自由贸易港已经成功办理了全国首单外商直接投资外汇登记创新业务、首单自贸区联行代付项下融资性风险参与业务、境内信贷资产跨境转让业务、第三方支付公司跨境业务、离岸贸易项下贸易融资业务、基于区块链技术下的出口应收账款融资业务、境内贸易融资资产跨境转让业务,跨境投融资便利化水平不断提升。

2.重点项目、园区、产业的扶持力度加大

2021年,海南自由贸易港金融机构对重点领域关注度持续加大。截至2021年第二季度,各银行对辖区内487个重点项目投放的贷款余额超过1800亿元人民币,对11个重点园区的市场主体投放的各项贷款余额超过400亿元[2]。保险业多措并举支持健康养老服务产业发展,投资建设养老社区、医院、健康管理公司和医院管理公司,与琼港两地医疗机构合作引入外籍医生跨境注册执业,搭建博鳌乐城先行区保险综合服务平台并推出"海南乐城全球特药险""特医特药跨境医疗保险"等多款产品。

---

[1] 《国家外汇管理局海南省分局全力做好疫情防控和经济社会发展金融服务》,国家外汇管理局官网,https://www.safe.gov.cn/hainan/2022/0524/1591.html,2022年8月18日。
[2] 《海南:上半年487个重点项目贷款余额1809.33亿元》,新浪财经,https://finance.sina.com.cn/tech/2021-08-15/doc-ikqciyzm1546281.shtml,2022年8月6日。

（四）金融风险防范制度体系建设

1. 海南自由贸易港金融风险防控的政策机制加强

海南自由贸易港正在以按照法治化、市场化为原则和出发点，建设具有海南自由贸易港特点的金融风险防控机制。目前，各项工作已经陆续开展，扎实推进各项工作，坚决守住了不发生系统性金融风险的底线。为全面实现海南自由贸易港内金融监管的全覆盖，按照国务院金融委的工作部署，建立了金融委办公室地方协调机制（海南省），为自由贸易港金融风险的防控在机制上提供了重要保障。

2. 海南自由贸易港金融风险防控的能力保障提升

作为先导项目，由海南省地方金融监督管理局规划建设的海南省地方金融综合风险防范系统于2020年底投入运营。该项目可通过注册、数据采集、监测预警等11个子系统，对地方金融机构和金融市场创新业务实施常态化监测和管理，能够有效识别和防范重大金融风险隐患，也可以在数据方面有效支持本地的金融统计、监管和决策。截至2022年，海南省地方金融综合风险防范系统已对全省近5万家金融企业的工商、法律、经营状况及周边舆情进行了分析，跟踪发现7家高风险企业，并形成了相应的行业风险分析报告。同时，目前海南自由贸易港也已经完成了对非法金融活动监测预警平台的改造，能够进一步提升自由贸易港的金融监管能力。

三 海南自由贸易港跨境资金流动自由便利的推进思路

（一）坚定制度集成创新，突破跨境资金流动自由便利约束

1. 分阶段开放资本项目

在海南自由贸易港的建设过程中，为更好地实现资金自由进出，海南应依托我国最大经济特区的独特优势，逐步形成以分阶段开放资本项目为重点的跨境资金流动自由便利的制度安排。未来，应进一步完善自

由贸易账户体系，打造海南金融对外开放的基础性平台。为了满足贸易和投资自由化和便利化的需要，要逐步将跨境融资、贸易结算和其他政策放宽，让货币兑换具有更高的便利性，最终实现港内非金融企业外债项下的可完全兑换。

2.扩大金融业对内对外开放

取消外资在金融领域的参股限制，在此基础上，进一步为外资金融机构创造业务范围，支持金融机构创新金融产品，根据重点行业发展需要，发展相关场外衍生品业务，以此为契机提升其服务质量和效率。同时，支持在海南建立国际能源、航运、大宗商品、产权、股权、二氧化碳排放权等交易场所，加快总部经济的发展速度以及发展本地房屋租赁业务。

3.持续加强辖区内金融监管

建立混业金融监管体制，从制度层面提升海南自由贸易港宏观审慎管理和系统性风险防范的能力；运用大数据、人工智能、区块链等数字技术手段发展监控技术，以此提升辖区内创新和运营的监管能力，强化海南自由贸易港对金融风险识别和系统性防范能力。

（二）完善金融配套立法，率先落实金融业突破性开放政策

1.完善金融配套立法面临的主要问题

（1）立法内容的指向性

2021年6月，《海南自由贸易港法》由十三届全国人大常委会第二十九次会议表决通过，这为我们能够运用其构建相关法规体系迈出了重要一步。其中，关于金融配套立法的讨论和研究尤为瞩目。目前，相关部门已经开始对金融立法规划中涉及跨境资金流动、跨境理财产品管理、家族信托、离岸金融、绿色金融、金融科技等内容展开前期研究。然而，目前立法工作仍然属于草创阶段。比如在立法内容方面，《海南自由贸易港法》第2条规定，海南自由贸易港建设和管理活动适用本法。本法没有规定的，适用其他有关法律法规的规定。海南自由贸易港适用我国现行金融法律法规，根据第50~52条，在金融改革开放、跨境资金流动管理、离岸金融业务等方面可以制

定海南自由贸易港内适用的金融法规。当前，海南自由贸易港还未有明确配套金融立法的具体方向，《意见》中涉及的高水平开放重大制度创新的内容重点，包括多功能自由贸易账户、全岛封关之后的贸易结算安排、跨境资产管理试点、在海南就业的境外个人开展境内投资、离岸金融业务、外汇管理制度改革等方面，亟须对其进行立法保障。

（2）立法授权的明确性

《海南自由贸易港法》对贸易、投资、税收等领域的条款内容授权具体明确，在金融领域仅就率先落实金融业开放政策、建立跨境资金流动管理制度、经营离岸金融业务等作出原则性规定，而没有明确地给予海南相关授权。根据我国《立法法》第8条，金融方面立法属于全国人大的权限。但在《海南自由贸易港法》覆盖的相关领域急需配套立法要求下，海南应基于金融开放创新的需要，主动提出相关金融立法建议稿，与相关中央金融监管部门沟通一致后，报全国人大常委会或者国务院批准后生效。

（3）规则对接的准确性

我国已经申请加入CPTPP、DEPA等高水平自由贸易协定，海南自由贸易港是对接国际规则的压力测试区。海南自由贸易港在金融立法过程中，一方面要厘清目前最新国际规则中对金融业开放共性要求，包括"负面清单"承诺方式、国民待遇原则、竞争中立原则、金融投资者保护等，在金融立法中予以充分考虑；另一方面要关注以国内法律影响国际规则问题。一个国家金融市场开放程度、金融法规的完备程度，决定了国内规则被国际接受的广泛程度；同时对金融开放过程中负面清单的管理、对特定金融机构或项目的特殊支持等都需要依据国内金融立法予以明确。

2.完善金融配套立法的有益经验

（1）中国香港地区：对标国际规则及时修订

中国香港地区拥有高度立法权。《中华人民共和国香港特别行政区基本法》规定，香港特别行政区除外交、国防以及其他属于中央政府管理范围的事务外，有权对高度自治范围内的一切事务立法。因此，一直以来香港始终保持自由港地位，通常不采取外汇管制，因此能够实现资金跨境流动和汇兑自由。同时，香港主要采取单行法规，单行法规具有专一、针对性强的特征，可以让法律更加具体和详尽。加之香港地区法律在制定之时一般是几部法律配套制定，具有系统性和连贯性，配套的实施细则、规章、制度也可以迅速出台，因此避免了"九龙治水"和执法的随意性。更为重要的是，为了更好地满足最新的监管要求，香港特区政府通常按照"打补丁"的形式修订金融业的基础法律，并以此指引相关业务。据统计，《银行业条例》从1997年6月生效以来修订达45次。《证券及期货条例》在2003年4月生效后修订了34次，《保险业条例》自1997年6月生效后修订了31次，这种"打补丁"的方式确保了香港地区的金融监管及法规建设能够始终得到完善和更新。

（2）新加坡：金融立法营造国际化金融发展环境

新加坡拥有较为健全的金融法律架构，他们以加强金融领域的审慎保护措施、公司治理和风险管理、改善对市场参与者和中介机构的监管为目标修订法案，致力于通过提高市场透明度保护所有市场参与者的权益。所以，新加坡金融管理局一般从风险管理和合规两个角度向相关公司颁布法律，以确保国家战略的实施。此外，新加坡的立法理念与最新的国际监管技术紧密相关。新加坡对银行、证券、保险和信托行业都进行了完整的立法，监管权力和标准以法律的形式确立，保证了监管的规范性和有效性。同时，新加坡金融管理局遵循专业国际金融机构的最新标准，以此确保金融与最新国际监管概念之间的联系，当主要国际金融机构采用最新标准后，新加坡金融管理局也会及时修订相关规定，并在修订之前向大众进行征询，使金融监管的法律体系总是在最新的国际标准的框架之中。

（3）迪拜：国家直接授权保障金融立法

迪拜通过建立金融自由区——迪拜国际金融中心（DIFC），在确保其司法主权不受影响的前提下，能够修改宪法和相关法律——采用符合国际标准的模式，根据普通法为自由贸易区提供全面的法律保护和一流的争端解决服务。一方面,地方政府有权立法。在建立金融自由区之初,阿联酋和迪拜政府已经完成了联邦和地方一级立法的修订和创建,为建立DIFC提供了上位法的支持,并将最初属于国家一级金融、税务等立法事项通过授权立法的形式授予地方。《DIFC监管法》授权该地区的独立金融服务监管机构迪拜金融服务管理局（DFSA）起草金融服务法律和法规,使DFSA在面对金融市场发展和业务需求时能够及时有效地应对。另一方面,优惠通过法律确定下来,用政策的确定性降低了市场的不确定性。《迪拜地方法》为DIFC内的企业提供税收优惠,并规定在DIFC设立和开展业务的公司、组织及其个人拥有50年的免税期。优惠政策通过法律得到加强,这增加了国际投资者的信心,也增加了DIFC的吸引力。

3. 完善金融配套立法的制度安排

（1）构建海南自由贸易港金融法律体系

海南自由贸易港应根据中国国情和发展实际,借鉴国际经验促进金融创新和保护投资者权益,加强对私有产权的保护,在立法方面支持私人合同安排,保护投资者的合法权益。从长远来看,我们的目标是把海南建设成为一个综合性的自由贸易港,因此我们应逐步借鉴其他国家和地区金融立法的经验,形成具有中国特色的自由贸易港金融法律体系。

（2）立法保障金融对外开放

首先,必须推动资本项目开放立法。资本项目可兑换是开放金融市场的先决条件,需要通过立法简化资本项目的行政审批,在信息的披露机制上公平透明。其次,推动金融市场对外开放立法。制定金融要素和衍生品的交易规则和建构监管框架,完善不同金融机构的法律和监管安排,使其符合国际标准及其在新业务发展中权益的法律属性。最后,进一步促进自由贸易港口跨境金融服务的立法,健全其与国外的金融联动机制,加快离岸金融和跨境金融业务立法。

（3）对接国际规则建立金融纠纷解决机制

对于金融投资的争议和纠纷以及商业仲裁,海南自由贸易港未来将建立自由贸易港金融法院,在此基础上引入国际投资调解制度。同时,仲裁和审判要遵循国际公认的惯例，对于涉外仲裁协议应当按照当事人约定的法律进行审查和适用。

（三）提升跨境金融服务能力，促进贸易投资自由化便利化

1. 提升跨境金融服务能力面临的主要问题

（1）离岸金融市场发展存在短板

目前，只有四家中资银行获准从事离岸银行业务，其类型仅限于外汇存贷款、资金汇划和贸易项下的信用证业务。此外，境外人士可以通过跨境资产管理参与离岸资产管理，这就造成离岸基金、离岸保险、离岸信托等业务覆盖率低，部分业务甚至处于零基础刚刚起步境地，这与海南自由贸易港离岸金融业务的发展目标相差甚远。而且，从中央和地方层面相关领域发布的政策来看，支持离岸金融业务发展的政策也仍然属于空白。除此之外，陈旧的商业规则无法适应现实也是海南自由贸易港离岸金融市场发展的又一个短板。目前经营离岸银行业务所依据的规则主要是《离岸银行业务管理办法》和《离岸银行业务管理办法实施细则》（以下简称《细则》，颁布于20世纪末，里边涉及的思路和理念与现实业务有比较大的差距。如《细则》规定离岸业务部必须具有独立的营业场所，而实际上自FT账户2019年1月起正式上线运行后，离岸业务便已经可以通过这类账户进行办理，而规则却没有及时更新或补充。与此同时，虽然四家中资银行已开始通过在自由贸易港设立分行或营业部引入离岸银行业务，但与客户签署金融协议的实际权力仍然属于总行。目前，自由贸易港的极简审批制度没有将离岸金融市场的审批纳入其中，这造成了离岸业务效率低下。此外，离岸保险目前没有相应的法规进行保障，有相似情况的还有离岸信托和离岸证券。另外，离岸金融业务的主要服务对象是外国客户，根据展业三大原则由于他们开展实际活动时的尽职调查成本、信用水平和履约能力难以被掌握，因而大大增加了坏账的可能性。

表2 国际知名自由贸易港或离岸市场的金融开放政策

名称	类型	金融开放项目
中国香港	内外混合型	无法定准备金率、无利息预扣税、无存款保险制度、投融资汇兑自由、资金跨境自由流动、无外汇管制、港元自由兑换、资本市场完全开放
新加坡港	内外混合型	法定准备金率豁免、无存款保险制度、无外汇管制，资金自由流动、利润汇出无限制、自主选择结算货币、融资汇兑自由、一体化的离岸市场、境外企业符合条件均可发行股票或债券
荷兰鹿特丹港	内外混合型	利润、资本、贷款利息和其他合法收入汇出自由、自主选择支付币种、自由开设外汇账户、无外汇限制、融资自由便利
美国国际银行设施IBF	内外分离型	离岸账户存款准备金豁免、免除离岸账户存款保险限制、无外汇管制、无利率管制
日本离岸金融市场JOM	内外分离型	离岸账户无存款保险制度、无外汇管制、无利率管制
迪拜杰贝·阿里港	避税型	无法定存款准备金率、无存款保险制度、货币自由兑换、利润和资本自由汇出，无金融和货币限制，与国内其他区域实行有限隔离
开曼群岛	避税型	法定准备金率豁免、无存款保险制度、无外汇管制、贷款利息及海外收入预扣税豁免、海外利润派息自由汇出

资料来源：中国民生银行研究院《民银智库研究》2020年第22期。

（2）链接境内外金融市场的FT账户运行梗阻

虽然最初创建FT账户的初衷是使其拥有"在岸+离岸"的双重属性，而从具体运用的层面来看，显然其在岸属性更为明显。FT账户目前是基于商业银行的在岸信息和业务系统，仅通过添加特定标识来改善其在离岸市场的应用场景，这也就意味着其既无法使用成熟的国外支付和结算系统，也无法使用中央银行管辖下的支付和结算系统。封关运作后，将无法满足许多离岸金融公司的需求。其次，FT账户由包括"一行两会一局"在内的多个部门监管，而本岛的地方监管机构参与监管的力度却有限，也没有相应的监管配套法律作为支持，这极容易出现监管真空和监管重复的问题。最后，商业银行开立FT账户尚未建立明确的法律标准和实施规则，也没有明确开展账户存款、融资、汇款、赎回和投资等综合性业务。这样一来，商业银行对流入资金的处理程序就变得非常复杂,在转让范围方面增加了很多限制,减少了处理企业业务办理的体验感。

(3) 资金存在借道自由贸易港进行套利套汇的机会

随着一系列关于跨境资金流动自由化便利化相关的金融开放政策陆续出台,境外热钱存在借机套利的现象。面对全球经贸日益密切的背景下大量资金的结算和流动,境外热钱通过自由贸易港进入国内,区别于以前的投融资和收付汇方式,按照"内保外贷""外保内贷"等方式用于企业的实际经营,使这类短期资本更容易在暗中投机套利。从开放的角度来看,自由贸易港涉及境外的资金市场,资金能够在FT账户中自由进出和汇兑,FT账户在此过程中起到的是类离岸账户的作用,具有境外账户性质。这就意味着,FT账户与NRA("非居民账户")、OSA("离岸账户")等境外账户发生的国际收支实际上并不被纳入国际收支,也就无法得到有效监管,继而很容易使这部分跨境资金以"双Q"等跨境投资以及服务贸易、跨境电商、新型离岸国际贸易等新形式进入岛内。这样一来,流入岛内的热钱会使资金流大于货物流,势必造成岛内流动性过剩,破坏离岸市场的均衡性,进而影响正常的离岸利率和汇率水平。同时,境内的套利资金也可以流入岛内,方式多样且难以被发现,通过在岸资金账户向FT账户补充离岸头寸资金,最终使得在岸离岸之间资金渗透规模超出真实合规的实需,从而影响岛内金融市场甚至冲击跨境资金的正常流动秩序。

2. 提升跨境金融服务能力的借鉴经验——以上海为例

上海是中国经济发展最活跃、开放度最高、创新能力最强的地区之一。近年来,上海连续推出了一批金融试点业务,如人民币对外直接投资和跨境双向人民币资金池,在全国产生了积极影响。随着自由贸易试验区和特殊经济功能区在上海成立,为更高程度贸易投资便利化的开展提供了良好的条件。

(1) 跨境人民币业务发展为涉外实体经济发展提供了有力支撑

自2014年2月上海公布自由贸易试验区扩大人民币跨境使用实施细则以来,共有简化类、扩大类和新增类10项措施率先开始开放并创新自由贸易区跨境金融服务。目前，扩大人民币跨境使用的政策得到了很好的实施。从表现来看，2021年，上海的货物及服务贸易项下人民币跨境结算为1.7万亿人民币，同比增长了29%[①]。这意味着，境内外企业在实体经济层面以人民币计价和结算跨境贸易实践增加，在世界范围内人民币在经济主体之间的接受程度逐步提高。上海及周边国家人民币跨境结算量也迅速增加。以东盟为例，上海与东盟十国均有跨境人民币结算业务。2021年上海与东盟地区的跨境人民币结算量超过2万亿元，同比增长5.9%。此外，截至2021年年底，上海各银行已建成1000多个跨境双向人民币资金池，当年各类资金池累计资金流量超过2万亿元。并且，上海开放金融和要素市场带来的跨境人民币结算数量持续增加，人民币结算网络覆盖面也有所扩大。

（2）创新对接各类主体需求的投融资汇兑便利方案

具体来说，第一，对接企业汇兑需求的综合账户服务方案。传统的账户管理包括外币账户与涉外人民币账户，种类名目繁多，加上国内人民币的银行账户，这些账户不但分散且规则各异，给市场主体的资金运营带来了诸多不便。而在上海，自由贸易账户的建立从根本上解决了这个问题：通过自由贸易账户，市场主体处理跨境交易和国内日常运营的本外币结算，因此降低了管理成本。

第二，对接企业境外融资需求的跨境金融服务方案。市场主体可以充分利用境内外两个市场优化资源配置，实现跨境融资自由化。2021年，上海地区商业银行通过分账核算单元发放贷款折合人民币超过4000亿元。

第三，对接跨国企业经营需求的资金集中管理服务方案。基于自由贸易账户的人民币可兑换功能，支持中外资企业集团在岸集中管理全球本外币资金，避免了分别搭建人民币和外币资金池而产生的不便。截至2021年年底，上海共搭建人民币可兑换跨境资金池近200个，共发生跨境收支合计折合人民币超过3000亿元。

第四，对接金融机构全覆盖需求的跨境金融服务方案。2020年，上海

---

① 许非、秦鹏：《跨境投融资便利化的上海实践》，《中国金融》，2022年第9期，第19页。

的三家保险公司顺利通过分账核算业务风险审慎合格评估，成为自贸区分账核算单元，实现了上海地区分账核算单元在银行、证券、财务公司、保险公司等金融机构类型的全覆盖。

第五，对接"一带一路"建设需求中的跨境金融服务方案。通过"区内机构自由贸易账户+境外机构自由贸易账户"（FTE+FTN）的方式为企业参与"一带一路"建设提供相应的跨境金融服务，为企业对外开展经营活动提供资金服务支持。截至2021年年底，上海共与"一带一路"沿线138个国家和地区中的114个发生了资金往来。

第六，对接新型国际贸易需求的跨境金融服务方案。自由贸易账户依托其可兑换功能，推动离岸经贸业务进入常态化发展阶段。截至2021年年底，共有百余家企业运用自由贸易账户开展了货物离岸转手买卖等业务，累计发生跨境收支合计折人民币超过500亿元[①]。

（3）依托自由贸易账户支持各类金融交易平台对外开放

上海一直探索通过自由贸易账户向境外合格投资者开放金融市场。2014年9月，黄金交易国际板通过自由贸易账户正式运行，向70多家境外直参会员开放了黄金市场。2015年7月，上海清算所与浦发银行等机构合作，在上海自贸区内开发了基于自由贸易账户的大宗现货交易平台，在自贸区探索实现了大宗现货交易的开放。2016年12月，上海市政府在国内外同时发行了首批30亿元自贸区市政债券，外资银行首次参与债券认购。2018年8月，上海保交所加入了自贸区独立核算业务，建立跨境再保险业务平台。

3. 提升跨境金融服务能力的制度安排

（1）形成多样化的金融体系生态

构建多元化互补的金融体系，着力发展多层次的新型金融产品和服务体系。首先，支持中外银行、保险公司、信托、基金、证券公司等金融机构借助开放政策，在海南设立分支机构、全资子公司和地区总部，吸引各类金融机构聚集在海南，为市场主体提供多元化金融服务。其次，根据各园区经济

---

① 许非、秦鹏：《跨境投融资便利化的上海实践》，《中国金融》2022年第9期，第19期。

发展重点，针对性地发展数字金融、绿色金融、航天金融等金融服务，推出适合新型离岸国际贸易的贸易融资和贸易信贷产品，创新服务贸易和跨境电子商务的新形式。同时，应根据不同需求开展财富管理、全球授信，形成集本币与外币、线上与线下货币、境内与境外等一体化的跨境金融服务体系。

（2）建立跨境资金流动自由便利的基础平台和有针对性的离岸金融市场

跨境资金流动自由便利是海南自由贸易港最核心的要素流动之一。目前，跨境资金自由流动的"电子围网"尚未建立，无法实现账户风险的有效隔离，尚不具备进行更高水平资金跨境自由便利流动压力测试的基础条件，难以实现促进贸易投资自由化便利化政策的真正落地。因此，需要加快建立海南金融对外开放基础平台，通过金融账户隔离，建立"电子围网"，在洋浦开展跨境贸易投资高水平开放试点的基础上，建立适用于海南的跨境资金支付与转移管理的容错机制，给予银行和企业一个可预期的监管环境进行"压力测试"。

此外，要充分理解发展新型离岸国际贸易、现代服务业对提升海南自由贸易港金融体量的深刻意涵，形成有海南特色的离岸金融体系和服务。

第一，将早期的发展重点放在服务贸易结算和已经基本实现的可转换资本项目，建设区域性的结算中心，稳步推进人民币跨境信贷和资金池业务，稳步推进国际能源、航运、大宗商品、股权和其他交易平台和人民币离岸资产交易中心的创建，提高外国居民参与跨境资产交易的积极性，后续可根据资本项目可兑换的改革举措不断开拓离岸业务。

第二，及时出台相关离岸金融法规，为发展和完善离岸金融市场创造法律基础，推动离岸基金、离岸信托、离岸保险等离岸金融市场的建设，尽快满足市场主体尤其是各类跨境公司的需求。

第三，建立适合离岸金融市场的离岸监管体制。全岛封关运作后，岛上的货币和金融资产将成为离岸货币和离岸金融资产，这对离岸金融市场的培育及其相关规则的维护提出了更高的要求。在离岸金融市场建立的早期阶段,可以通过建立离岸金融区和特定的监管机构,并将监管权直接转移给岛内,探索出一个新的混合式离岸金融监管形式。

第四,利用离岸银行业务的机会,审慎推进离岸证券、离岸信托等离岸业务。由于离岸银行业务正处于发展阶段,具有离岸业务资质的中资银行应当拥有更大的业务裁量空间,而不用将所有离岸业务合同提交总部审批。

第五,建立适用于离岸金融市场的清算和结算系统。考虑到当前的支付结算系统及其相关的制度都是基于在岸账户,因此应特别建立一个协调各类离岸业务的清算和结算系统。

(3) 进一步挖掘多功能自由贸易账户体系的适用范围和拓展功能

持续提升海南跨境金融服务能力需要结合本地情况丰富多功能自由贸易账户体系,建成并完善不同于其他自由贸易区的本币和外币一体化业务,推动贸易投资自由化便利化政策落地。要持续扩大 FT 账户本外币自由兑换限额,完善跨境集中收付管理,拓展深挖 FT 账户的功能和类别。在管理方面,采取统一但有区别的管理模式,完善电子围网在境内外金融系统的边界职能,以便更好地实现 FT 账户"一线放开、二线管住"的目标。此外,要进一步促进基于 FT 账户的人民币资本项目可兑换:对于目标为中国内地的投资、信贷、支付等业务,可以采用人民币进行计价结算;对于目标为国外的直接投资,优先使用外汇账户,剩余缺口通过 FT 账户将人民币转换为外汇进行投资;对于目标为国外的证券投资,根据个人和企业纳税额度结合平减系数后核定投资金额,稳步推进人民币在该项下的可兑换。同时,为了确保 FT 账户的运作,厘清 FT 账户运行中的障碍,及时制定和改进相关的具体实施规则,使这些规则更加准确且更具针对性,通过减少处理程序和步骤提升企业体验感,提高 FT 账户使用率,促进资金的自由交换和跨境交易。

(4) 建立有效的金融风险预警防范机制和金融纠纷争端解决平台

金融业的高水平开放必然会面临更强的风险外溢及增加的涉外金融纠纷仲裁,需要建立有效的风险防范机制和纠纷解决平台。目前海南仅在海口市的美兰法院建立了金融法庭,集中管理海口市一审金融案件。在推进海南自由贸易港开放的过程中,需要建立具有针对性的金融风险预警和防范机制,建立健全金融法庭和与国际接轨的法律法规,提升金融监管的国际化水平与专业化水平。应将"鼓励创新、包容审慎"作为监管原则,以便为金融监管提供一定程度的灵活性。

第一,持续对跨境收支监测、跨境资本流动进行宏观审慎管理。在促进金融业和金融市场更好地开发开放的前提下,强化国内外相关金融监管机构的合作与协调,确保跨境收支总体平衡,让离岸利率和汇率在合理的正常范围内波动,防止离岸金融市场大幅波动的影响,通过"有限渗透"影响内地金融秩序。

第二,需要建立和完善资金流动监测系统。以进出自由贸易港跨境交易数据信息采集和统计检测为契机,建立和完善线上和线下、国际和国内、流入和流出的多维监测信息系统,对FT账户中的资本流动实施全天候、多维度监测。

第三,创建和改进金融风险应急处理工具箱。在风险较低的情况下,应该充分利用离岸市场利率和汇率的自由波动来调节市场。当风险较高时,应引入宏观审慎管理,在资本流动和市场交易的关键环节上构建"防火墙"。

第四,适时利用最新的金融技术和"监管沙盒",为岛内封关运作和融资开放后积累风险防范经验,多措并举维护自由贸易港金融体系安全。

(四)引进高端金融人才,对标国际高水平金融业管理创新

1. 引进高端金融人才面临的主要问题

对自由贸易港跨境资金流动以及本地金融业的成功,起决定性作用的一个重要的因素是人才。人才的素质在某种程度上可以决定金融的"执行力",也就是金融是否可以"放得开""管得住""行得通"。金融制度创新需要在各级政府、监管部门和金融企业中拥有大批具备国际视野、创新思路的金融人才,需要以他们高超的专业能力结合现实开展大量细致且具有开拓性的工作。当前,海南金融行业虽然拥有一批人才,但依然远远不够。在首批海南省100个"人才团队"和100个"储备人才团队"拟认定名单中,

金融业人才团队仅4个,储备人才团队仅2个,2021年评选"海南省优秀人才团队"更是无一队上榜,这与海南自由贸易港金融业未来发展的人才需求并不相称。金融人才缺乏的直接后果是会影响金融创新能力,这不仅限制了政府部门未来战略规划和推广能力,而且影响某些政策的实施。

2. 引进高端金融人才的借鉴经验——以新加坡为例

(1) 建立专门性揽才机构全球引才

新加坡的人才引进工作由新加坡人力部和经济发展局全面协调和统筹管理。为更好地为国家引入国际人才,经济发展局和人力部共同成立了"联系新加坡"(Contact Singapor)。该机构主要的职责是在海外进行宣传和招聘联络。目前,"联系新加坡"在全世界人才资源较为丰富的地区共设立有9个分支机构,分别是印度的金奈、孟买,英国的伦敦,澳大利亚的悉尼,北美的波士顿、纽约、旧金山以及中国的北京、上海等。通过以上分支机构,"联系新加坡"广泛建立储备人才数据库,常态化地对其更新、跟踪和关注。为了更有效地吸引新加坡发展所需的全球精英,"联系新加坡"及其分支机构还设立了专门的人才展示网站,根据不同目标群体的特点划分和定制内容,并提供人才交易会和行业的最新信息。

(2) 开列人才需求清单招聘尖端人才

为了更好满足行业变化的需要,新加坡定期召开人力咨询会议,会议由经济发展局、人力部、贸工部、教育部等部门组成,旨在共同研判未来经济发展,商定发展所需的人力资源。此外,在咨询了一些行业代表后,新加坡政府机构根据行业对未来技能需求的预测,定期发布"关键技能列表"。这些人才需求和"关键技能列表"提供未来新加坡人才引进的重点和方向。根据新加坡对人才的需求,"联系新加坡"及海外分支,积极寻找世界各地的行业精英;人力部还将适当降低准入门槛,向符合"关键技能列表"的外国人和符合未来产业发展方向的人才发放工作许可证。

(3) 创新多种方式介入培养未来人才

重视人才培养,通过助学金和提前入职等方式与未来人才建立合同关系,是新加坡招聘人才的一个重要特点。首先是通过教育双轨制分流,识别出当地的顶尖人才，然后在其上学期间通过颁发奖学金的方式与"未来人才"建立雇佣关系。同时，允许学生通过实习的方式进入单位，以增加专业归属感。同时，新加坡也在努力吸引外国年轻学生来新加坡工作。在新加坡的三所大学中，外国学生约占22%，其中中国学生约占一半。一方面，"联系新加坡"在北京、上海的海外分支机构深入中国一线城市的著名中学有针对性地帮助其中成绩优异的学生，并与之签订毕业后留在新加坡的服务协议。另一方面，在北京大学、清华大学等国内知名大学寻找行业所需的优秀大学生，通过"体验新加坡"的活动吸引中国人才。

（4）实行人才分类准入偏向高层次人才

新加坡政府严格按照文化水平和工作经验对外国人进行分类，并偏爱高层次人才。普通工人在新加坡的工作期限为两年，随后必须离开该国；拥有大专学位的人要有单位挂靠才可以在新加坡停留很长时间。只有被新加坡政府承认的拥有学士或更高学位的人才可以在新加坡长期工作，并在工作两年或三年后申请新加坡永久居留权。为了有效地留住人才，新加坡政府每年接受约3万名外国人在新加坡永久居住，并允许一些外国专业人士成为新加坡公民。

（5）高薪揽才及税收优惠留住海外人才

新加坡为人才提供具有全球竞争力的高工资。从世界各地招聘的优秀人才可以获得住房补贴、科研基金、生活津贴和其他福利，以及高于同业20%~50%的工资。同时，实施免税退税是吸引外国人才的另一项措施。新加坡为外籍人才提供五年的税收优惠。新加坡个人所得税率为0~20%，一个每月收到2500新加坡元（约12500元人民币）的外国人每年只需支付350新加坡元的个人所得税。

（6）吸引国际名企名校发挥人才集聚效应

新加坡积极邀请欧洲工商管理学院、芝加哥大学商学院、约翰霍普金斯医学院等来当地设分校与分院，在聚合高端人才的同时，另外也为新加坡培养了大批本地人才。同时，新加坡还鼓励跨国企业到新加坡投资，希望以此来引进更多的跨国人才。目前，新加坡拥有6000多家跨国公司和超过1万家外国中小企业，这些企业为新加坡带来了大量的外国直接投资和大批优秀人才。

3.引进高端金融人才的制度安排

（1）明确标准引进金融人才

根据自由贸易港的金融发展趋势，制定自由贸易港金融人才标准，商定顶尖人才的"业内公认"标准，动态调整顶尖金融人才的范围，根据行业变化丰富顶尖人才的内涵。

（2）把握吸引人才的核心要素

除了高工资和税收优惠外，吸引人才的主要优势是良好的城市环境、充满活力的经济发展和人才交流与发展的环境。海南自由贸易港要健全公共基础设施，打造良好的生活环境和高效的政府服务，在此基础上，及时制定出尊重人才、留住人才的政策，并为其提供交流和发展的平台。

（3）编制行业人才地图和清单

首先，绘制人才分布图。在明确人才库的基础上，依托社会机构按照类别统计人才。其次，人力资源部应明确行业所需的顶尖人才，建立人才展示目录，对外列出当地顶尖人才名单，并制定吸纳顶尖人才的政策。最后，建立企业可以实施的人才名单申请机制。围绕战略性新兴产业中的重点企业，制定该领域的顶尖专家名单，国家专业人才机构将协调、沟通并提供相关支持政策，吸引人才帮助发展。

（4）积极拓宽国际人才引进渠道

根据自由贸易港的金融功能的定位，具体实施国外顶尖人才的搜寻、宣传和招聘政策，并建立国外顶尖金融人才引进渠道。同时，积极与国外高校合作，建立科创中心和海外服务中心，作为合作培养、引进人才的基地。在引进急需的本地金融人才的过程中，我们还可以创新服务形式，采用政府采购服务的形式，委托类似如"香港领英"等公司拓宽国际人才引进网络。

（5）强化本土高端金融人才培养

主动介入，将人才培养置于人才引进之前。鼓励企业和政府发放奖学金，支持表现优秀的高中毕业生到国内外知名大学的金融专业学习相关知

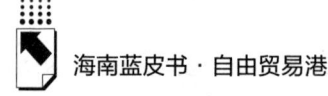

识，并与"未来"人才建立合同关系。同时，深入国内外知名高校，寻找优秀应届毕业生人选，邀请他们提前到当地实习，帮助其了解该职位的未来发展，培养对海南自由贸易港的归属感。

（6）聚合更多高端金融人才

充分发挥名校名企、科研机构的高端人才聚合力以及人才裂变效应。提升本土人才培养能力，提升城市发展的内在动力。因此，海南自由贸易港应积极吸引海内外知名院校建立分院（校），争取跨国金融企业或分支机构落户，加强大型金融项目的交流与合作。

参考文献

［1］《2021年海南与东盟国家跨境人民币结算额增长近5倍》，丝绸之路官网，https：//www.imsilkroad.com/news/p/476964.html，2022年8月6日。

［2］曹协和：《我国自由贸易港金融立法问题研究》，《海南金融》2020年第3期，第22页。

［3］陈志坚、肖英东：《大湾区金融互联互通下银行如何提升跨境金融综合服务能力》，《银行家》2021年第11期。

［4］《国家外汇管理局海南省分局全力做好疫情防控和经济社会发展金融服务》，国家外汇局官网，https：//www.safe.gov.cn/hainan/2022/0524/1591.html，2022年8月18日。

［5］《海南：积极推动自贸港金融政策落地见效》，新浪网，http：//www.ce.cn/xwzx/gnsz/gdxw/202202/14/t20220214_37328165.shtml，2022年8月6日。

［6］《海南：上半年487个重点项目贷款余额1809.33亿元》，新浪网，https：//finance.sina.com.cn/tech/2021-08-15/doc-ikqciyzm1546281.shtml，2022年8月6日。

［7］《海南不断拓宽跨境投资双向渠道，落地QFLP基金61支注册资本63.77亿美元》，南海网，http：//www.hinews.cn/news/system/2022/05/12/032755493.shtml，2022年8月6日。

［8］海南省工业和信息化厅：《关于2021年省级"专精特新"中小企业名单的公示》（琼工信企业〔2021〕205号），2021年11月22日。

［9］李思敏：《自由贸易港金融开放创新：海南探索与广东借鉴》，《南方金融》2020年第6期。

［10］唐建伟、黄肖鹤、戈建国、邓宇：《海南自贸港跨境金融服务怎么看怎么

干？——浅析海南自贸港跨境金融服务的定位与发展》，《海南金融》2022 年第 1 期。

［11］王方宏、王少辉：《新加坡金融立法经验对海南自贸港的借鉴》，《今日海南》2022 年第 2 期。

［12］王方宏：《海南自由贸易港银行账户体系研究》，《中国外汇》2022 年第 1 期。

［13］王鹏、张旗、王忠民：《自贸港建设与跨境金融发展》，《中国金融》2021 年第 22 期。

［14］文穗：《海南自由贸易港离岸金融风险防范监管制度研究》，《海南大学学报》（人文社会科学版）2021 年第 3 期。

［15］谢端纯：《海南自由贸易港金融政策框架与实践》，《海南金融》2022 年第 1 期。

［16］许非、秦鹏：《跨境投融资便利化的上海实践》，《中国金融》2022 年第 9 期。

［17］张方波：《金融开放助力海南自由贸易港建设：当前进展、面临挑战与纵深推进》，《海南大学学报》（人文社会科学版）2022 年第 4 期。

［18］中国人民银行海口中心支行货币政策分析小组：《海南省金融运行报告（2022）》，海口中心支行官网，http：//www.pbc.gov.cn/goutongjiaoliu/113456/113469/4600879/2022 070817551563347.pdf，2022 年 8 月 6 日。

B.5
海南自由贸易港数据跨境安全有序流动制度研究

高 疆*

摘　要： 促进数据跨境安全有序流动是《海南自由贸易港建设总体方案》构建海南自由贸易港政策制度体系的明确要求，既符合中国制度型开放的战略要求，也是新一轮科技革命重塑国际贸易和全球生产布局的内在需求。海南自由贸易港成立以来，在推动电信业务开放、扩大数字企业主体、夯实基础设施建设、积极探索数据安全试点、健全法律法规制度、完善监管体系等方面已取得若干进展。与此同时，仍存在跨境数据流动规则缺位、数字产业能级不足、数字基础设施水平较低、缺乏数字专业人才等问题。未来，建议海南自由贸易港从构建数据跨境安全有序流动国际规则、提升数字产业能级、加快数字基础设施建设、促进专业人才集聚方面推动数据跨境安全有序流动。

关键词： 海南自由贸易港　数据跨境安全有序流动　制度建设

一　海南自由贸易港数据跨境安全有序流动的意义和目标

随着大数据、云计算、物联网、人工智能等新型数字技术的迅猛发展，

---

* 高疆，上海社会科学院世界经济研究所助理研究员，主要研究方向：国际贸易理论与政策、数字贸易规则。

数字经济正在以更新颖、更基础的方式重塑世界经济。根据世界贸易组织估算，2012~2016年，全球信息和数据流动的年均增长速度为149%，在此期间，全球货物和服务贸易的年平均增长率仅为2.77%[1]，跨境数据流动的增长速度远高于传统的货物和服务贸易。推动海南自由贸易港数据跨境安全有序流动符合新一代技术革命的变革，符合中国制度型开放的内在要求，也是《海南自由贸易港建设总体方案》构建海南自由贸易港政策制度体系的明确要求。

（一）海南跨境数据安全有序流动制度的建设意义

从技术变革层面看，构建数据跨境安全有序流动制度将加快产业数字化转型。随着新一轮科技革命的发展，国际贸易和全球产业布局逐步突破时间、空间的制约，呈现出智能化、网络化、数字化的新特征。从货物贸易视角看，数字技术改变了传统货物贸易的结构，提高了信息技术产品、时间敏感型商品（Time‐sensitive Goods）、认证密集型商品（Certification‐intensive Goods）、合同密集型商品（Contract‐intensive Goods）的比重，同时降低了可数字化有形商品在国际贸易中的比重。从服务贸易视角看，数字技术带动了电信服务、计算机和信息服务、其他商业服务和金融服务等"可数字化服务"的快速发展，创造了新型服务贸易的交付模式（如在线课堂等教育服务的线上交付模式），同时催生出大数据分析、网络安全解决方案、远程量子计算服务等创新型信息服务产业。

从国际层面看，数据跨境流动制度全球博弈明显加强。美日欧推行有利于自身发展的治理规则并扩大"朋友圈"。例如，2019年，美国和日本签订《美日数字贸易协定》，允许包括个人信息在内的数据和信息进行跨境传输，开展相关业务。又如，2019年，欧盟和日本签订《欧盟—日本经济伙伴关

---

[1] World Trade Organization (WTO): *World Trade Report* 2018 *The Future of World Trade How Digital Technologies are Transforming Global Commerce*. Geneva WTO, 2018.

系协定》，日本承诺将对从欧盟转移的数据实施额外的保障措施，以确保从欧盟转移的数据享有符合欧洲标准的保护保障，同时欧盟通过对日本的"充分性决定"（Adequacy Decision），允许个人数据在欧盟和日本之间自由流动①。

从国内环境来看，构建数据跨境安全有序流动制度符合中国制度型开放的要求。2022年1月1日，《区域全面经济伙伴关系协定》（RCEP）正式生效。中国首次在贸易协定中纳入"通过电子手段跨境转移信息""计算设施的位置"，规定"不得阻止涵盖的人为进行商业行为而通过电子方式跨境传输信息"，同时"不得将要求涵盖的人使用该缔约方领土内的计算设施或者将设施置于该缔约方领土之内，作为在该缔约方领土内进行商业行为的条件"。但是，与CPTPP等高标准跨境数据流动规则相比，RCEP仍存在以下不足：一是未明确规定个人信息传输的具体规定；二是中国数据跨境安全有序流动规则的安全评估标准及要求暂时缺位；三是我国跨境数据流动规则和计算设施的位置规则中的"合法公共政策例外"条款和"安全例外"条款与国际高标准规则相比更为严苛。因此，中国有必要对RCEP协定中首次纳入的条款先行先试，同时追踪学习RCEP协定中尚未纳入的条款，并对其进行压力测试，加快形成中国与高标准国际贸易规则接轨、兼容的监管制度。此外，加快构建数据跨境安全有序流动制度，将进一步推动数字经济和实体经济的深度融合，有利于以信息流带动技术流、资金流、物资流自由流转，畅通国内大循环，提升我国产业链稳定性和竞争力，实现全产业链质量变革、效率变革、动力变革，助力经济高质量发展。

---

① "充分性决定"是《欧盟—日本经济伙伴关系协定》的重要补充，形成了"全球最大的安全数据流动区域"。

表1 CPTPP、USMCA、DEPA、RCEP协定与数据流动相关条款

条款	具体内容	CPTPP	USMCA	DEPA	RCEP
通过电子方式跨境传输信息	允许缔约方有各自监管要求	◎	×	◎	◎
	允许个人信息的跨境传输	◎	◎	◎	◎
	允许有合法公共政策目标例外	◎	◎	◎	◎
	合法公共政策目标例外是否仅限于必要的措施	◎	◎	◎	○
	允许安全例外	×	×	×	◎
计算设施的位置	允许缔约方有各自监管要求	◎	×	◎	◎
	不得将计算设施置于领土内作为经营的条件	◎	◎	◎	◎
	允许有合法公共政策目标例外	◎	×	◎	◎
	合法公共政策目标例外仅限于必要的措施	◎	×	◎	○
	允许安全例外	×	×	×	◎
网络安全	能力建设	◎	●	◎	●
	利用现有合作机制展开合作	◎	◎	◎	◎
	鼓励采用已具有广泛共识的标准和风险管理最佳实践来识别网络安全风险	×	◎	×	×
	与网络安全相关的人才培养（包括相互承认资格、多样性和平等性等）	×	×	◎	×

注：○表示对应协定的该条款更为松散；◎表示对应协定的该条款约束程度持平；●表示对应协定的该条款更为严格；×表示对应协定不含有该条款。

从海南发展定位来看，构建数据跨境安全有序流动制度符合海南的战略定位。分步骤、分阶段建立海南自由贸易港政策和制度体系是中国改革开放的重大举措，是基于国内国际两个大局做出的战略决策。对于海南自由贸易港建设来说，紧紧围绕国家赋予海南建设全面深化改革开放试验区、国家重大战略服务保障区的战略定位，依托新一轮科技革命和产业数字化的重要契机，充分发挥海南背靠超大规模国内市场和腹地的经济优势，加快培育海南数字产业，在数据跨境安全有序流动领域形成制度突破，将形成具有海南特色的国际竞争新优势。

（二）海南跨境数据安全有序流动制度的建设任务和目标

《海南自由贸易港建设总体方案》（以下简称《总体方案》）在制度设计中明确指出要促进"数据安全有序流动"，在确保数据安全可控的前提下，扩大数据领域开放，创新安全制度设计，实现数据充分汇聚，培育发展数字经济；发展"现代产业体系"，大力发展现代服务业和高新技术产业，不断夯实实体经济基础，增强产业竞争力；完善"社会治理"，着力推进政府机构改革和政府职能转变，鼓励区块链等技术集成应用于治理体系和治理能力现代化，构建系统完备、科学规范、运行有效的自由贸易港治理体系；健全"风险防控体系"，制定实施有效措施，有针对性防范化解数据流动领域重大风险。

根据《总体方案》，构建海南自由贸易港数据跨境安全有序流动制度具体包括以下制度设计（见表2）。其中，2025年前重点任务包括：在国家数据跨境传输安全管理制度框架下，开展数据跨境传输安全管理试点，探索形成既能便利数据流动又能保障安全的机制。2035年前重点任务包括：创新数据出境安全的制度设计，探索更加便利的个人信息安全出境评估办法。开展个人信息入境制度性对接，探索加入区域性国际数据跨境安全有序流动制度安排，提升数据传输便利性。积极参与跨境数据流动国际规则制定，建立数据确权、数据交易、数据安全和区块链金融的标准和规则。

表2 海南自由贸易港数据跨境安全有序流动制度设计

	条款	具体内容
数据安全有序流动	扩大通信资源和业务开放	开放增值电信业务,逐步取消外资股比等限制
		允许实体注册、服务设施在海南自由贸易港内的企业,面向自由贸易港全域及国际开展在线数据处理与交易处理等业务
		在安全可控的前提下逐步面向全国开展业务
		安全有序开放基础电信业务
		开展国际互联网数据交互试点
		建设国际海底光缆及登陆点
		设立国际通信出入口局

续表

	条款	具体内容
现代产业体系	高新技术产业	聚焦平台载体,提升产业能级,以物联网、人工智能、区块链、数字贸易等为重点发展信息产业
		围绕生态环保、生物医药、新能源汽车、智能汽车等壮大先进制造业
社会治理	推动政府职能转变	对新兴业态实行包容审慎监管
		充分发挥"互联网+"、大数据、区块链等现代信息技术作用,通过政务服务等平台建设规范政府服务标准、实现政务流程再造和政务服务"一网通办",加强数据有序共享,提升政府服务和治理水平
风险防控体系	网络安全和数据安全风险防范	深入贯彻实施网络安全等级保护制度
		重点保障关键信息基础设施和数据安全
		健全网络安全保障体系
		提升海南自由贸易港建设相关的网络安全保障能力和水平
		建立健全数据出境安全管理制度体系
		健全数据流动风险管控措施

资料来源:作者根据《海南自由贸易港建设总体方案》整理得到。

二 海南自由贸易港数据跨境安全有序流动的建设进展和主要成效

根据《总体方案》促进数据"安全有序流动"的要求,近年来海南自由贸易港着力推动电信业务开放、提升产业能级、夯实基础设施建设、积极探索数据安全试点、健全法律法规制度、完善监管体系,试图在数据跨境安全有序流动领域形成一套可复制可推广,既能便利数据流动又能保障数据安全的先行先试经验。

(一)电信业务市场准入得到扩大

根据《海南自由贸易港外商投资准入特别管理措施(负面清单)(2020年版)》规定,增值电信业务除在线数据处理与交易处理外,按照《自由贸易试验区外商投资准入特别管理措施(负面清单)》执行,即限于中国入世承诺开放的电信业务，增值电信业务的外资股比不超过50%（电子商务、国内多方通信、存储转发类、呼叫中心除外）；允许实体注册、服务设施在海南自由贸易港内的企业，面向自由贸易港全域及国际开展互联网数据中心、内容分发网络等业务。对于增值电信业务中的在线数据处理与交易处理来说，《总体方案》将允许实体注册、服务设施在海南自由贸易港内的企业，面向自由贸易港全域及国际开展在线数据处理与交易处理等业务，并在安全可控的前提下逐步面向全国开展业务。此外，在基础电信领域，将安全有序开放基础电信业务。

如表3所示，与中国入世承诺、《内地与香港（澳门）关于建立更紧密经贸关系的安排》（CEPA）、上海自贸试验区的电信服务业开放相比，海南自由贸易港目前的开放程度最高。海南自由贸易港在增值电信业务领域的开放是吸引外资企业的核心优势之一。目前，在海南11个重点园区内，已基本实现无须连接虚拟专用网络（Virtual Private Network），即可直接访问国际业务。

表3　海南自由贸易港与WTO承诺、CEPA及上海自贸试验区电信服务业开放比较

业务种类	WTO（境外投资者）是否开放	WTO 外资股权比例	CEPA（香港、澳门）是否开放	CEPA 外资股权比例	上海自贸试验区 是否开放	上海自贸试验区 外资股权比例	海南自由贸易港 是否开放	海南自由贸易港 外资股权比例
B11. 互联网数据中心业务 IDC	否	—	是	≤50%	否	—	是	≤100%
B12. 内容分发网络业务 CDN	否	—	是	≤50%	否	—	是	≤100%
B13. 国内互联网虚拟专用网业务 IP-VPN	否	—	是	≤50%	是	≤50%	是	50%
B14. 互联网接入服务业务 ISP	否	—	是	为上网用户提供 ISP ≤100%，其余≤50%	是	为上网用户提供 ISP ≤100%，其余≤50%，限定自贸区内	是	为上网用户提供 ISP ≤100%，其余≤50%，限定自贸区内

续表

业务种类	WTO(境外投资者)		CEPA(香港、澳门)		上海自贸试验区		海南自由贸易港	
B21. 在线数据处理与交易处理业务	是	经营类电子商务≤100%，其余≤50%	是	经营类电子商务≤100%，其余≤50%	是	经营类电子商务≤100%，其余≤50%	是	≤100%
B22. 国内多方通信服务业务	是	≤100%	是	≤100%	是	≤100%	是	≤100%
B23. 存储转发类业务	是	≤100%	是	≤100%	是	≤100%	是	≤100%
B24-1. 国内呼叫中心业务	是	≤100%	是	≤100%	是	≤100%	是	≤100%
B24-2. 离岸呼叫中心业务	是	≤100%	是	≤100%	是	≤100%	是	≤100%
B25. 信息服务业务	是	≤50%	是	应用商店≤100%，其余≤50%	是	应用商店≤100%，其余≤50%	是	≤50%
B26-1. 编码和规程转换	是	≤50%	是	≤50%	是	≤50%	是	≤50%

资料来源：作者自制。

（二）工业领域数据出境安全管理试点得以获批

2022年3月，全国15个省、自治区和直辖市获批工业领域数据安全管理试点。海南省中国石化海南炼油化工有限公司、中石油海南福山油田勘探开发有限责任公司、海洋石油富岛有限公司、双成药业股份有限公司、澳斯卡国际粮油有限公司、金盘智能科技股份有限公司、椰云网络科技有限公司、海南国际数据交易服务平台8家企业将参加工业领域数据安全管理试点，主要包括数据安全管理、数据安全防护、数据安全评估3项必选内容和安全产品应用推广、数据出境安全管理2项可选内容。其中，"数据出境安全管理"目前仅在海南、浙江两地开展试点。

目前，工信部已发布《工业和信息化领域数据安全管理办法（试行）

(公开征求意见稿)》[1]和《工业数据分类分级指南(试行)》[2],明确规定数据分类、分级标准,要求对重要数据和核心数据目录向地方工业和信息化主管部门(工业领域)或通信管理局(电信领域)或无线电管理领域(无线电领域)备案。此外,工业和信息化领域的数据处理者应当根据传输的数据类型、级别和应用场景,制定安全策略并采取保护措施。传输重要数据和核心数据的,应当采取校验技术、密码技术、安全传输通道或者安全传输协议等措施。

(三)数字产业主体日益丰富

随着社会资本和政府政策的注入,海南省数字企业市场主体数量不断增加。2020年,全省新增互联网企业1.5万家,同比增长64%,总数超3.6万家。[3] 海南省产业园区集聚效应加速显著,成为全省互联网产业发展的重要载体。

具体来看,海口复兴城产业园区是海南自由贸易港11个先行先试重点园区之一,发展重点为智能物联、数字贸易、金融科技、国际离岸创新。依托小米、紫光等龙头企业带动,海口复兴城产业园区已集聚70多家物联网企业。

海南生态软件园的发展重点为数字文体、数字健康、数字金融等。《海南自由贸易港建设总体方案》宣布后两年内,入园企业数量约是过去10年之和,截至2021年5月底,海南生态软件园入园企业数已达到9606家[4],腾讯、百度等龙头企业相继落户生态软件园。此外,海南生态软件园被授牌

---

[1] 工业和信息化部:《工业和信息化领域数据安全管理办法(试行)(公开征求意见稿)》,工业和信息化部官网,http://www.gov.cn/hudong/2022-02/13/5673340/files/895420e2bf564609812ac305213a290e.pdf,2022年2月13日。

[2] 工业和信息化部:《工业和信息化部办公厅关于印发〈工业数据分类分级指南(试行)〉的通知》,(工信厅信发〔2020〕6号),2020年02月27日。

[3] 三亚市投资促进局:《海南重点产业之数字经济篇》,三亚市投资促进局官网,http://syipb.sanya.gov.cn/article/5261?page=4,2021年7月14日。

[4] 三亚市投资促进局:《海南重点产业之数字经济篇》,三亚市投资促进局官网,http://syipb.sanya.gov.cn/article/5261?page=4,2021年7月14日。

为全国首个区块链试验区，引入100多家区块链企业。

此外，三亚互联网信息产业园的发展重点为游戏开发、新媒体开发、"互联网+"、研发服务等；陵水清水湾国际信息产业园的发展重点为移动互联、云端物联、数字创意、服务外包等。

从产业布局来看，游戏产业数据、医疗产业数据、旅游产业数据、教育产业数据跨境传输和流动需求较大。此外，2017年，由海南数据谷发起的海南省大数据产业联盟正式成立，该联盟是海南省大数据产业建设的重要支点，将不断推动海南大数据产业与实体经济的深度融合。目前，已有超过200家企业加入，包括科大讯飞、海航科技、华为、国脉集团、浪潮、百分点、浙江大数据交易中心等知名企业、机构。

从企业类型来看，内资企业数据跨境安全有序流动需求强于外资企业，一批国内高科技企业融入海南数据跨境安全有序流动建设中。例如，阿里巴巴参与了海南省计算平台、数据资源平台、安全平台建设，主要从事数据处理与存储、大数据挖掘分析和数据交易交换等相关业务，提升了数据管理承载能力和运营效率。字节跳动在海南落地了视频制作业务，建立了培训基地，促进了抖音电商等业务的开展。

（四）数字基础设施建设稳步推进

国际海底光缆基础网络设施加速建设。2021年6月，中国移动海南（文昌）—香港春坎角海底光缆系统完成设备调试并成功开通，是海南第一条承载国际业务的海底光缆，长度650千米，规划业务总容量900G，成功实现海南国际海缆"零"的突破。同时，面向亚太区域、21世纪海上丝绸之路沿线海底光缆工程启动规划，对应的海底光缆登陆站勘察和选址工作在有序推进中。

国际互联网数据专用通道正式开通。2021年4月12日，海南自由贸易港国际互联网数据专用通道正式开通。该专用通道为全国首个按省域申报建设的专用通道，服务覆盖洋浦经济开发区、博鳌乐城国际医疗旅游先行区、海南生态软件园、三亚崖州湾科技城、海口国家高新技术产业开发区、海口复兴城互联网信息产业园、海口江东新区、海口综合保税区、三亚互联网信息产业园9个产业园区，以园区企业为服务对象、旨在提升企业国际互联网访问体验的一类信息通信基础设施。园区内企业可实现就近接入，充分利用基础电信企业的优质网络资源，快速直达国家级国际互联网出入口，有效降低时延、丢包率等网络性能指标。根据中国信息通信研究院测试，专用通道的全球网络平均时延和平均丢包率较非专用通道分别降低12.84%和89.54%，可为网页访问等常用国际互联网业务提供更优质的用户体验。特别是专用通道至东南亚方向的平均时延降低44%；至中国香港、中国台湾、东南亚、大洋洲、南美洲方向的平均丢包率低于0.5%，主要性能指标与韩国、日本、新加坡等发达国家相当。[①]

获批区域性国际通信业务出入口局。2020年年底，工业和信息化部批准设置由中国移动通信集团申报的海口区域性国际通信业务出入口局。海口区域性国际通信业务出入口局的批准实现了国内运营商和境外运营商通信网络之间在语音和专线、增值电信业务和互联网业务上的互联互通和数据交换。海口区域性国际通信业务出入口局建成后，将明显改善中国移动国际传输网络布局，有利于疏导内地与港澳、我国与"一带一路"沿线主要国家和地区的国际数据专线业务。在海南设立国际通信出入口局是《总体方案》中明确的任务之一，也是落实工业和信息化部《支持海南建设自由贸易试验区和中国特色自由贸易港的实施方案》的重要举措，是工业和信息化部正式批复同意建设海南自由贸易港国际互联网数据专用通道后的又一突破。

国际（离岸）数据中心建设稳步推进。国际（离岸）数据中心利用相应的机房设施，通过专用国际通信通道经国际出入口与国际网络直接连接。在海南自由贸易港2021年（第一批）重点项目集中签约活动上，国际数据中心项目为签约重点项目之一。中国电信海南国际数据中心建设，将发挥与

---

① 《海南自贸港国际互联网数据专用通道正式开通》，新华网，http：//www.xinhuanet.com/2021-04/12/c_1127320867.htm，2021年4月12日。

中国香港、新加坡相比的低成本优势，同时借鉴中国香港、新加坡等地建设国际（离岸）数据中心的经验和模式，加快推动国际IDC业务落地海南国际数据中心，改变国际IDC业务竞争格局。吸引境外企业、跨国企业落地以及助推云计算、人工智能、5G、大数据等产业发展①。

（五）法律法规制度体系逐步健全

数据正在成为重组全球要素资源、重塑全球经济结构、改变全球竞争格局的关键力量。近年来，一系列与数据流量和数据安全相关的法律法规陆续发布。

从国家层面看，2016年11月，第十二届全国人民代表大会通过《网络安全法》；2021年6月和8月，第十三届全国人民代表大会分别通过《数据安全法》和《个人信息保护法》，上述三部法律构成了中国互联网及数据安全监管的基础性"法律堡垒"。除此以外，中央层面出台的《数据出境安全评估办法》对上述法律进行落实。

从地方层面看，海南省出台了一些与数据相关的地方性法规，包括《海南省大数据开发应用条例》《海南省信息化条例》《海南省电信设施建设与保护条例》等，初步确立了数据开发、数据共享、数据应用、数据安全、数据保护、产业促进的标准和行政管理框架，以及电信基础设施的建设、安全、维护等的行政法规框架。在此基础上，海南建立了较为健全的数据出口安全管理制度，《海南省大数据管理局管理暂行办法》《海南省公共数据产品开发利用暂行管理办法》《海南省公共信息资源安全使用管理办法》创新了大数据管理体制机制，明确了公共信息资源和公共数据产品的提供、使用、开发、监督和风险管理制度。

此外，海南省人民政府拟于2022年提请省人大常委会审议《海南自由贸易港网络与数据安全条例》，研究起草《海南自由贸易港数字经济促进条例》等地方法规。

---

① 《智慧海南总体方案（2020-2025年）》，海南自由贸易港官网，http://www.hainan.gov.cn/hainan/zhlm/202008/c41d5dfcf80b4d6b9f4afec777f8e76a.shtml，2020年8月14日。

（六）行政监管体系不断完善

根据《中华人民共和国数据安全法》的规定，由中央国家安全领导机构负责国家数据安全工作的决策和议事协调，研究制定、指导实施国家数据安全战略和有关重大方针政策，统筹协调国家数据安全的重大事项和重要工作，建立国家数据安全工作协调机制。国家网信部门负责统筹协调网络数据安全和相关监管工作。工业、电信、交通、金融、自然资源、卫生健康、教育、科技等主管部门承担本行业、本领域数据安全监管职责。

从省级和地级市层面，海南省已建立网信部门牵头，工信部门、网安中心、央企通信企业分工负责、参与协同的机制。此外，2019年5月，海南成立全国首个以法定机构形式设立的省级大数据管理局，由海南省人民政府直接管理，承担海南省大数据建设、管理和服务等职责。

三　主要问题和下一步推进思路

探索建立数据跨境安全有序流动制度，海南自由贸易港既有其特有的区位、政策、制度优势，同时也面临着来自国内外政策、制度、发展基础、产业环境等多重挑战。

（一）海南的优势

1. 区位优势更明显

海南是中国唯一的省级经济特区，也是中国最大的经济特区，全岛建设自由贸易试验区，探索建设自由贸易港。从对外联系方面看，海南省与菲律宾、印度尼西亚、马来西亚、新加坡、泰国、越南、澳大利亚等国隔海相望，是中国连接东盟和大洋洲的战略枢纽，是海上丝绸之路上的关键节点，具备利用国内国际两个市场、两种资源的巨大优势。

2. 税收政策更优惠

《海南自由贸易港鼓励类产业目录（2020年本）》[①] 将创业投资纳入鼓励类产业目录，新增鼓励类产业包括信息传输、软件和信息技术服务业中的5G和6G技术开发及商业化应用；高端通用处理器、存储器和操作系统、数据库等基础软硬件研发及应用；软硬件产品测试验证工具研发和应用；互联网信息服务；互联网平台；电子商务（含跨境电子商务）；工业软件；开源软件社区；量子信息技术开发及应用；车联网及自动驾驶技术研发及测试、应用；北斗卫星导航应用；电子竞技线上服务平台建设；生物芯片及相关数据获取、处理设备的开发和制造；网络和数据安全技术产品研发及应用、网络和数据安全服务；数据资产确权、登记和交易技术及方法应用；动漫及游戏制作、发行、交易、衍生品开发。凡是符合条件的上述创业投资企业可减按15%税率征收企业所得税。

此外，《海南自由贸易港创业投资工作指引（2021年版）》[②] 进一步明确了对海南创业投资企业的税收优惠政策，具体包括：一是对于在海南自由贸易港设立并满足条件的创业投资企业，可以按投资于中小高新技术企业、初创科技型企业投资额的70%抵扣应纳税所得额；二是对于在海南自由贸易港设立并满足条件的创业投资企业，可以享受海南自由贸易港鼓励类企业减按15%征收企业所得税优惠；三是针对符合条件的创业投资从业人员，对来源于海南自由贸易港的综合所得、经营所得以及经海南省认定的人才补贴性所得可享受个人所得税实际税负超过15%部分予以免征的优惠政策。

3. 政策支持更全面

海南自由贸易港作为实施全面深化改革和试验最高水平开放政策的试验

[①] 国家发展改革委、财政部、税务总局：《关于印发〈海南自由贸易港鼓励类产业目录（2020年本）的通知〉》（发改地区规〔2021〕120号），2021年1月27日。

[②] 海南省发展和改革委员会：《海南自由贸易港创业投资工作指引（2021年版）》，海南省人民政府官网，https://www.hainan.gov.cn/hainan/zmghnwj/202109/b02c0c2bef8d4384ab4bc3630ef2b942/files/6919e9e9597f4e0690e1754bcd9ed0d2.pdf，2021年9月。

田，具有更大的改革自主权，全方位、大力度推进制度创新。例如，《中华人民共和国海南自由贸易港法》从法律层面明确规定海南自由贸易港将依法建立安全有序自由便利的数据流动管理制度，依法保护个人、组织与数据有关的权益，有序扩大通信资源和业务开放，扩大数据领域开放，促进以数据为关键要素的数字经济发展。国家支持海南自由贸易港探索实施区域性国际数据跨境安全有序流动制度安排。《海南自由贸易港建设总体方案》在宏观上提出在确保数据流动安全可控的前提下，扩大数据领域开放，创新安全制度设计，实现数据充分汇聚，培育发展数字经济。同时，制定实施有效措施，有针对性防范化解数据流动领域的重大风险。《海南自由贸易港制度集成创新行动方案（2020—2022年）》提出在确保数据流动安全可控的前提下，围绕"智慧海南"建设，扩大增值电信业务、数据跨境传输等领域开放，创新数据跨境传输安全管理制度，提升数据传输便利性，实现数据充分汇聚，培育发展数字经济。《智慧海南总体方案（2020—2025年）》明确将重点建设国际信息通信开放试验区，布局5G和物联网等新型基础设施建设工程，提升国际信息通信服务能力。

除此以外，《海南自由贸易港外商投资准入特别管理措施（负面清单）（2020年版）》《海南省大数据开发应用条例》《海南省信息基础设施建设"十四五"规划》[①]分别对市场准入、数字产业、基础设施建设等方面做出详细规定。

（二）现存问题和推进思路

1. 尚未出台针对数据跨境安全有序流动的监管规则

目前中国数据跨境安全有序流动规则尚且处于起步阶段。在国际谈判中，中国主张的数字贸易谈判以促进数字订购型货物贸易为核心诉求，主要体现在电子商务便利化、无纸化贸易、数字签名等，这与美国主导的"数

---

① 海南省工业和信息化厅：《海南省工业和信息化厅关于印发〈海南省信息基础设施建设"十四五"规划〉的通知》（琼工信通〔2021〕214号），2021年12月6日。

据跨境自由流动"和欧盟倡议的"以保障安全为前提的跨境数据流动"有较大差距。在2020年11月达成的RCEP，虽然对"通过电子手段的跨境信息转移""计算设施的位置"做出实质性规定，但是仍然设置了较为模糊的安全例外条款。

与数据跨境安全有序流动相关的规则属于国家事权，《网络安全法》《数据安全法》《个人信息保护法》构成了中国数据流动和数据安全的基本法。《数据出境安全评估办法》是对上述三部法律的具体落实，规定重要数据和个人信息在出境前必须经国家网信部门的安全评估。《数据安全法》规定各行业主管部门负责制定本行业、部门的数据分类分级标准和目录，承担本行业、本领域数据安全监管职责。然而，目前仅工信部发布了《工业数据分类分级指南（试行）》及配套的数据安全管理办法。在缺少制度保障的情况下，海南数据跨境安全有序流动难以合法、合规地真正实现跨国流动。因此，进一步完善数据跨境安全有序流动规则是海南自由贸易港数字经济创新发展的首要条件。

建议海南自由贸易港从以下方面着手探索制定数据跨境安全有序流动监管规则。

第一，率先探索工业领域的数据出境安全管理。建议根据《工业和信息化领域数据安全管理办法（试行）》对一般数据、重要数据和核心数据进行分类分级管理。对于一般数据，适用相应宽松的跨境数据流动管理方案，实现有限度的信息和数据跨境流动。对于重要数据和核心数据，试点企业对其重要数据和核心数据目录向海南省工业和信息化厅备案，备案内容应包括数据类别、级别、规模、处理目的和方式、使用范围、责任主体、对外共享、跨境传输、安全保护措施等基本情况，由海南省工信厅对其备案内容进行审核。对于要求境内存储的数据，应当在境内存储，确需向境外提供的，需事先进行数据出境安全评估。当提供重要数据和核心数据时，需对数据获取方数据安全保护能力进行评估或核实，采取必要的安全保护措施；当传输重要数据和核心数据时，应采取校验技术、密码技术、安全传输通道或者签订安全传输协议等措施。

第二，加快相关法律法规的落实。《网络安全法》《数据安全法》《个人信息保护法》三部法律构成了中国互联网及数据安全监管的基础性"法律堡垒"。同时，《海南自由贸易港法》为海南自由贸易港建设提供"基本法"和"框架法"，明确了海南自由贸易港将依法建立安全有序的数据流动管理制度。作为一部"框架法"，《海南自由贸易港法》的落地实施需建立地方性法规进行配套，地方性法规需特别考虑《海南自由贸易港法》与《网络安全法》《数据安全法》《个人信息保护法》的配合与衔接。

第三，积极对接国际数据跨境安全有序流动规则。一方面，海南可考虑选择医疗卫生、教育数据作为试点场景，搭建满足监管与业务需求的数据安全流通平台，探索在医疗卫生、教育领域的数据跨境共享机制。同时，海南需主动加强对美欧等国数据跨境安全有序流动相关规则的追踪学习，借助博鳌论坛等多边、双边对话机制，积极提出中国数据跨境安全有序流动治理规则的"最佳实践准则"，建立数据跨境安全有序流动规则的中国方案。另一方面，支持海南自由贸易港互联网企业建立适应不同国家的合规机制。海南省政府可考虑成立专门的数据流动政策研究室，推动制定《海南自由贸易港跨境数据流动条例》，加强对各国个人数据保护、隐私条款等数据跨境安全有序流动相关规则的研究，同时协助企业成立专门的数据安全合规团队，认真研究各个国家和地区有关个人数据保护和流动的政策法规，制定相对应的数据策略与用户隐私保护机制，积极寻求多样化的数据合规渠道。

2. 数字产业能级相对薄弱

目前，海南省数字贸易已具备一定规模，2021年全年实现进出口总额146.9亿元，同比增长1.18倍，占服务贸易总额的比重达到51.05%，对全省服务贸易增长贡献率达到77.45%[①]。然而，海南省数字产业结构尚不完

---

① 《2021年海南货物进出口1476.8亿元 同比增长57.7%》，南海网，http://www.hinews.cn/news/system/2022/05/17/032758356.shtml，2022年5月17日。

备，区块链、人工智能等产业仍处于起步培育阶段；高能级跨国数字企业尚且缺位，全球具有影响力的数字贸易平台区域总部主要落户北京、深圳、杭州等地，海南相对缺乏。例如，亚马逊和微软云计算国内合作方均落户北京；海南独有的营商环境与制度优势尚未形成，受限于当前数据跨境安全有序流动政策，跨国公司只能将数据跨境相关业务设立在新加坡等亚太其他城市；本地数字企业规模和集聚效应尚未出现，2021年中国互联网综合实力前50强企业，海南仅占1席（海南元游信息技术有限公司，排名第37），数量上远远落后于北京（21席）、广东省（11席）、上海（8席），中国互联网成长型前20家企业中，海南仅占1席（海南自贸区椰云网络科技有限公司），并且规模上远落后于杭州和深圳。[①]

建议海南自由贸易港从以下方面着手提升数字产业能级。

第一，明确发展重点产业。建议依托海南自由贸易港独特政策优势，以及现有发展基础，明确发展重点产业。具体来看，可依托自由贸易港离岛免税、离境退税的优惠政策，叠加洋浦船籍港特殊制度，大力发展跨境电商业务；利用超大容量海底信息传输光缆等数字基础设施优势，依托澄迈生态软件园，为游戏出海云服务分摊基础设施成本，提供技术赋能，打造电竞游戏赛事IP，提前布局自由贸易港电竞游戏产业生态链；作为全国唯一允许实体注册、服务设施在海南自由贸易港内的企业，面向自由贸易港全域及国际开展互联网数据中心，同时已初步搭建了较为完备的数据流动基础设施，海南自由贸易港是中国发展离岸数据中心的前沿高地，可率先在东南亚等区域拓展数据中心业务；海南自由贸易港持续深化开放增值电信业务，逐步取消外资股比限制反映了国家以自贸区为先导逐步放宽增值电信业务市场准入门槛的政策趋势，对从事云服务的外资企业具有巨大吸引力。

第二，加快培育本土数字贸易主体。建议加大对云计算、数据中心、电

---

① 中国互联网协会：《中国互联网企业综合实力指数（2021年）》，中国互联网协会官网，https://web.ict.edu.cn/uploadfile/2021/1206/20211206984410.pdf，2021年11月。

竞游戏、跨境电商等重点行业数字企业的政策引导和支持力度，从人才、融资、税收、研发等方面给予综合支持。具体可包括：畅通市场主体的准入通道，开通线上"一体化服务平台"和线下"一站式办理窗口"，逐步破除企业准入的各类不合理限制和隐性壁垒；构建独角兽企业发现机制，制定独角兽企业遴选发现指标体系，形成独角兽企业评价委员会，针对具有核心技术、成长潜力的数字企业建立独角兽企业培育库；加大金融机构对数字企业的支持力度，持续优化企业融资环境，保障企业流动性；持续推动企业减税降费，考虑针对重点帮扶的中小微企业制定阶段性、规模性、精准性减税政策，缓解市场主体燃眉之急；为本土数字服务企业出口业务提供合规咨询服务，助力本土企业了解美欧日等国数据流动、个人信息和隐私保护相关法律法规，做好事前合规性分析。

3. 5G建设和网络水平相对落后

2022年4月宽带发展联盟发布的《中国宽带速率状况报告》显示，2021年第四季度中国固定宽带用户和移动宽带用户平均下载速率分别为62.55Mbit/s和59.34Mbit/s，其中海南省分别为61.98Mbit/s和57.98Mbit/s，分别位列全国第17位和第16位，均低于中国平均水平。[1] 2017年第四季度，海南省固定宽带平均可用下载速率和移动宽带用户平均下载速率分别为19.16Mbit/s和17.85Mbit/s，居全国第11位和第13位[2]。与2017年相比，海南省固定宽带和移动宽带相对水平均有所下降。全球固定宽带用户平均下载速率最快的新加坡为207.61Mbit/s，亚太区域的泰国和中国香港固定

---

[1]《中国宽带速率状况报告（2021年第四季度）》，宽带发展联盟官网，http://www.chinabda.cn/Site/Default/Uploads/kindeditor/file/20220415/%E4%B8%AD%E5%9B%BD%E5%AE%BD%E5%B8%A6%E9%80%9F%E7%8E%87%E7%8A%B6%E5%86%B5%E6%8A%A5%E5%91%8A_%E7%AC%AC26%E6%9C%9F%EF%BC%882021Q4%EF%BC%89.pdf，2022年4月15日。

[2]《中国宽带速率状况报告（2017年第四季度）》，宽带发展联盟官网，http://www.chinabda.cn/Site/Default/Uploads/kindeditor/file/20190428/%E4%B8%AD%E5%9B%BD%E5%AE%BD%E5%B8%A6%E9%80%9F%E7%8E%87%E7%8A%B6%E5%86%B5%E6%8A%A5%E5%91%8A%20%E7%AC%AC18%E6%9C%9F%EF%BC%882017Q4%EF%BC%89.pdf，2018年1月30日。

宽带用户平均下载速率分别为 189.64Mbit/s 和 181.70Mbit/s，远超海南省。从 5G 基站建设情况来看，2021 年海南全年新增开通数量突破 5000 个，但是与广东、江苏、浙江等地仍有较大差距。

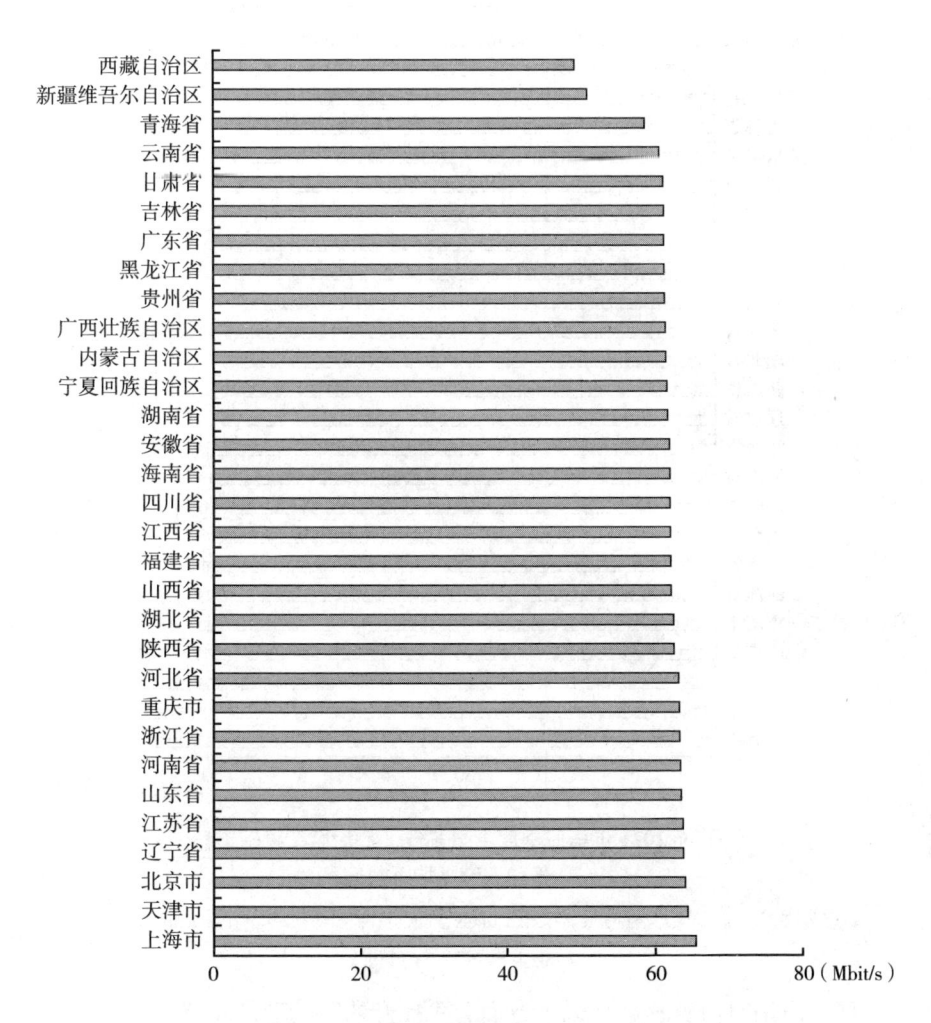

图 1　2021 年第四季度中国各省（自治区、直辖市）固定宽带平均下载速率

资料来源：Speedtest，Speedtest Global Index，https://www.speedtest.net/global-index.

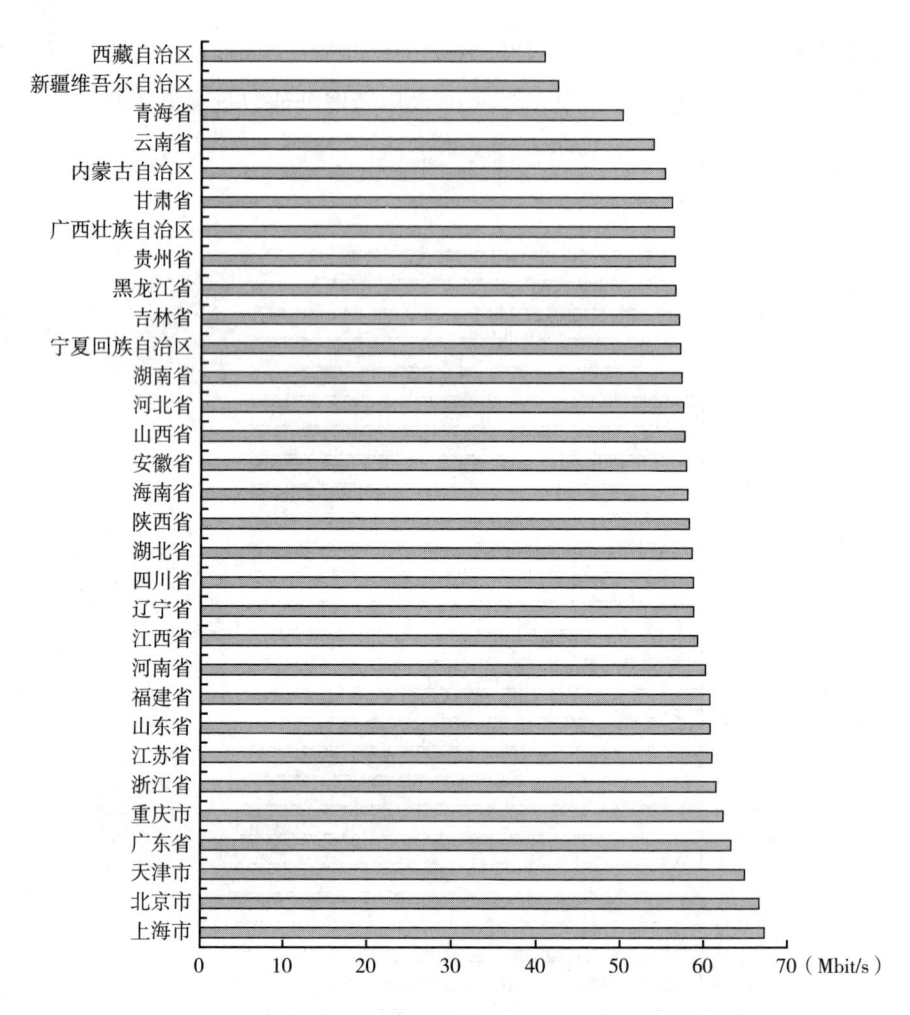

图2 2021年第四季度中国各省（自治区、直辖市）
移动宽带平均下载速率

资料来源：Speedtest，Speedtest Global Index，https：//www.speedtest.net/global-index。

建议海南自由贸易港从以下方面着手提升数字基础设施建设。

第一，加快5G、高速网络宽带等数字基础设施建设。坚持适度超前的原则和以用促建的理念，加快5G规模化部署步伐。科学利用5G网络各频段优势特点，满足不同使用场景需求，分阶段启动城市/重点乡镇、普通乡镇/农村、环岛海岸线、交通干线、山地丘陵的5G网络建设。对医疗、教育、工业互联网等重点行业和重点区域的发展需求，推广5G虚拟专网建设，积极推动虚拟专网建设模式、运营服务、技术方案的创新与成熟。另外，按照工信部"千兆城市"建设标准，全面推进各市县城区光纤宽带提质升级，重点推进对海口复兴城信息产业园、海南生态软件园等科技类重点产业园区宽带网络进行优化升级，在普遍具备提供千兆接入能力的基础上，力争到2023年按需提供万兆接入能力。

第二，构建与亚太区域重要伙伴国的专用海缆传输通道。在2021年建成的海南（文昌）—香港国际海缆的基础上，规划建设连接新加坡、马来西亚、日本、韩国等亚太经济体的专用国际海缆，有效支撑海南自由贸易港封关运作的国际通信需求。同时，结合海南自由贸易港数据跨境安全有序流动发展情况，鼓励基础电信运营商和其他社会力量，再筹划更多国际海缆，初步具备区域性国际信息通信枢纽的基础条件。

第三，推动建设全业务国际通信出入口局。建议根据海南省国际海缆建设进度，推动将海南省区域性国际通信业务出入口局升级建设为北京、上海、广州之外中国第四个全业务国际通信业务出入口局，进一步提升海南省在我国的国际通信网络地位。逐步按需开通国际语音、国际数据专线和国际互联网业务，形成我国连通21世纪海上丝绸之路沿线国家的国际通信重要战略支点，促进国际互联网数据中心业务创新发展，保障数据跨境安全有序流动安全高效。

第四，布局绿色数据中心建设。充分利用海南岛的丰富海洋资源，按照国家关于数据中心电源使用效率（PUE）的标准要求，采用绿色节能的先进技术合理规划建设本地数据中心。积极研究液化天然气（LNG）、海水液冷等新技术，降低运营成本，推进绿色数据中心建设。

4. 数字产业人才存在较大缺口

高质量数字人才是数据产业发展的基础。数据产业的发展不仅涉及计算机的硬件和软件，而且涉及算法、人工智能、通信和信号处理，所需的高端专业人才不仅包括程序员和数据库工程师，同时也需要天体物理学家、生态学家、数学和统计学家、社会网络学家和社会行为心理学家等多个学科的人才。在推进海南自由贸易港数字产业发展的过程中，如果人才匮乏问题无法得到解决,将会成为自由贸易港数字产业发展的一个巨大短板。然而,与北京、上海、杭州等地相比,海南省高校和科研院所相对较少,基础性研究成果相对不足。尚未形成产学研集聚效应,各类创新创业孵化平台建设不足,企业创新意识普遍不强,研究成果的产业化程度较低。在对人工智能、区块链、大数据等高端人才引进的支持力度上,与深圳、杭州等地相比存在较大差距。

海南数字人才集聚效应的形成,需要人才管理部门、科研院所、产业发展部门、企业等多部门协同努力,建议海南自由贸易港坚持数字人才引进和数字人才培养并重,加快构建人才梯队。

人才引进。建议构建各类科技人才数据库,搭建科技人才信息交流平台,完善高级专业技术人才体系建设。同时,加大对国内外数字专业技术人才的支持力度,从研发环境保障、专项资金支持、住房安置、配偶就业、子女教育、就医保障等方面提供全方位、机制化的支持保障。对于重点产业发展急需的各类高精尖数字人才,由企业和人才管理部门共同建立"一事一议"人才引进模式。此外,对于外籍人士和华人华侨,可充分利用海南省地理优势,探索在海南岛内为其提供医疗、保险、教育等方面的便利条件或国民待遇,开放国际化就业,吸引外籍人士和华人华侨参与海南数字产业建设。

人才培养。可借鉴瑞士、新加坡等地"高等教育和技术教育"双轨制,倡导"全员培训+终身教育"。对于发展数字产业的中低端人才,促进相关企业与本地高等院校、技术院校加强合作,根据企业实际需求,开设相关课程,定向培养企业急需的数字化人才,促进企业和高校在人才培养上实现有效衔接。除此以外,对于各类迫切需要进行数字化转型的中小微企业,可由政府相关部门提供数字技术培训途径,帮助企业提升自身的数字化改造能力。

参考文献

[1] 工业和信息化部:《工业和信息化部办公厅关于印发〈工业数据分类分级指南

（试行）〉的通知》（工信厅信发〔2020〕6号），2020年02月27日。
［2］工业和信息化部：《工业和信息化领域数据安全管理办法（试行）（公开征求意见稿）》，2022年2月13日。
［3］国家发展改革委、财政部、税务总局：《关于印发〈海南自由贸易港鼓励类产业目录（2020年本）的通知〉》（发改地区规（2021）120号），2021年1月27日。
［4］海南省发展和改革委员会：《海南自由贸易港创业投资工作指引（2021年版）》，2021年9月。
［5］海南省工业和信息化厅：《海南省工业和信息化厅关于印发〈海南省信息基础设施建设"十四五"规划〉的通知》（琼工信通〔2021〕214号），2021年12月6日。
［6］海南省开放经济咨询服务有限公司：《海南自贸港"数据安全有序流动"政策研究及对公司的建议》，2022年2月。
［7］海南自由贸易港：《智慧海南总体方案（2020—2025年）》，2020年8月14日。
［8］盛斌、高疆：《超越传统贸易：数字贸易的内涵、特征与影响》，《国外社会科学》2020年第4期。
［9］中国互联网协会：《中国互联网企业综合实力指数（2021年）》，2021年11月。
［10］World Trade Organization（WTO）. *World Trade Report 2018 The Future of World Trade How Digital Technologies are Transforming Global Commerce*. Geneva, WTO, 2018.

专题报告
Special Topic Reports

B.6
国际经贸新规则与海南自由贸易港先行先试

沈玉良*

摘　要： 本报告分析了国际经贸新规则在多边和区域层面的不同特征，指出国际经贸新规则正从以 GVC 贸易为基础的第二代规则向以数字促进贸易的第三代贸易规则演化。报告以我国参与区域贸易协定最高水平的《区域全面经济伙伴关系协定》（RCEP）为基准，分析与《海南自由贸易港建设总体方案》制度安排中的 RCEP 深化条款和超越条款，并分析了如何利用制度开放优势，使海南自由贸易港成为 RCEP 市场的枢纽区域之一。报告同时对标 CPTPP 和 DEPA 等高水平国际贸易协定，在《海南自由贸易港建设总体方案》制度安排的框架下，对于涉及的规则领域要形成基于现代产业体系的制度系统集成创新，并不断推出制度系统集成的最佳实践。

关键词： 国际经贸新规则　RCEP 深化条款　RCEP 超越条款　海南自由贸易港

---

* 沈玉良，上海社会科学院世界经济研究所研究员，主要研究方向：国际贸易理论与政策。

本研究报告在分析国际经贸规则演变趋势和现有国际经贸规则基本特征的基础上，比较海南自由贸易港自主性制度开放的领域和推进举措，提出推进高质量海南自由贸易港自主性制度开放的思路。

一 国际经贸新规则及其演变趋势

国际经贸规则是随着经济全球化推动方式的变化而变化，是不同经济体之间在要素自由化和贸易、投资和数据保护之间讨价还价的结果。

（一）国际经贸新规则

国际经贸规则是指国家（地区）之间进行国际经贸活动时应当遵守的经过各方参与者共同认可的规则，国际经贸规则大多采用贸易协定方式，国家（地区）之间之所以签署不同形式的贸易协定，是因为贸易协定会给参与方带来福利和贸易效应。

国际贸易协定从参与方形成的不同范围看，可以分为双边、区域、诸边和多边等多种形式的贸易协定，一般情况下双边、区域和诸边贸易协定被统称为区域贸易协定（Regional Trade Agreements，RTAs），多边贸易协定主要是指世界贸易组织（World Trade Organization，WTO）下形成的国际贸易规则体系。

在区域贸易协定中，按照自由化程度，从低到高依次为优惠贸易安排（Preferential Trade Arrangement，PTA）、自由贸易区协定、关税同盟、共同市场和经济同盟。而自由贸易区协定是区域经济一体化最主要的类型。

国际经贸新规则是相对WTO规则而言在RTAs中形成的领域更广、更为自由的贸易规则。WTO是独立于联合国的永久性国际组织，其规则对WTO全部或部分成员方具有约束力。主要国际贸易规则是乌拉圭回合谈判的成果，主要包括《关税与贸易总协定》（GATT）、《服务贸易总协定》（GATS）和《与贸易有关的知识产权协定》（TRIPS）三大领域的国际贸易规则。

乌拉圭回合谈判以后，WTO通过多边和诸边（WTO中部分成员参与协定的谈判和签署）两种方式达成了相关协定，采用多边方式形成的协定有关于金融服务的第二议定书和第五议定书，关于自然人流动的第三议定书和关于电信服务参考文件的第四议定书、《贸易便利化协定》和《渔业补贴协定》，并就农业出口补贴达成共识。通过诸边方式达成的协定包括《信息技术产品协定》、《信息技术产品扩围协定》以及《政府采购协定》的修订。总体而言，乌拉圭回合谈判以来，与自贸区协定相比较，WTO涉及国际经贸规则不仅范围小，而且贸易投资自由化便利化程度相对比较低。

国际经贸新规则是相对WTO国际经贸规则而言，"WTO+"条款是以现有WTO纪律和承诺为基础，并进一步消除市场准入壁垒和歧视性措施的自由化条款；"WTO-X"条款包含在WTO层面并未达成一致的纪律和承诺。Horn等学者将全部152个自贸区协定条款分为"WTO+"和"WTO-X"条款，并根据具体属性对国际经贸规则进一步分类（具体议题的分类见表1）。

表1　152个自贸区协定规则条款的属性分类

序号	条款大类	具体条款
1	关税相关"WTO+"条款	工业品关税减让、农产品关税减让、出口关税、反补贴措施、反倾销、TRIMS、TRIPS
2	非关税类"WTO+"条款	海关管理、卫生与动植物检验检疫措施、国营贸易企业、技术贸易壁垒、国家援助、政府采购、服务贸易总协定
3	GVC相关核心"WTO-X"条款	竞争政策、投资措施、资本流动、知识产权、签证和庇护（人员流动）
4	环境劳工"WTO-X"条款	环境法、劳动力市场监管
5	其他"WTO-X"条款	反腐败、消费者保护、数据保护、农业、立法趋同、视听、公民保护、创新政策、文化合作、经济政策对话、教育与培训、能源、财政援助、健康、人权、非法移民、非法药品、产业合作、信息社会、采矿、反洗钱、核安全、政治对话、公共管理、区域合作、研究与技术、中小企业、社会事务、统计、税收、恐怖主义

资料来源：作者分类参考Damuri（2012）以及Horn et al.（2010）等文献制成。

研究表明，欧盟和美国签署的自贸区协定均包含大量的"WTO+"和"WTO-X"条款，但是采取的具体策略不同，美国重视国际投资、资金流动和服务贸易等规则，欧盟在"WTO-X"条款的规定比较多，但缺乏约束性。这主要由美国和欧盟在文化价值观和跨国公司全球价值链的生产方式不同造成的，美国公司通过契约方式形成跨国公司的生产和贸易网络体系，因而离岸外包是美国公司提升国际竞争力的主要方式，这就需要形成国家间的制度合作，并约束生产目的地的国内规则，国的制度和合约环境越好、技术水平越高，一国就更可能处于产品链价值高端的环节，这些将使企业议价水平越高。国际贸易协定的条款在贸易、投资、行业标准、竞争、劳工政策、环境、知识产权方面对成员国的约束力度比 WTO 条款约束得更大更深一些，因此国际贸易协定可能会通过以下两种机制影响国家在全球价值链中的位置：一是消除贸易壁垒，有助于提高贸易和对外直接投资；二是贸易协定可以充当承诺机制，表明该国的政策透明性和可预测性。[①]

现有文献和分类基本是基于 2010 年前的自贸区协定，从目前自贸区的发展趋势看，国际经贸新规则正从以 GVC 贸易为基础的第二代规则向以数字促进贸易的第三代贸易规则演化，因而 2010 年以后的自贸区协定在国际经贸新规则演进方面出现了明显变化，其中一个显著的特征是国际经贸规则的数字化趋势。

数字规则已经成为国际经贸新规则的重要组成部分，数字规则最先是以电子商务的形式出现的，随着数字技术在国际经贸领域的不断应用，数字的商业应用已经远远超出电子商务（货物或者服务的购物概念）的概念，因而出现了数字贸易和数字经济等概念，其规则也从电子商务规则演化为数字规则（数字贸易规则或者数字经济规则）。尽管 WTO 在 1998 年成立了电子商务工作计划，但在 WTO 层面，除了每两年部长会议审议电子传输免征关税外，至今没有达成任何协定。而自贸区协定在商贸便利化、数字产品市场

[①] Pol Antras and Robert W. Staiger, "Offshoring and the Role of Trade Agreements", *American Economic Review*, 2012, 102（7）pp. 3140-3183.

准入和数据跨境自由流动、源代码保护（包括算法）和消费者权益、政府数据开放以及数字经济国际合作等领域有了很大进展。

（二）演变趋势

从国际经贸新规则的演变趋势看，WTO多边贸易体制除了对WTO机制提出改革外，在货物、服务、投资和电子商务等领域也都存在不同程度的推进（见表2）。

表2 WTO目前讨论或谈判的议题

议题类别	议题名称	谈判方式	参与成员	目前阶段
货物	塑料污染与环境可持续塑料贸易非正式对话（IDP）	诸边	72个成员	讨论重点议题：透明度和监测贸易趋势、促进最佳做法、国际合作、集体方法、政策一致性以及能力和技术援助需求
货物	贸易和环境可持续性（TESSD）	诸边	74个成员	设立与贸易有关的气候措施、环境商品和服务、循环经济和循环性及补贴问题共4个非正式工作小组
货物	化石燃料补贴改革（FFSR）	诸边	47个成员	2022年6月10日，20个参与成员共同发布了《关于化石燃料补贴的部长声明》，计划在WTO内设立一个论坛专门讨论FFSR议题
服务	服务国内规制	诸边	70个成员	正式签署"服务国内规制联合声明倡议"，就与服务贸易有关的许可要求和程序、资质要求和程序以及相关技术标准达成共识
投资	以发展为目标的投资便利化	多边	113个成员	已有113个WTO成员方参与《投资便利化联合声明》，计划将于2022年底前结束文本谈判，推动最终达成投资便利化多边协定
电子商务	电子商务	诸边	86个成员	WTO电子商务诸边谈判合并案文出台，精简并汇总了各成员方的提案议题

资料来源：作者根据世界贸易组织网址整理。

相对而言，自贸区协定中的国际经贸新规则推进速度更快，但不同自贸区协定中的国际经贸新规则存在着差异，即使是同一类型的规则，也存在着深浅差异以及不同的例外措施。

自贸区协定中货物贸易规则的演变趋势是进一步消除贸易壁垒，实现贸易自由化和便利化。具体表现为：第一，在货物的市场准入和国民待遇方面，对临时入境、维修、再制造和低值样品等供应链货物实施"零关税"。第二，在非关税壁垒约束方面，主要体现在《技术性贸易措施》（TBT）和《关于实施动植物卫生检疫措施的协议》（Agreement of Sanitary and Phyto Sanitary Measures，SPS）这两个章节中，自贸区协定的TBT/SPS章节基本涵盖了参考国际标准的使用、推进与国际标准的协调、合格评定程序相互承认、符合标准和规范的风险分析、SPS证书的等效性、建立TBT/SPS合作推进委员会等重要条款。在欧盟自贸区协定的TBT/SPS规则中引入了与欧盟标准渐进协调一致的条款①。同时，美国和欧盟在"国际标准"的理解上存在着严重的分歧，欧盟主张ISO、IEC和ITU国际组织制定的标准为排他性国际标准，美国则主张凡是符合WTO《TBT委员会国际标准决议》要求的标准均可成为国际标准。同时，在TBT章节中，对部分具体货物的非关税壁垒单独列出，并明确消除壁垒的措施。例如在CPTPP中，这些特殊产品包括葡萄酒和蒸馏酒，信息与通信技术产品、药品、化妆品和医疗设备等（见表3）。

表3 CPTPP中的非关税壁垒

领域	分领域	内容表述
技术性贸易壁垒	葡萄酒和蒸馏酒（附件8-A）	关于酒类标识、标签的规制
	信息与通信技术产品（附件8-B）	关于密码术和电磁兼容性
	药品（附件8-C）	消除多头监管下的重叠和重复的规制要求及其他与国内规制有关的约束
	化妆品（附件8-D）	消除多头监管下的重叠和重复的规制要求及其他与国内规制有关的约束
	医疗设备（附件8-E）	消除多头监管下的重叠和重复的规制要求及其他与国内规制有关的约束

---

① 例如，《欧盟—摩尔多瓦自贸区协定》中的SPS章节第181条规定：摩尔多瓦应逐步使其卫生与植物卫生及动物福利法与本协定附件二十四所列的欧盟成员国做法近似。

第三，在海关与贸易便利化章节，自贸区协定中贸易便利化条款更有深度，且对与海关有关的信息交换方面进行了更为详细的描述，并具有可操作性。在公布、咨询和信息可获得条款方面，全球约10%的区域贸易协定要求法律法规在发布之前须向潜在受影响的主体进行咨询；有近30%的协定则赋予了企业或有关主体发表意见的权利；有约27%的区域贸易协定中涉及咨询点条款。在预先裁定方面，WTO《贸易便利化协定》中关于预先裁定的范围主要是货物的税则归类、货物的原产地和海关估价等领域。有些自贸区协定中将预先裁定拓展到某些税种的适用税率，有些将预先裁定范围拓展至协定各方商定的其他领域，有些协定还规定了裁决时限和撤销条件，并进一步提出了诉讼权利和要求。在自动化或电子系统的应用方面，有些自贸区协定不仅包括电子数据处理和交换，还包括共同的数据源要素和程序开发，有些协定提出"单一窗口"系统的对接和兼容。在放行时间方面，部分自贸区协定要求放行时间不得超过为满足正常海关及相关法律法规程序所需的时间；有些协定则提出了更高的要求，要求放行时间必须在48小时内（如CPTPP）。在采用国际标准方面，近年来签署的协定中有90%提到要采用国际标准，这些国际标准通常指WCO和UN的标准（包括修订后的《京都公约》、《阿鲁沙条约》和UN/EDIFACT等）。在国际贸易"单一窗口"方面，有些自贸区协定提出成员方之间都要建立相互对接的国际贸易"单一窗口"。

在服务贸易规则领域，部分自贸区协定改变了WTO《服务贸易总协定》及其出价方式，将跨境交付、境外消费和自然人流动合并为国际服务贸易，并采用负面列表方式。第一，不符措施的基本要素和不符措施的长短。在基本要素中，部门、子部门是指该条目涉及的部门和子部门；涉及义务是指不适用于法律、法规或其他措施的不一致方面的条款；政府级别是指维持列明的不符措施的政府级别；措施是指该条目涉及的法律、法规或其他措施；描述规定了有关措施的大致的、无约束力的描述。① 从现有自贸区采用负面列

---

① 李墨丝、沈玉良：《从中美BIT谈判看自由贸易试验区负面清单管理制度的完善》，《国际贸易问题》2015年第11期，第73页。

表的方式看，不符措施数量相对比较少。第二，从不符措施所涉及的义务来看，除了传统的国民待遇外，还包括当地存在、高级管理人员和董事会、业绩要求、市场准入等多方面的不符措施，在不符措施列表中对特定行业不给予国民待遇是涉及最多的义务。第三，从自贸区所涵盖的不符措施看，基本集中在进出口贸易中的报关员限制，运输服务和电信服务中的管理人员限制等以及跨境交付方面的行业限制，即需要通过投资方式，某些不符措施暗含着国家安全方面的考虑。

在国际投资领域，国际投资协定体系包括双边投资协定和自贸区协定中的国际投资条款，据联合国贸易与发展会议（UNCTAD）统计，截至2021年2月，全球国际投资协定体系共有3331项国际投资协定，其中双边投资协定为2861项，包含投资条款的其他协定为427项。[1] 国际投资条款不仅包括国民待遇、最惠国待遇、征收、转移等实体规则以及争端解决等程序规则，而且在透明度、环境保护、劳工标准、国有企业等方面增加了新的规定。[2] 具体包括以下几方面的发展趋势。

第一，寻求可持续发展。许多国际经贸协议涵盖环境和劳工等相关条款，同时投资规则将合理环境政策、公共健康政策作为投资规则的例外，这反映了新一代投资规则试图在保护外资和维护公共利益之间寻求平衡，以在国家和双边、区域层面解决与可持续发展有关的具体问题。

第二，推进"竞争中立"核心原则。"竞争中立"强调国有企业应当和私营企业处于同样的外部环境，以保证他们在同等市场条件下公平竞争。有些国际投资规则明确界定国有企业被授予政府职权，以及禁止东道国"本国技术含量要求"和强调投资者参与国内标准制定，这都是"竞争中立"政策在范本中的具体体现。

第三，完善争端解决机制。鉴于投资者—国家争端案件的数量不断增加，"投资者—国家争端解决"（ISDS）的正当性、透明度、仲裁裁决的一

---

[1] 参见https://unctad.org/system/files/official-document/wir2022_en.pdf.
[2] Akhtar, S. I. & M. A. Weiss, U. S. "International Investment AgreementsIssues for Congress", *CRS Report for Congress*.

致性等系统性缺陷已经开始显现，关于这类机制是否有用和正当的辩论方兴未艾，在投资协定或谈判议程中纳入了这一机制的国家和地区尤其如此。

第四，在数字经济规则领域，许多自贸区协定将电子商务专章演变为数字贸易章节，并专门形成了数字经济规则协定。这些规则主要包括赋能与数字经济，重点是促进数字经济的商贸便利化措施。开放度与数字经济，主要包括以数据跨境自由流动为主的数字服务自由化和便利化措施。信任与数字经济，主要包括在线消费者权益保护、个人隐私保护和源代码保护等方面的条款。数字经济合作，包括政府数据开放、网络安全、促进人工智能等数字标准的合作、促进中小企业合作等方面的条款。

第五，在知识产权规则领域。自贸区协定针对数字技术在知识产权领域的广泛应用而增加了相应条款，但在自贸区协定中，区域贸易协定中涉及知识产权条款的措辞和范围差别很大。[1] 有些自贸区协定包括数字环境下的版权保护、世界知识产权组织网络条款以及针对互联网重复侵权的措施，还有数字商标保护、互联网域名管理、互联网服务提供商责任和政府软件等方面的条款。[2]

总体而言，自贸区协定在国际经贸新规则方面的深化不仅涉及的领域在继续拓展，而且自由化和便利化程度也在进一步提高，但不同的自贸区协定中存在着明显的异质性。

二 国际经贸新规则与海南自由贸易港制度安排

本报告以《区域全面经济伙伴关系协定》（Regional Comprehensive Economic Partnership，RCEP）为基准，根据《海南自由贸易港建设总体方案》（以下简称为《总体方案》）以及中央政府和海南省发布的法律、法规和行政规章制度，分析海南自由贸易港自主性开放与国际经贸新规则之间的关系。

---

[1] Raymundo V. and Maegan M.，"Intellectual Property Provisions In Regional Trade AgreementsRevision And Update，" 2014年6月24日，https：//www.hse.ru/data/2014/10/03/1100341707/ersd201414_e.pdf.
[2] 世界贸易组织：《世界贸易组织报告（2018）》，上海人民出版社，2018，第X页。

（一）货物贸易规则领域

本报告以《总体方案》为依据，将 RCEP 相关章节与之进行比较，比较结果见表4。RCEP+，RCEP-X 分别表示比 RCEP 更为深化的条款和超越 RCEP 条款。

表4 海南自由贸易港货物制度与 RCEP 比较

RCEP 部分章节	RCEP 部分条款	海南自由贸易港货物自由化和便利化	
		RCEP+	RCEP-X
第二章 货物贸易	第四条关税削减或取消	√	
	第十条货物的临时准入	√	√
第四章 海关程序和贸易便利化	第五条透明度	√	
	第八条装运前检验	√	
	第九条抵达前处理	√	
	第十条预裁定	√	
	第十一条货物放行		√
	第十二条信息技术的应用		√
	第十三条对经认证的经营者的贸易便利化措施	√	
	第十四条风险管理	√	
	第十七条放行时间研究	√	
第五章 卫生与植物卫生措施	第七条风险分析	√	
	第九条认证	√	
	第十条进口检查	√	

资料来源：作者根据 RCEP 本文和《海南自由贸易港建设总体方案》以及其他相关法律整理而成。

第一，在货物市场准入方面，RCEP 主要包含关税减让、供应链贸易的国民待遇和市场准入和非关税壁垒的消减。RCEP 关税减让方式比较复杂，我国在 RCEP 中的关税承诺由 7 个文件组成，包括中国关税承诺表说明、中国对东盟成员国关税承诺表、中国对澳大利亚关税承诺表、中国对日本关税承诺表、中国对韩国关税承诺表、中国对新西兰关税承诺表和附录关于第二章第六条（关税差异）第三款。在 RCEP 签署生效前，我国已经与东盟、

169

澳大利亚、韩国和新西兰分别达成双边贸易协定，因而大部分关税减让水平低于RCEP中的要求。中日之间则是第一次达成双边关税减让协定，生效后立即实行"零关税"的日本税目占总税目的57%，进口额占65%，中国税目占总税目的25%，进口额占35%。《总体方案》明确对货物贸易实行以"零关税"为基本特征的自由化便利化制度安排。因而相比RCEP关税减让条款以及中国减让承诺，海南自由贸易港在货物关税减让方面将全面实行"零关税"。

在货物的临时准入方面，RCEP第二章第十条是货物的临时准入规定，允许被运入其关税区的货物有条件的全部或部分免于支付进口关税和国内税，第十二条是无商业价值样品的免税入境，与CPTPP相比较，RCEP缺少了市场准入中维修和再制造条款，而《中华人民共和国海关对洋浦保税港区监管办法》规定，区内企业可依法开展中转、集拼、存储、加工、制造、交易、展示、研发、再制造、检测维修、分销和配送等业务，这说明海南自由贸易港在供应链贸易市场准入方面，已经形成了完整供应链贸易市场准入体系。

第二，在海关与贸易便利化方面，涉及以下多个深化RCEP的贸易便利化条款。

第八条装运前检验。国内规定对进口可用作原料的固体废物和旧机电产品适用法定的装运前检验制度：进口时，收货人应当提供出入境检验检疫机构或者相关检验机构出具的装运前检验证书。《商务部等20部门关于推进海南自由贸易港贸易自由化便利化若干措施的通知》在实施"一线放开、二线管住"的区域，试点在"一线"区域取消机电进口许可管理措施，由海南自由贸易港在安全环保的前提下自行管理，在"二线"区域按现行进口规定管理。海关对海南自由贸易港进出口商品依据风险水平采取适当的合格评定方式，提高法定检验便利性。

第九条抵达前处理。《中华人民共和国海关进出口货物申报管理规定》（海关总署第103号令）第十八条经海关批准，进出口货物的收发货人、受委托的报关企业可以在取得提（运）单或者载货清单（舱单）数据后，向海关提前申报。《关于全面推广"两步申报"改革的公告》（海关总署公告2019年第216号）规定，企业应当先取得提（运）单或载货清单（舱单）数据，于装载货物的进境运输工具启运后、运抵海关监管场所前进行概要申报。海关鼓励企业在"概要申报"阶段，提前报关。《中华人民共和国海关对洋浦保税港区监管办法》第二十八条明确综合保税区政策及制度创新措施均适用于洋浦保税港区。

第十条预裁定。《中华人民共和国海关预裁定管理暂行办法》（海关总署第236号令）第三条规定在货物实际进出口前，申请人可以就下列海关事务申请预裁定：（一）进出口货物的商品归类；（二）进出口货物的原产地或者原产资格；（三）进口货物完税价格相关要素、估价方法；（四）海关总署规定的其他海关事务。《中华人民共和国海关对洋浦保税港区监管办法》第二十八条综合保税区政策及制度创新措施均适用于洋浦保税港区。

第十一条货物放行。《海南自由贸易港建设总体方案》要求制定海南自由贸易港禁止、限制进出口的货物、物品清单，清单外货物、物品自由进出，海关依法进行监管。《中华人民共和国海关对洋浦保税港区监管办法》第十条洋浦保税港区与境外之间进出的货物，属于该办法第八、九条规定范围的，企业应向海关办理申报手续；不属于上述范围的，海关径予放行。

第十二条信息技术的应用。《海南自由贸易港建设总体方案》要求建设高标准国际贸易"单一窗口"，《中华人民共和国海关对洋浦保税港区监管办法》第五条洋浦经济开发区管委会应建立公共信息服务平台，实现区内管理机构、海关等监管部门间数据交换和信息共享；建立并完善重大事件信息主动公示制度。

第十三条对经认证的经营者的贸易便利化措施。《中华人民共和国海关注册登记和备案企业信用管理办法》（海关总署第251号令）第八条中国海关依据有关国际条约、协定以及本办法，开展与其他国家或者地区海关的"经认证的经营者"（AEO）互认合作，并且给予互认企业相关便利措施。《海南自由贸易港建设总体方案》要求建立健全以信用监管为基础、与负面清单管理方式相适应的过程监管体系。

第十四条风险管理。《商务部等20部门关于推进海南自由贸易港贸易自由化便利化若干措施的通知》要求提升进出口商品质量安全风险预警和快速反应监管能力，完善重点敏感进出口商品监管，建立医院、市场、应急、消防、消费者投诉等产品伤害信息收集网络，对存在较高风险的进口商品进行预警和快速处置。海关对海南自由贸易港进出商品依据风险水平采取适当的合格评定方式，提高法定检验便利性。

第十七条放行时间研究。《海南自由贸易港法》第十六条规定，海南自由贸易港实行通关便利化政策，简化货物流转流程和手续。除依法需要检验检疫或者实行许可证件管理的货物外，货物进入海南自由贸易港，海关按照有关规定径予放行，为市场主体提供通关便利服务。

第三，在卫生与植物卫生措施方面，海关总署专门就全球动植物种质资源引进中转基地建设印发了《全球动植物种质资源引进中转基地海关监管方案（试行）》，其重点内容，一是为全球动植物种质资源引进中转基地的选址、规划和一流硬件设施建设提供海关专业的技术指导和信息咨询；二是对动植物种质资源引进中转的事前、事中和事后监管各环节创新监管制度和模式；三是对风险防控保障体系建设指出具体的要求和措施，建立起一套自贸试验区（自由贸易港）框架下的流程科学、防控严密、对接无缝、便捷高效的监管体系。这些规定不仅是海南自由贸易港 SPS 规则的落实，而且初步形成了种质资源的进出境便利化举措。①

（二）服务贸易规则领域

RCEP 服务贸易规则包括第 8 章服务贸易及金融服务、电信服务和专业服务三个附件，第 9 章自然人临时流动以及服务具体承诺表（正面清单）和自然人临时移动具体承诺表两个附件。中国在 RCEP 服务贸易具体承诺表中采用正面清单，中国服务贸易开放承诺达到了已有自贸区协定的最高水平，承诺的服务部门数量在我国入世承诺约 100 个部门基础上，新增了 22

---

① 王惠平主编《海南自由贸易港发展报告（2021）》，社会科学文献出版社，2021，第 203~240 页。

个部门。从整体上看，海南自由贸易港在服务贸易规则方面不仅有 RCEP+ 规则，也有 RCEP-X 规则。

从整体上看，《海南自由贸易港建设总体方案》在服务贸易领域的目标是实施跨境服务贸易负面清单制度，商务部建立了海南服务贸易负面清单制度，统一列出国民待遇、市场准入、当地存在、金融服务跨境贸易等方面对于境外服务提供者以跨境方式提供服务（通过跨境交付、境外消费、自然人移动模式）的特别管理措施，并列出了 70 项特别管理措施。这是我国在服务业领域的主动开放安排，明显超越了我国在 RCEP 在服务贸易领域的承诺。

从主要服务行业看，RCEP 服务贸易领域三个附件涉及金融、电信和专业服务。RCEP 金融服务附件体现 RCEP 各成员在金融领域的最高承诺水平，其核心是着力提升金融监管透明度，为各方金融服务提供者创造更加公平、开放、稳定的竞争环境。中国人民银行、银保监会、证监会、外汇局会同相关部门，于 2021 年 3 月 31 日印发《关于金融支持海南全面深化改革开放的意见》（银发〔2021〕84 号），2021 年 4 月，人行海口中心支行等五个部门制定了《关于贯彻落实金融支持海南全面深化改革开放意见的实施方案》，提出要进一步扩大海南金融业对外开放，总体开放水平超过 RCEP 的承诺。要构建金融宏观审慎管理体系，加强对重大风险的识别和对系统性金融风险的防范，提出了 7 项具体措施，并提出要加强金融消费者权益保护。

RCEP 服务贸易附件二是电信服务，其核心规则是制定无歧视使用各自电信有关基础设施并提供电信服务的规则，首次纳入多个促进公平竞争、维护消费者利益的条款。《总体方案》明确安全有序开放基础电信业务，但目前未说明将开放业务方向、外资股比限制和合作模式。《总体方案》要求开展国际互联网数据交互试点，建设国际海底光缆及登陆点，设立国际通信出入口局。现有海南自由贸易港国际互联网数据专用通道是全国第一个以省为单位申报建设的专用通道，服务覆盖洋浦经济开发区等海南 9 个重点园区，是以园区企业为服务对象、旨在提升企业国际互联网访问体验的一类信息通信基础设施。在扩大增值电信业务开放方面，已经试点取消在线数据处理与交易处理业务外资准入限制。

RCEP服务贸易附件三是专业服务。RCEP承诺要努力消除专业服务提供的资格、资历和许可要求等国内规制方面的壁垒。便利本区域内会计、法律、建筑工程等专业服务的提供。海南自由贸易港设立高层次人才分类标准，发布自由贸易港境外人员执业管理办法和境外人员参加职业资格考试管理办法、目录清单，开放境外人员参加职业资格考试38项，单向认可境外职业资格219项，从发展方向看，已经率先在专业服务业减少壁垒方面进行试点。

从服务贸易方式中的自然人流动规则看，RCEP第9章自然人临时移动规则主要对从事货物贸易、提供服务或进行投资的自然人临时入境和临时停留所作的承诺，涵盖了商务访问者、公司内部流动人员、人员配偶及家属等。制定了缔约方批准此类临时入境和临时停留许可规则，提高人员流动政策透明度。承诺尽快向申请人通报办理情况，致力于接收电子格式提交的申请或接受经认证的文件复印件，公布所有与本章节相关的解释性材料。海南自由贸易港基本形成了自然人临时入境的政策体系。一是探索外籍人工作许可实行负面清单管理制度，允许移动的自然人范围相比RCEP更加明确、开放。二是国际人才服务管理改革。实现外国人工作许可、签证与居留信息共享和联审联检。持非工作签证入境的外籍人员可按需在琼工作，凭工作许可直接申办工作类居留许可。自然人入境和停居留相比RCEP规则更加便利。三是优化人才生活环境。建设人才服务"单一窗口"，打造面向国内外人才、线上线下融合、跨部门协同、涵盖全流程的保障体系，涵盖出入境、永居、住房保障、配偶就业、子女入学、医疗保健、商事主体登记等领域。而RCEP中仅提及对配偶和家属停居留作出承诺，不涉及其他便利化服务。

（三）国际投资规则领域

RCEP第10章涉及国际投资领域的规则，其核心议题是投资自由化条款，包括最惠国待遇、禁止业绩要求、投资负面清单（适用棘轮机制）；投资保护条款，主要包括公平公正待遇、征收、外汇转移、损失补偿等条款，投资便利化条款包含争端预防和外商投诉的协调解决机制等内容。在具体承诺时，RCEP成员方采取了不同的承诺方式，主要包括负面清单承诺，正面清单承诺和正面负面混合模式。中国在非服务业投资（制造业、农、林、渔和采矿业）采用负面清单方式，在服务业采用正面清单方式。RCEP服务贸易附件三投资保留及不符措施承诺表一共有两张清单，清单一是中国现行的、不受国民待遇等内容所施加的部分或全部义务约束的措施；清单二是中国可以维持现有措施、采取新的或更具限制性措施的特定部门、分部门或活动，这些措施不符合条款所施加的义务。

海南自由贸易港无论是服务业，还是非服务业，都实行负面清单制度，《海南自由贸易港外商投资准入特别管理措施（负面清单）（2020年版）》一共有27项特别管理措施，其中农、林、牧和渔业4项，制造业1项，其余22项为服务业特别管理措施。

从现有不符措施看，RCEP非服务业不符措施列出了7项，超出海南自由贸易港外商投资准入特别管理措施3项，因而海南自由贸易港自主性开放有4项措施。

从服务业不符措施看，因为RCEP和海南自由贸易港开放模式存在差异，所以具有不可比性，但从几个重点服务业看，海南在增值电信服务、教育服务、专业服务和金融服务等都有比较大的自主性开放措施。

海南自由贸易港要充分利用RCEP成员产业链和供应链进一步调整的时机，将海南打造成RCEP国际和国内市场的战略枢纽。第一，通过海南自由贸易港加工增值制度安排，以日本、韩国和我国国内其他企业为重点，抓住RCEP关税逐步减让的时机，使海南逐步成为RCEP市场的供应链战略支点之一。以新一代数字产品、关税税率相对比较高的高新技术产品等为对象，在这些产品第一年关税降幅不大的情况下，将海南作为这些产品供应链中的一个重要环节，加快进入RCEP区域供应链，成为国际市场和国际市场的供应链战略节点，并率先在洋浦保税港区、海口综合保税区和海口空港综合保税区等重点区域加快新型加工贸易发展，形成新型加工贸易集聚区。第二，充分抓住RCEP中我国在服务贸易领域的六年过渡期，加快形成以数字经济为导向的现代服务业体系。在全国通信增值业务没有完全开放和跨境交付开放度相对比较低的情况下，应当充分利用国际海底光缆和国际互联网数据专用通道建设的机会，结合全球数字贸易发展趋势和我国的优势，使海南在专业数字贸易领域成为我国数字贸易发展的先行者。以便利跨境贸易、跨境投资为核心的经常项目和资本项目开放推进金融服务贸易发展。通过制订离岸贸易和转口贸易跨境收支的管理政策，将海南建设成为跨国公司全球结算中心，发展与货物贸易相关的金融结算服务贸易。依据《海南自由贸易港建设总体方案》中提出的海南高新技术产业发展要求，大力吸收全球优质科技资源，重点发展与深海科技、航天科技和种质科技相关的研发服务贸易，要对这三大科技领域的产业做进一步细分，结合国家战略和海南实际，打造专业研发服务贸易基地。第三，充分利用RCEP产业链、供应链调整的时机和海南自由贸易港对外投资制度安排，使海南成为我国企业对RCEP投资的跨国资金池集聚中心。随着RCEP的签署，我国企业对东南亚企业的投资将进一步加大，而以往我国企业习惯于将新加坡和我国香港地区作为投资资金的流入和流出中心。海南要抓住这次对东南亚增量投资的机会，充分利用2025年前新增境外直接投资所得免征企业所得税的制度安排，将海南打造成国内外跨国公司贸易和投资双向流动的集聚中心。

三 进一步推进海南自由贸易港国际经贸新规则的先行先试

推进海南自由贸易港国际经贸新规则的先行先试要紧紧围绕《总体方案》，根据现代产业体系建设要求，促进制度系统集成，形成符合海南自由贸易港特色的治理体系。

（一）聚焦重点领域

国际经贸新规则是范围广泛的规则体系，并且随着国际经贸形态的变化而不断变化，因而海南自由贸易港要聚焦在与《总体方案》紧密相关的领域，以加快促进现代产业体系的形成。

从重点领域看，总体思路是要集聚与海南现代产业体系形成有关的贸易和投资，并在支持实体经济下推进金融、数据和资金自由化和便利化。

第一，货物贸易自由化和便利化新规则推进。货物贸易规则是海南自由贸易港制度创新的重中之重。海南自由贸易港要对标 CPTPP 和 DEPA 等高水平自贸区协定中货物市场准入、TBT、SPS 以及海关与贸易便利化等规则，加快形成海南自由贸易港货物贸易规则体系。一是在供应链贸易方面，要对标 CPTPP 货物市场准入规则，结合海南自由贸易港增值加工制度，形成展示、低值样品、全球维修和再制造等完整供应链贸易市场准入规则。二是对标 CPTPP 的 TBT 和 SPS 规则，在加工增值产品方面推进国际标准互认制度，在种质资源进出口方面，以《海南自由贸易港法》为依据，与现有法规体系相衔接，在《全球动植物种质资源引进中转基地海关监管案（试行）》基础上，形成《全球动植物种质资源引进中转基地动植物监管条例》，率先建立《种植用植物进出境手册》，并列出待有害生物风险分析后批准入境名单，根据进出境植物种质资源的属、植物部位、来源国家等因素以及国家的植物种质资源保护要求，对进境种质资源进行分类管理，包括禁止进出境植物，检疫风险高植物，风险中等的植物和风险较低的植物，建立不同的监管体系。[①] 三是对标 CPTPP 海关与贸易便利化规则，在预裁定、货物放行时间等率先建立可执行的规则体系。对标 DEPA 中的商贸便利化条款，在电子发票、电子支付和数字身份和国际贸易"单一窗口"方面率先试点，将数字技术充分运用到货物监管和便利化措施之中。

第二，进一步完善海南自由贸易港国际投资自由化制度和便利化措施。首先，要对标 CPTPP 等高水平自贸区协定，在寻求可持续发展，公平竞争和争端解决等方面形成海南自由贸易港投资法规体系。其次，要进一步完善《海南自由贸易港外商投资准入特别管理措施（负面清单）（2020 年版）》，

---

① 沈玉良：《海南自由贸易港植物种质资源进出境监管体系研究》，《南海学刊》，2021 年第 1 期，第 22 页。

形成与高水平自贸区协定一致的国际投资管理体系。最后，要跟踪WTO投资便利化谈判进程，在投资措施的透明度，行政程序和要求的简化与便利化等方面率先在海南自由贸易港实施。

第三，形成具有海南自由贸易港特色的金融新规则。首先，海南自由贸易港金融新规则要为货物贸易和国际投资服务，为海南现代产业体系建设服务，因而要将离岸贸易的结算，国际贸易中的电子支付，国际投资中的资金进出便利等作为重点突破口。其次，将金融科技作为新一代自由贸易港建设的优先考虑事项。重点围绕国际贸易的跨境金融服务，即贸易金融、供应链金融和跨境支付等开展金融科技制度创新，建立海南自由贸易港金融科技监管协调机制，促进跨行业金融科技产品和服务创新，引入全球特定领域金融科技重要企业，推动金融科技创新在国际业务中的场景应用。典型如在跨境支付领域考虑类似Ripple企业或其商业模式，推动金融科技在跨境支付领域的突破和创新。

第四，以数据规则促进海南自由贸易港新型治理体系的形成。海南自由贸易港要形成与跨境数据流动国际规则相对应的国内规则。首先，要根据海南货物贸易数字化和服务贸易数字化的发展进程，优先推进商贸便利化在海南的落地。特别是以国际贸易"单一窗口"为平台形成基于数字化监管和数字化服务相结合的数字基础设施体系。其次，将数字产品（以货物和服务为载体）作为海南国际贸易拓展的重点方向之一，围绕海南现代产业体系建设，形成具有海南自由贸易港特色的数字产品贸易体系，并以此为载体，形成数字产品贸易的规则体系。最后，结合海南自由贸易港跨境金融新业务，推动实施金融数据跨境传输试点或发布金融数据出境指引，提高金融数据跨境传输国内制度的透明度和确定性，降低金融机构数据合规成本。

（二）制度系统集成是先行先试国际经贸新规则的基础

对标国际经贸新规则，不是直接使用国际经贸新规则，而是要根据国际经贸新规则，结合我国现有的法律法规体系和《总体方案》，形成《海南自由贸易港法》基础上的相关法规体系。在国际经贸新规则先行先试时可能碰到两种问题，一种可能是原有法规体系不支持现有新规则，也就是与现有国内规则相冲突。另一种可能是在现有我国规则体系中没有相应的规则。这样要形成新规则，必须获得国家相关部门的支持，有些涉及国家立法层面，有些涉及部门的规章制度，这样就需要针对这些规则进行梳理，形成与海南自由贸易港匹配的国内规则体系。

在海南先行先试国际经贸新规则，要为海南自由贸易港现代产业体系的形成服务，因而要基于现有或者未来新型国际贸易形态为基础，而基于国际贸易形态的制度系统集成推进采用自上而下和自下而上相结合的方式。① 这主要是因为国际贸易形态多种多样，只有从实践中提炼出规则需求，在这个基础上，对照国际经贸新规则，才能形成中央部门共同参与的制度系统集成。

总之，要在海南自由贸易港先行先试国际经贸规则，首先，要以国家推进国际经贸新规则的总体战略出发，结合《总体方案》，形成推进海南自由贸易港国际经贸新规则的框架体系；其次，要以细分产业或者国际新型贸易形态出发，对这些新规则进行分析，提出适合海南自由贸易港在货物、服务、投资、金融和数据等新规则；最后，要对这些在海南自由贸易港试点的新规则在法律上予以保证，通过国家立法或者地方立法形式确定。

（三）提升治理能力是保证海南自由贸易港规则运行的条件

海南自由贸易港建设不同于自贸试验区，也不同于新加坡等自由贸易港，因而要在《海南自由贸易港法》基础上形成海南自由贸易港的规则体系，而规则体系需要有良好的治理技术、治理机构和治理能力。其中治理能力建设是保证规则有效运行的基本条件。首先，要根据《总体方案》，建立适合海南自由贸易港特色的治理机构，这种治理机构既要符合作为一个省的

---

① 沈玉良、陈历幸：《海南自贸港国际贸易形态、区域协同发展与制度系统集成研究》，《南海学刊》2022年第1期，第20页。

基本治理体系，又要符合海南自由贸易港特征需要在重点领域突出的机构，并需要在实践中不断探索。其次，要根据治理机构，形成数字化治理机构体系，打破传统机构下部门之间的壁垒，形成新一代自由贸易港数字治理体系。最后，要根据《总体方案》的要求，提升每个机构的治理能力，以确保在安全、风险可控条件下的高效治理能力。

参考文献

［1］ Pol Antras and Robert W.，"Staiger. Offshoring and the Role of Trade Agreements"，*American Economic Review* 2012，102（7）3140－3183.

［2］ 李墨丝、沈玉良：《从中美 BIT 谈判看自由贸易试验区 负面清单管理制度的完善》，《国际贸易问题》2015 年第 11 期。

［3］ Akhtar，S. I. & M. A. Weiss，U. S. "International Investment AgreementsIssues for Congress，" *CRS Report for Congress*，2013-04-29.

［4］ Raymundo V. and Maegan M.，"Intellectual Property Provisions In Regional Trade AgreementsRevision And Update，" 2014－06－24，https：//www.hse.ru/data/2014/10/03/1100341707/ersd201414_ e.pdf

［5］ 世界贸易组织：《世界贸易组织报告（2018）》，上海人民出版社，2018。

［6］ 王惠平主编《海南自由贸易港发展报告（2021）》，社会科学文献出版社，2021。

［7］ 沈玉良：《海南自由贸易港植物种质资源进出境监管体系研究》，《南海学刊》2021 年第 1 期，第 22 页。

［8］ 沈玉良、陈历幸：《海南自贸港国际贸易形态、区域协同发展与制度系统集成研究》，《南海学刊》2022 年第 1 期，第 20 页。

附件一
CPTPP 投资条款与 2012 年 BIT 范本比较

CPTPP 投资条款	2012 年双边投资条约（BIT）范本	条款比较
第 4 条:国民待遇	第 3 条:国民待遇	基本一致
第 5 条:最惠国待遇	第 4 条:最惠国待遇	基本一致
第 6 条:最低待遇标准	第 5 条:最低待遇标准	基本一致,BIT 范本未规定武装冲突条款
第 6 条之二:武装冲突和内乱情况下的待遇		
第 7 条:征收和补偿	第 6 条:征收和补偿	基本一致
第 8 条:转移	第 7 条:转移	基本一致
第 9 条:业绩要求	第 8 条:业绩要求	基本一致,CPTPP 更加详尽
第 10 条:高级管理人员和董事会	第 9 条:高级管理人员和董事会	基本一致
第 11 条:不符措施	第 14 条:不符措施	基本一致
第 12 条:代位		BIT 范本无此规定
第 13 条:特殊程序和信息要求	第 15 条:特殊程序和信息要求	基本一致
第 14 条:拒绝给予利益	第 17 条:拒绝给予利益	基本一致
第 15 条:投资与环境、卫生和其他管理目标	第 12 条:投资与环境	CPTPP 只有原则要求
第 16 条:企业社会责任	第 13 条:投资与劳工	CPTPP 只有原则要求
	第 10 条:有关投资的法律和决定的公布	CPTPP 第 26 章"透明度"适用于投资
	第 11 条:透明度	CPTPP 第 26 章"透明度"适用于投资
	第 16 条:不可贬损	CPTPP 无此规定
	第 18 条:根本安全	CPTPP 无此规定
	第 19 条:信息披露	CPTPP 无此规定
	第 20 条:金融服务	CPTPP 第 11 章"金融服务"适用于投资
	第 21 条:税收	CPTPP 无此规定
B 节:投资者-国家争端解决	B 节:投资者-国家争端解决	结构基本一致,内容稍有区别
	C 节:国家间争端解决	CPTPP 无此规定

附件二
数字经济协定、数字贸易协定和电子商务章节的比较

序号	条款	新式数字经济协定 新加坡—澳大利亚数字经济协定	新式数字经济协定 新加坡—智利—新西兰数字经济伙伴关系协定	新式数字经济协定 英国—新加坡数字经济协定	美式数字贸易协定 美-日数字贸易协定	美式数字贸易协定 USMCA数字贸易章	自由贸易协定电子商务章 CPTPP电子商务章	自由贸易协定电子商务章 RCEP电子商务章
1	关税（电子传输）	√	√	√	√	√	√	√
2	数字产品的非歧视性待遇	√	√	×	√	√	×	×
3	使用加密技术的信息和通信技术产品	√	√	√	√	×	×	×
4	国内电子交易（监管）框架	√	√	√	√	√	√	√
5	电子认证和电子签名	√	×	√	√	√	√	√
6	电子发票	√	√	√	×	×	×	×
7	电子支付	√	√	√	×	×	×	×
8	无纸化贸易	√	√	√	×	×	√	√
9	快运货物	√	×	×	×	×	×	×
10	透明度	√	×	×	×	×	×	×
11	在线消费者保护	√	√	√	√	√	√	√
12	竞争政策合作	√	√	×	×	×	×	×
13	个人信息保护	√	√	√	√	√	√	√
14	创建安全的在线环境	√	√	√	√	×	×	×
15	未经请求的商业电子信息	√	√	√	√	√	√	√
16	电子商务互联网接入和使用原则	√	√	×	√	√	√	√
17	互联网互联费用分摊	√	×	×	×	×	√	√
18	海底电信电缆系统	√	√	√	×	×	×	×
19	通过电子方式跨境传输信息	√	√	√	√	√	√	√
20	计算设施的位置	√	√	√	√	√	√	√
21	金融服务计算设施的位置	√	×	×	√	√	×	×

续表

序号	条款	新式数字经济协定			美式数字贸易协定		自由贸易协定电子商务章	
		新加坡—澳大利亚数字经济协定	新加坡—智利—新西兰数字经济伙伴关系协定	英国—新加坡数字经济协定	美-日数字贸易协定	USMCA数字贸易章	CPTPP电子商务章	RCEP电子商务章
22	数据创新	√	√	√	√	×	×	×
23	政府公开数据	√	√	√	√	√	×	×
24	源代码	√	×	×	√	√	√	×
25	数字身份	√	√	√	×	×	×	×
26	数字贸易的标准与合格评定	√	×	√	×	×	×	×
27	人工智能	√	√	√	×	×	×	×
28	金融技术和监管技术合作	√	√	√	×	×	×	×
29	合作	√	×	×	×	√	√	√
30	网络安全	√	√	√	×	×	√	√
31	利益相关者参与	√	×	×	×	×	×	×
32	中小企业	√	√	√	×	×	×	×
33	能力建设	√	×	×	×	×	×	×
34	审查	√	×	×	×	×	×	×
35	物流	×	√	√	×	×	×	×
36	政府采购	×	×	√	×	×	×	×
37	交互式计算机服务	×	×	×	√	√	×	×
38	税收	×	×	×	√	×	×	×
39	数字包容	×	√	×	×	×	×	×
40	金融信息	×	×	√	×	×	×	×
41	新金融服务	×	×	√	×	×	×	×
42	开放互联网访问	×	×	√	×	×	×	×
43	电子商务对话	×	×	×	×	×	×	√

资料来源：根据七个协定文本整理。

B.7
海南自由贸易港加工增值免关税制度研究

彭羽 熊安静*

摘　要： 加工增值免关税制度是国家赋予海南自由贸易港的核心政策之一，该政策可充分发挥海南背靠超大规模国内市场和腹地经济的优势，培育和促进海南新型加工制造产业的高质量发展。《海关对洋浦保税港区加工增值货物内销税收征管暂行办法》的发布，确立了海南自由加工增值免关税制度的监管框架，该制度在洋浦保税港区率先试点后，已扩大到海口综合保税区、海口空港综合保税区，随着加工增值业务项目的陆续落地，政策效应开始逐步释放。下一步，建议在全岛封关前，通过电子围网监管加快拓展加工增值免关税制度适用的区域范围；在全岛封关运作后，争取同时保留内销选择性征税和加工增值免关税制度，发挥政策叠加效应；借鉴 CEPA、RCEP 中的做法增强区域成分价值计算的灵活性。

关键词： 加工增值免关税制度　区域价值成分　扣减法　累加法

　　加工增值免关税制度是国家赋予海南自由贸易港的核心政策之一。《海关对洋浦保税港区加工增值货物内销税收征管暂行办法》的发布，确立了海南自由加工增值免关税制度的监管框架。随着海南自由贸易港加工增值免

---

* 彭羽，上海社会科学院世界经济研究所副研究员，主要研究方向，国际贸易规则和自贸区（港）政策；熊安静，海南省社会科学界联合会党组成员、副主席，海南省社会科学院副院长，硕士生导师。

关税制度的正式落地,加工增值业务项目陆续落地,政策效应开始逐步释放。

一 海南自由贸易港加工增值免关税制度出台的背景

2021年7月8日,海关总署发布《海关对洋浦保税港区加工增值货物内销税收征管暂行办法》,这标志着海南自由贸易港加工增值免关税制度正式落地。海南加工增值免关税制度是国家层面赋予海南的一项特有的支持政策,同时也属于中国国内自主推动开放和贸易自由化的一项重要举措。

海南自由贸易港的加工增值免关税制度设计,与《内地与香港关于建立更紧密经贸关系的安排》(CEPA)项下通过"从价百分比"确定原产地标准的做法有异曲同工之处。事实上,海南自由贸易港加工增值免关税制度出台的过程中也一定程度上参考了CEPA中的原产地规则设计。总体上看,海南自由贸易港加工增值免关税制度设计,既借鉴了CEPA项下针对中国香港货物进口的原产地规则框架,同时也在免税产品范围和区域价值成分计算方面比前者有了进一步的放宽,进一步体现了海南自由贸易港加工增值免关税制度的优势。以下本文对海南自由贸易港加工增值免关税制度与CEPA项下的原产地规则设计进行比较(见表1)。

表1 海南自由贸易港加工增值免关税制度与CEPA原产地规则比较

内容	海南自由贸易港	CEPA(2003)	CEPA(2018)
加工增值免关税范围	所有产品,但仅针对鼓励类产业企业	374个HS8位码	7710个HS8位码
从价百分比计算方法	扣减法(大于等于30%)	累加法(大于等于30%)	累加法(大于等于30%)或扣减法(大于等于40%)
区域成分计算公式	[(货物出区内销价格−∑境外进口料件价格−∑境内区外采购料件价格)/(∑境外进口料件价格+∑境内区外采购料件价格)]×100%⩾30%	[(原料价值+组合零件价值+劳工价值+产品开发支出价值)/出口制成品的FOB价格]×100%⩾30%	[(原产材料价值+劳工价值+产品开发支出价值)/离岸价格]×100%⩾30%;[(离岸价格−非原产材料的价值)/离岸价格]×100%⩾40%

续表

内容	海南自由贸易港	CEPA（2003）	CEPA（2018）
政策优势	扣减法的分母计算采用境外进口和境内区外采购料件相加，而非离岸价	—	企业可以灵活选择采用扣减法或累加法
政策文件依据	《海关对洋浦保税港区加工增值货物内销税收征管暂行办法》（署税函〔2021〕131号）	《内地与香港关于建立更紧密经贸关系的安排》（附件二 关于货物贸易的原产地规则）	《内地与香港关于建立更紧密经贸关系的安排（货物贸易协议）》
文件发布时间	2021年7月8日	2003年6月29日	2018年12月14日

注：根据公开文件整理比较。其中，"产品开发支出"是指在一方为生产或加工有关出口制成品而实施的产品开发。产品开发支出的费用必须与该出口制成品有关，包括生产加工者自行开发、委托该方的自然人或法人开发以及购买该方的自然人或法人拥有的设计、专利权、专有技术、商标权或著作权而支付的费用。

第一，海南加工增值免关税范围适合所有产品。CEPA（2003）[①] 中仅涉及374个HS8位码的"零关税"产品，CEPA（2018）[②] 中则拓展到7710个HS8位码的"零关税"产品（即全面"零关税"）。相比而言，海南自由贸易港实行的加工增值免关税产品没有明确排除具体的产品，可以理解为对所有产品实施"零关税"。当然，为了支持产业的高质量发展，《海关对洋浦保税港区加工增值货物内销税收征管暂行办法》中对享受加工增值免关税的企业存在要求，即"海南自由贸易港鼓励类产业目录中规定的产业项目为主营业务，且主营业务收入占企业收入总额60%以上的企业"才能享受该政策。

第二，海南区域价值成分计算方法比CEPA原产地规则更具优势。CEPA（2003）中计算区域成分时，要求原料、组合零件、劳工价值和产

[①] 注：根据2003年签署的《内地与香港关于建立更紧密经贸关系的安排》（CEPA）附件2-关于货物贸易的原产地规则，简称CEPA（2003），下同。

[②] 注：根据2018年12月14日签署的《内地与香港关于建立更紧密经贸关系的安排（货物贸易协议）》，简称CEPA（2018）。

品开发支出价值的合计与出口制成品离岸价格（FOB）的比值应大于或等于30%；CEPA（2018）中规定的累加法与CEPA（2003）的方法保持一致，同时也规定了扣减法，即离岸价格减去非原产材料的价值后与离岸价格的比值大于等于40%，其中的原产材料价值包括原产的原料和组合零件价值。海南自由贸易港加工增值免关税制度的区域成分计算方法为：货物出区内销价格减去境外进口料件价格和境内区外采购料件价格后，与境外进口料件价格和境内区外采购料件价格二者之和的比重大于等于30%。计算公式中分母范围的缩小，意味着企业适用加工增值免关税制度时更容易达到30%的免税门槛。

第三，海南加工增值免关税制度采用扣减法计算从价百分比。CEPA（2003）中在计算加工增值的从价百分比时，采用"累加法"计算，即统计在香港原产价值时，对在香港获得的原料、组合零件、劳工价值和产品开发支出价值进行加总合计。海南自由贸易港的加工增值免关税的从价百分比计算，则采用"扣减法"公式计算，即计算海南（洋浦保税港区等）原产价值时，通过从内销价格中扣除区域外价值的方法计算。当然，为了进一步简化CEPA项下的原产地规则，在CEPA（2018）中，规定企业可以选择采用累加法或扣减法进行从价百分比的计算。

总体来看，与CEPA（2003）和CEPA（2018）相比，海南自由贸易港加工增值免关税制度的优势在于，在计算区域成分时，扣减法的分母采用境外进口和境内区外采购料件相加，而非内销价总价；而CEPA（2003）和CEPA（2018）中，不管是采用累加法还是扣减法，其计算公式中的分母均为离岸价，这意味着，同样的加工增值比重门槛下，海南自由贸易港的区域成分计算方法对区内加工增值程度的要求相对更低，有助于吸引更多企业进驻从事加工增值活动。不过，CEPA（2018）在区域价值成分的计算方法上提供了更多的选择性，企业可以根据实际情况灵活选择"扣减法"或者"累加法"计算区域价值成分，从而降低企业为满足原产地规则要求引致的成本，特别是对中小企业而言，大大提升了它们利用加工增值免关税制度的贸易便利化水平。

二 海南自由贸易港加工增值免关税制度的建设成效

海南自由贸易港加工增值免关税制度在洋浦保税港区率先试点后,已扩大到海口综合保税区、海口空港综合保税区试点,政策适用区域范围的拓展,可为后续海南自由贸易港的全岛封关运作提供更多的试点场景。

(一)发布加工增值免关税制度的框架和实施方案

2021年7月8日,海关总署发布《海关对洋浦保税港区加工增值货物内销税收征管暂行办法》[①](以下简称《暂行办法》),这意味着《总体方案》中的加工增值内销免关税政策框架基本形成。《暂行办法》制定了洋浦保税港区加工增值内销免关税政策的整套监管实施方案(见表2)。

表2 海南自由贸易港加工增值免关税制度框架

框架要素	内容
企业资质要求	(1)以海南自由贸易港鼓励类产业目录中规定的产业项目为主营业务,且主营业务收入占企业收入总额60%以上的企业 (2)鼓励类产业企业应当在洋浦保税港区登记注册,具有独立法人资格,并经洋浦经济开发区管委会备案
监管框架	(1)海南省建立的洋浦公共信息服务平台应当满足鼓励类产业企业备案和加工增值相关业务办理等要求 (2)洋浦公共信息服务平台实施"一企一户"管理制度。备案企业应当按照海关认可的方式及数据标准与该平台联网 (3)海关通过洋浦公共信息服务平台与洋浦经济开发区管委会及海南省相关部门共享企业备案以及海关税收征管和后续监管所需的相关信息
免税种类	免除关税(照章征收进口环节增值税、消费税)
计算公式	[(货物出区内销价格-Σ境外进口料件价格-Σ境内区外采购料件价格)/(Σ境外进口料件价格+Σ境内区外采购料件价格)]×100%≥30%。其中:货物出区内销价格,以备案企业向境内区外销售含有进口料件的制造、加工所得货物时的成交价格为基础确定;境外进口料件价格,以备案企业自境外进口该料件的成交价格为基础确定,并且应包括该料件运抵境内输入地点起卸前的运输及其相关费用、保险费;境内区外采购料件价格,以备案企业自境内区外采购该料件的成交价格为基础确定,并且应包含该料件运至洋浦保税港区的运输及其相关费用、保险费

---

① 参见 http://www.customs.gov.cn/customs/302249/zfxxgk/zfxxgkml34/3758386/index.html。

续表

框架要素	内容
与选择性征税政策叠加	对洋浦保税港区鼓励类产业企业生产的含有进口料件但加工增值小于30%的货物,出区内销的,享受现行综合保税区内销选择性征收关税政策,可以申请按其对应进口料件或按实际报验状态(成品)征收关税,照章征收进口环节增值税、消费税
不符合要求的情形	(1)境外进口料件属于实行关税配额管理商品的 (2)仅经过掺混、更换包装、分拆、组合包装、削尖、简单研磨或简单切割等一种或多种微小加工或者处理的 (3)其他按有关规定应当征收进口关税的

资料来源:根据《海关对洋浦保税港区加工增值货物内销税收征管暂行办法》(署税函〔2021〕131号)整理。

在企业资质要求方面。《暂行办法》提出了享受该政策的企业资质要求,一是以海南自由贸易港鼓励类产业目录中规定的产业项目为主营业务,且主营业务收入占企业收入总额60%以上的企业;二是鼓励类产业企业应当在洋浦保税港区登记注册,具有独立法人资格,并经洋浦经济开发区管委会备案。

在监管框架方面。为防范税收流失风险,采用信息化监管为主和事后抽查为辅的监管模式。依托洋浦公共信息服务平台实施"一企一户"管理制度,通过企业信息化系统与海关监管信息化系统联网的方式进行监管,并且海关后续根据风险分析对涉税要素进行事中事后抽查审核。

在免税种类方面。对洋浦保税港区鼓励类产业企业生产的含有进口料件且加工增值超过30%的货物,出区内销的,免征进口关税,照章征收进口环节增值税、消费税。加工增值的计算方面。明确加工增值超过30%的计算公式为:[(货物出区内销价格-Σ境外进口料件价格-Σ境内区外采购料件价格)/(Σ境外进口料件价格+Σ境内区外采购料件价格)]×100%≥30%。计算公式中有关价格的确定,参照《海关审定内销保税货物完税价格办法》(海关总署令第211号)和《海关审定进出口货物完税价格办法》(海关总署令第213号)相关规定执行。

在内销选择性征税政策叠加方面。对洋浦保税港区鼓励类产业企业生产的含有进口料件但加工增值小于30%的货物，出区内销的，享受现行综合保税区内销选择性征收关税政策，可以申请按其对应进口料件或按实际报验状态（成品）征收关税，照章征收进口环节增值税、消费税。不符要求的情形方面。明确加工增值超过30%的货物出区内销时，有下列情形之一的，不享受免征进口关税：境外进口料件属于实行关税配额管理商品的；仅经过掺混、更换包装、分拆、组合包装、削尖、简单研磨或简单切割等一种或多种微小加工或者处理的；其他按有关规定应当征收进口关税的。

《暂行办法》的出台，有利于发挥洋浦保税港区作为国内、国际双循环枢纽节点的功能，依托海南自由贸易港特有的制度和政策优势，打通国内、国际两个市场，充分释放洋浦保税港区"由点及面"的区域辐射功能，撬动整个海南自由贸易港作为连接国内超大规模市场和境外优质要素利用之间的桥梁作用。

（二）项目陆续落地，政策效应开始逐步释放

海南自由贸易港加工增值免关税政策实施后，洋浦保税港区作为海南自由贸易港首个进行试点的区域，积极推动相关生产加工项目落地。洋浦保税港区加工增值免关税政策自2021年7月落地以来，已有16家企业完成加工增值资质备案。截至2022年3月底，实际开展共191票业务，加工增值内销物品累计货值13.16亿元，免征关税破亿元，主要涉及大豆油、菜籽油、玉石珠宝等①，企业承担的关税成本下降明显。

2021年7月23日，海南澳斯卡国际粮油有限公司申报的500吨加工增值内销大豆油在洋浦港顺利放行。该单进口货值455万元，成为《暂行办法》出台后的首票加工增值内销出区享受免征关税货物。在首单业务落地后，2021年8月6日，海南玉玲珑珠宝科技有限公司将进口的琥珀原料加

---

① 《洋浦保税港区完成加工增值内销货物货值超13亿 免征关税破亿元》，洋浦保税港区官网，http://yangpu.hainan.gov.cn/yangpu/zwdt/202204/de0e6c87aaef44778d3ba39726947b1a.shtml。

工成300多件琥珀吊坠后，作为申报加工增值内销出区享受免征关税货物，从而完成了工艺品加工增值首票出区。2022年1月5日，海南洋浦铭品食品科技有限公司生产的17.05吨加工增值内销猪蹄制品在洋浦地区海关通关放行，让增值免关税政策首次惠及肉类加工企业①。

需要指出的是，洋浦保税港区加工增值的落地项目已开始从大豆油、菜籽油、玉石珠宝等行业，向高性能新材料等高技术产业延伸。海南金发科技有限公司首批加工增值货物顺利通过海关查验并出区，这是洋浦保税港区首单享受加工增值货物内销免关税政策的高性能新材料类商品，本次出区货物为90吨PS阻燃母粒货物，由金发科技根据客户需求进行定制化生产，出区后将销往华南地区。据测算，该批货物加工增值超40%②，可享受海南自由贸易港加工增值30%内销免关税政策，为企业大大节约了运营成本。这意味着，洋浦保税港区的加工增值落地项目已开始从传统产业向先进制造业拓展，有利于进一步优化洋浦保税港区的产业结构，推动产业链升级。

（三）扩大加工增值免关税政策试点的区域范围

为进一步支持海南自由贸易港开展高水平压力测试，为全岛封关运作积累经验，自2021年12月1日起，海关总署将在海南自由贸易港洋浦保税港区先行先试的"一线放开、二线管住"进出口管理制度扩大到海口综合保税区、海口空港综合保税区试点。政策扩大试点后，海口综合保税区、海口空港综合保税区内企业可享受到加工增值税收政策优惠③。项目落地方面，2021年12月9日，由海南复星博毅雅医疗技术有限公司申报的加工增值内销呼吸机在海口海关所属马村港海关通关放行，该批货物享受4%关税税率

---

① 《洋浦保税港区完成加工增值内销货物货值超13亿 免征关税破亿元》，洋浦保税港区官网，http://yangpu.hainan.gov.cn/yangpu/zwdt/202204/de0e6c87aaef44778d3ba39726947b1a.shtml。

② 《洋浦保税港区首批加工增值高性能新材料出区》，网易新闻，https://www.163.com/dy/article/HC5DLHJA053469JX.html。

③ 《加工增值政策扩大试点首单落地海口综合保税区》，海南省人民政府官网，https://www.hainan.gov.cn/hainan/zxztc/202112/b3c44e2ddcfe42259f5727d4eb8111c7.shtml。

减免，标志着加工增值内销税收征管政策正式扩大至海口综合保税区，这也是洋浦保税港区先行先试的"一线放开、二线管住"进出口管理制度扩大试点后首个落地政策。

海南自由贸易港加工增值税收政策适用区域范围的拓展，意味着更多形态和类型的企业可以利用该政策，为政策的更大范围试点和更高程度的压力测试提供试点经验，通过"成熟一个，推动一个"的推进路径，在监管安全的前提下，为后续海南自由贸易港的全岛封关运作提供更多的试点场景。

三 优化海南自由贸易港加工增值免关税制度的思路和建议

目前，RCEP已于2022年1月起正式生效，下一步海南自由贸易港应在综合考虑RCEP落地后带来的"零关税"、有区别地选择进口来源地的前提下，结合鼓励类产业目录，重点对我国关税15%以上的760个税号商品，以及禁止、限制类配额管理商品进行深入研究，充分用好并发挥加工增值内销免关税政策规模效应，促进海南自由贸易港制造业高质量发展。具体思路包括：一是以高关税初级农产品加工为重点，打造具有较强市场竞争力、质优价廉的境外农产品供应基地；二是以禁止、限制类配额管理商品为重点，将海南打造成为我国重要的大宗物资集散地；三是以零部件加工、维修为重点，打造全国重要的高新技术产品制造基地；四是以旅游商品、日用生活品进口加工为重点，发展基于庞大旅游消费市场的加工制造业[①]。

基于以上优化发展思路，本文在借鉴国内外自由贸易区/港发展经验的基础上，提出以下政策建议。

（一）以电子围网监管拓展加工增值免关税制度的适用区域范围

目前，尽管加工增值免关税制度已从洋浦保税港区拓展到了海口综保

---

① 熊安静、李小燕、孙继华等：《用足用好加工增值货物内销免关税政策 促进海南自由贸易港制造业高质量发展》，《海南日报》，2021年12月16日。

税区、海口空港综合保税区试点，但试点的地理范围仍然有限，试点的企业载体相对较少。美国对外贸易区主分区的做法值得借鉴，在主分区模式下，允许特定企业在海关特殊监管区域外设立分区，分区内企业可以享受与主区一样的制度安排和监管政策。当前，国内也已有海关特殊监管区域主分区试点的相关做法，临港新片区针对上海飞机制造有限公司的区内外生产基地的政策需要，通过信息系统一体化、监管主体和模式一体化等方式，创造性地提出了"一司两地"一体化监管方案，即对不同的生产基地都视同在保税区内，施行一体化监管，满足企业需求，成为海关监管模式创新的典型范例[1]。

为此，建议争取海关总署、财政部等国家部门支持，广泛借鉴国内外经验，在海南全岛封关之前，加快推动加工增值免关税制度的主分区试点，在重点加工制造行业内摸排企业需求，选择典型性企业进行试点，以企业为监管单元和"电子围网"的监管方式，允许注册在洋浦保税港区、海口综合保税区、海口空港综合保税区的重点企业，在区外的生产业务也可以享受加工增值免关税制度，以扩大政策的受益面，在海南全岛封关之前加快推动加工增值免关税制度的压力测试水平，形成更多的试点经验，进一步释放政策外溢的规模效应。

（二）争取保留选择性征税和加工增值免关税制度的叠加

2020年4月，财政部、海关总署、税务总局三部门联合发布《关于扩大内销选择性征收关税政策试点的公告》（财政部公告2020年第20号），将内销选择性征税试点扩大到全国所有综合保税区。其中，内销选择性征收关税政策是指对海关特殊监管区域内企业生产、加工并经"二线"内销的货物，根据企业申请，按其对应进口料件或按实际报验状态征收关税，进口环节增值税、消费税照章征收。企业选择按进口料件征收关税时，应一并补

---

[1] 《全国首创"一司两地"一体化监管模式》，腾讯新闻，https://xw.qq.com/cmsid/20220304A0D90700。

征关税税款缓税利息。

目前，洋浦保税港区、海口综合保税区、海口空港综合保税区既是综合保税区，又属于加工增值免关税制度的试点区域，因此可以享受二者的叠加政策，即对于加工增值超过30%的业务适用于加工增值免关税制度，不超过30%的加工增值业务则适用于内销选择性征收关税政策。全岛封关后，自由贸易港内的综合保税区形态将不复存在。为此，建议在全岛封关后，争取继续保留选择性征税和加工增值免关税制度的叠加，进一步增强国内外企业在海南自由贸易港布局加工增值业务的灵活性，继续提升海南自由贸易港加工增值制度设计的优势和吸引力。

（三）借鉴CEPA、RCEP做法增强区域成分价值计算的灵活性

《内地与香港关于建立更紧密经贸关系的安排（货物贸易协议）》（CEPA，2018）中，在区域价值成分的计算中同时采用了"累加法"和"扣减法"计算方式，给予企业更多灵活性的选择，可以降低企业进行加工增值业务时为满足原产地规则带来的贸易成本。同样的，在《区域全面经济伙伴关系协定》（RCEP）的"原产地规则"章节中，也规定了对于产品特定原产地规则规定的货物区域价值成分计算可以采用间接/扣减公式和直接/累加公式中的一种进行。目前，海南自由贸易港加工增值免关税制度，主要采用"扣减法"作为加工增值业务的区域价值成分计算公式，建议进一步探索在加工增值业务中同时纳入"累加法"计算公式，增加企业选择的灵活性；此外，随着RCEP原产地区域累积规则的生效，需加强企业原产地规则方面的宣传和培训，进一步发挥海南自由贸易港加工增值免关税制度和RCEP原产地区域累积规则的叠加效应。

参考文献

［1］FIAS. Special Economic ZonesPerformance, *Lessons Learned, and Implications for*

Zone Development, The World Bank, Washington DC, 2008.

［2］D. Z. Zeng, "How Do Special Economic Zones and Industrial Clusters Drive China's Rapid Development?", *Policy Research Working Paper* No. 5583. Washington, DC, World Bank, March 2011.

［3］Yeung Yue-man, Joanna Lee, Gordon Kee, "China's Special Economic Zones at 30", *Eurasian Geography and Economics*, 2009（50）.

［4］黎伟雄、郑冬阳、王莹等：《CEPA 原产地规则与标准解读》，中国海关出版社，2004。

［5］厉力：《内地与香港关于建立更紧密经贸关系的安排》及其原产地规则的应用，《国际商务研究》2011 年第 4 期。

［6］欧阳耀斌、于志宏：《CEPA 协议下货物贸易原产地规则的完善》，《海关与经贸研究》2017 年第 1 期。

［7］王超：《CEPA 原产地规则中的问题及其完善》，《政法论丛》2007 年第 6 期。

［8］彭羽、唐杰英、陈陶然：《自贸试验区货物贸易制度创新研究》，上海社会科学院出版社，2016。

［9］刘杜若：《自由贸易协定原产地规则的从价百分比标准设计的方法、比较和启示》，《对外经贸》2022 年第 2 期。

［10］U. S. Customs and Border Protection Office of Field Operations, Foreign Trade Zones Manual, March 13, 2014, https://www.cbp.gov/sites/default/files/documents/FTZmanual 2011. pdf.

B.8
推进与海南自由贸易港相适应的教育服务贸易

刘 晨*

摘　要： 发展与海南自由贸易港相适应的教育服务贸易，既是新时期海南开发开放的现实要求，也是我国高等教育国际化的重要任务。海南国际教育创新岛的教育开放重点平台建设取得了重要进展；资源共享模式、人才培养模式、治理体系、消费回流机制等方面稳步推进。在此基础上，相关政策建议包括：与海南自由贸易港主导产业相结合，建设高水平教育科技创新体系；促进人员流动和数据流动便利化，提升教育服务的国际化水平；改善教育消费回流机制，加强与国际高水平大学合作办学，包括联合学位授予和培养计划等；推进科技交流计划和税收优惠政策，引进高水平科技人才。这对于形成与海南产业体系相结合、与国家教育开放要求相适应的国际化教育体系，具有重要意义。

关键词： 高等教育　国际教育创新　服务贸易　跨境交付　国际合作

高等教育国际化是以教学和科学研究为主线的跨国教育合作，也是我国教育现代化的重要方面。海南省教育厅根据时代变革的趋势和中央的战略部署，全面考察当前教育对外开放体系建设与国家战略需求的关系，以海南自

---

* 刘晨，上海社会科学院世界经济研究所副研究员，主要研究方向为国际政治经济学。

由贸易港和国际教育创新示范区为平台，推进我国高等教育的国际合作，塑造高等教育国际化的新格局、新形态和新路径，对于促进海南服务业开放、打造高等教育国际化的新平台具有关键作用。[1]

海南国际教育创新岛定位于中国教育开放发展的新标杆和中外教育相互交流借鉴的集中展示窗口，致力于为海南自由贸易港培养高水平人才，为海南省的开发开放提供坚强有力的人才支撑。在这一进程中，海南国际教育创新岛围绕海南省自由贸易港重点产业发展方向，引进中外高水平大学及其优势学科，推动自由贸易港主导产业快速发展。尤为重要的是，海南国际教育创新岛以高等教育为中心，推动科研成果转化，促进办学模式、人才培养和治理体系等多方面制度集成创新，打造多元文化、多学科融合的国际教育体系，为海南自由贸易港建设提供人才和技术支持。

一 海南国际教育创新岛建设的意义和目标

现代服务业是海南自由贸易港三大产业的重要组成部分，现代教育服务业是现代服务业的重要组成部分，需要为海南自由贸易港和国家教育开放提供探索实践。因此，海南国际教育创新岛既是海南自由贸易港开发开放的重要内容，也是把海南建设成为中国特色社会主义教育开放和创新范例的重要平台。

（一）建设意义

近年来国际和国内环境发生着深刻变化，中国的对外开放和经济社会可持续发展也面临着新形势，高等教育的国际合作也面临新的机遇与挑战。发挥海南地区独特地理区位与政策制度优势，全面吸引世界各地高端技术和人才等生产要素，打造中国与东盟两大市场的交汇点，为共建"一带一路"

---

[1] 徐小洲、郑淑娴、韩冠爽：《大变革时代的高等教育国际化理念创新与组织重塑》，《中国高教研究》2022年第6期，第19~20页。

服务，是海南自由贸易港建设的重要目标。因此海南现代教育服务体系建设的意义，一方面表现在服务海南的开发开放和自由贸易港建设体系，另一方面为全国探索新型教育开放体制提供经验和探索实践。①

首先，海南国际教育创新岛建设是新时期海南开发开放战略的重大举措。海南教育创新体系建设服务于建设全岛自由贸易试验区和中国特色自由贸易港，海南国际教育创新体系建设的突出优势在于旅游资源丰富，国际旅游岛建设为国际服务贸易的提升提供了良好条件。因此海南教育创新体系建设可以通过提供优惠政策、加强合作办学，吸引各国优秀科技人才和留学生，形成教育开放新枢纽和新高地，与海南高新技术和特色优势产业及服务贸易的发展形成良性互动，支持自由贸易港建设。②

其次，海南国际教育创新岛建设将为建立开放型教育新体制提供重要实践平台。研究发现，近年来我国已成为外国留学生的重要目的地，根据《中国教育统计年鉴》，2020年我国的外国留学生总人数已达27.38万人，来源地主要为亚洲（17.5万人）、非洲（5.8万人）和欧洲（2.6万人）；③截至2020年12月中外合作办学机构和项目共2332个，其中高等教育占比约为90%，高等教育中外合作办学的在校生约55万人。④与此同时，现行中外合作办学机制仍存在问题，包括立法层次较低、理念开放程度不足、实施内容不完善和欠缺条款细则等方面。在此背景下，海南需要全面探索教育开放的实践路径，通过对接国际规则、完善法律体系、加强实施机制等方面先行先试，为建设开放型教育体系提供切实可行的实践经验。⑤

---

① 迟福林、郭达、郭文芹：《构建新发展格局下的海南自由贸易港》，《行政管理改革》2022年第1期，第15~18页。
② 陈先哲：《打造教育对外开放新高地：全球视野与中国行动》，《比较教育研究》2021年第10期，第6~9页。
③ 根据2020年《中国教育统计年鉴》第47页表格数据整理。
④ 赵秀红：《第十一届全国中外合作办学年会举行》，中国教育新闻网，2020年12月17日，https://baijiahao.baidu.com/s?id=1686327250000799031&wfr=spider&for=pc.
⑤ 何志平：《海南建设国际教育创新岛进程中中外合作办学的规制供给》，《新东方》2019年第5期，第25~28页。

因此，海南现代教育服务体系建设的定位，既与海南自由贸易港建设和服务贸易开放的战略规划相一致，又需要为国家探索开放型教育新体制提供探索实践，从而打造具有海南特色的区域开放创新体系。

（二）建设目标

海南教育开放体系建设的总体发展目标可概括为全面深化教育改革、扩大教育开放，把海南建设成为中国特色社会主义教育开放发展、创新发展的生动范例。具体实施过程可分为两个阶段：到2025年，海南自由贸易港的教育国际化程度将达到全国先进水平，不仅具备服务海南战略定位的能力，而且能够承担国家重大战略保障任务，从而成为引领我国高等教育改革的新标杆；到2035年，基本完成国际教育创新岛建设，形成具有海南特色的教育体系，同时海南教育也将更加国际化和多样性，海南国际教育创新岛将不仅成为东南亚和共建"一带一路"的教育科技交流中心，也将成为具有国际影响力的教育创新示范区。

在《海南自由贸易港建设总体方案》、《关于支持海南深化教育改革开放实施方案》（以下简称《实施方案》）的要求指导下，海南省教育厅部署了9大任务、10项工程和100个具体项目，力争到2025年将海南国际教育创新岛建设成为与自由贸易港相协调的高质量教育体系。在此基础上，海南国际教育创新岛的重点任务可分为五个具体方面：①加强与海南自由贸易港产业的联系，围绕高新技术产业、热带特色农业和现代服务业，引进国内高水平大学和科研机构，形成教学科研和技术转化相协调的教育和研发平台；②加强与国外知名大学的合作，引进国外知名大学和科研机构，支持相关学校独立办学；③鼓励设立国际学校，开展国际教育；④推进中国高等院校与国外高水平大学在海南的合作，建设中外高校合作的办学项目和科研合作平台；⑤在高等教育发展的同时，加快推进海南的基础教育、职业教育改革，建设与高等教育相配套的国际化教育体系。

《海南自由贸易港建设总体方案》指出了海南教育事业开放的总体目标和关键任务；海南省的《实施方案》和具体任务从实施路径和战术推进上，

提出了海南国际教育创新岛在不同时期的建设进度和任务要求，成为新时期海南高等教育国际化的发展蓝图。

二 海南国际教育创新岛的建设成效

海南教育部门全面落实《实施方案》，大力推动海南教育的国际化，并通过教育对外开放引进国外平台和名校，旨在打造全球留学目的地和形成一个新的增长极。2018年以来海南国际教育创新岛建设稳步推进，总计签署教育合作项目130个以上，引进各类科技教育人才2.5万人，同时与国外多个顶级高校签署合作协议，通过独立办学、合作办学等方式开展长期教育合作。

（一）教育对外开放重点平台建设

教育对外开放重点平台包括陵水黎安国际教育创新试验区、三亚崖州湾科技城等重点平台迅速发展；园区聚集海内外高等院校和科研机构，吸引数十名院士开展科学研究，同时招收研究生1700人以上，学生规模快速提升。

1.陵水黎安国际教育试验区

试验区围绕海南自由贸易港的四大产业体系建设，推动形成了具有明显优势的"1+3+N"多学科教育体系。[①] 按照总体规划、分步实施的原则，规划学生总规模3万名，其中起步区可容纳1万人。按照"大共享+小学院"模式和"共享设施先行、配套服务同步"的基本方针，重点推进41个教育项目，现阶段实现投资22.8亿元，确保2022年9月开学可满足1万多名师生学习、工作和生活需求。

2021年9月试验区以"海南自由贸易港国际英才班"方式开学，为2021年秋季学期正式开学进行压力测试和全要素演练，2021年秋季学期办

---

① 根据海南省教育厅相关文件，"1"指的是基础学科群，"3"指的是文化旅游学科群、以电子信息为核心的高新技术学科群、生态环境学科群，"N"指的是设计、动漫、物流等特色学科，以及数字传媒、数字设计、金融科技等新兴交叉学科。

学总体顺利，学生反馈最受益的是学术方面的进步以及更加开阔的视野，外方合作高校也非常认可试验区办学成果，"海南自由贸易港国际英才班"品牌初步成型。

对于2022年秋季学期全面开学的准备工作，海南省教育厅明确完成三项具体任务。一是确定拟开学项目，其中既有中国传媒大学与考文垂大学的合作招生计划，也包括东南大学在海南国际教育创新岛的单列研究生项目，同时争取清华大学和北京大学等国内顶级高校按照"海南自由贸易港国际英才班"的计划到海南自由贸易港学习交流。二是谋划制定2022年秋季学期办学工作方案，梳理出七大类113项工作任务清单，包括开学项目审批、基础设施建设、设备设施采购安装、教育教学服务保障体系建设、公共服务配套和公共安全体系建设等，确保秋季学期顺利开学。三是完善风险防控机制，全面梳理政治安全、意识形态、硬件保障、师生安全、疫情防控等方面风险点27项，逐项制定完善防控预案，建立应急处置体系和舆论风险管控体系。

2. 三亚崖州湾科技城建设

崖州湾科技城围绕"南繁"和"深海"产业的科技创新任务，引进国内12所高水平大学和相关实验室。坚持"产、学、研、城"深度融合，"产、学、研、用"一体化发展，除共享硬件设施外，涉农高校签订"课程互选学分互认"协议，明确首批共8门课程开放共享。为落实"五互一共"① 管理模式，2021年10月25日崖州湾科技城高校理事会宣布成立，省教育厅为第一届理事会理事长单位，浙江大学、上海交通大学获选第一届理事会副理事长单位，以提升教学和科研工作的管理水平。

2021年，园区入驻高校两年共招收研究生1682人；科技城利用过渡期5.3万平方米建筑，打造各类实验室22个，购置设备器材价值3.59亿元，可容纳2000余名学生同时上课。2022年9月全面投入使用可容纳3800人的永久办学区基础设施，公共教学区（二期）等计划在2022年全面启动建

---

① "五互一共"即"中西互鉴、学科互融、文理互通、课程互选、学分互认、管理共商"的办学模式。

设。尤为重要的是，现阶段已有26名院士落地开展科学研究、成果转化工作，其中6位已在崖州湾科技城设立了院士创新平台，20位院士已启动院士创新团队筹建。崖州湾实验室已聚集约800名科研人员全时在海南开展种业创新研究，有9人来自美国加州大学等著名国外高校；此外双聘科研人员共计374名，主要来自中科院、中国农科院等单位。

此外，入园高校围绕种业和深海项目开展联合攻关，将对"南繁"和"深海"领域高科技项目攻关方面发挥重要推动作用。2020~2022年，已经争取到国家级项目1项，获资助金额3000万元；省级项目106项，项目经费合计5272万元；科技城科研项目23项，项目经费16196万元。种业和深海类企业迅速集聚，在入园高校的带动和引领下，已有国家高新技术企业118家，央企18家，世界500强企业15家，外资企业64家，2021年新增注册企业数量同比增长161%。①

（二）标志性和先导性国际合作项目

海南国际教育创新岛积极促进国际高水平教育机构到海南独立办学、合作办学，目前已引进比勒费尔德应用技术大学、莫斯科动力学院等多所国际知名大学，有力促进了海南自由贸易港的技术创新和相关产业发展。

1.比勒费尔德应用技术大学

比勒费尔德应用技术大学是德国著名工程类高校，也是境外高校首次在国内开展独立办学的高等学校；同时海南自由贸易港洋浦经济开发区是西部陆海新通道重要港口和境外高新技术企业合作交流的桥梁，在高科技制造业方面将与比勒费尔德应用技术大学开展合作。学校在海南开设的主要专业有数字物流、机电自动化、计算机科学等专业，过渡期办学总规模约500人，2022年拟在过渡期办学场所招生210人，规划目标规模为1.2万人。

2.莫斯科动力学院

莫斯科动力学院是俄罗斯重要的工程技术类研究型大学，其在海南国际

---

① 数据来源：根据海南省教育厅相关资料整理。

教育创新岛的办学项目是中国与俄罗斯教育人文磋商机制的重要部分。海南省已与莫斯科动力学院签署战略合作协议，将充分发挥莫斯科动力学院在能源、材料、制造、图像、信息等航空航天产业中的产学研优势，为海南文昌航天城的相关产业发展提供技术支持，现阶段正在推动教学和科研项目的落地。

3.瑞士洛桑酒店管理学院

瑞士洛桑酒店管理学院为国际酒店管理领域的著名高校，已与海南省签订了合作框架协议，目前正在编制办学方案，开展项目市场调研，履行项目实施程序；海南三亚为该项目预留的教育用地（一期）已经完成项目报建和施工许可。

4.医学健康类独立法人中外合作办学机构

现阶段独立法人的中外合作办学机构主要包括上海交通大学医学院与英国爱丁堡大学的合作医学项目，预计将于2023年年底启动运行。

可以发现，海南省一方面加强教育开放重点平台建设、推进陵水黎安国际教育试验区和崖州湾科技城的创新集成平台作用，另一方面推进标志性和先导性国际合作，促进中国与国际高水平知名大学的科研和人才联合培养工作。上述任务的推进为推进海南教育基础设施和国际交流发挥了建设性作用，也成为中国教育开放尤其是高等教育国际合作的重要成就。

（三）建设进程中的创新实践

为推动我国教育改革开放的试验区建设，《海南国际教育创新岛制度集成创新方案》在办学体制、人才培养模式等方面开展制度集成创新，扩大教育对外开放，建立与高水平自由贸易港相适应的教育政策体系。

1.办学空间资源共享模式创新

海南国际教育创新岛全面推进空间资源共享模式创新，促进教学课程共享和办学资源共享，改善高校间课程的互动性和开放性。在教学方式方面，按照"大共享+小学院"的空间使用方式，尝试进行"一校入学、多校选课、多地实践、多个学位"的教学互动。同时，聘请国内外顶尖专家学者参与组建开放式、共享式、融合式学术委员会，建立入驻高校共同参与、共同发展的新型学术共同体。

管理制度方面，海南国际教育创新岛专门建立海南陵水国际联合学院，该学院作为教育服务部门独立运行，协调沟通区内不同学校和科研机构的共享课程库建设、共享教学设施等工作，为入驻高校提供教育教学和学术发展等方面的公共服务，推动高校共同发展。跨校间学生活动和实践教育共建机制创新，举办"自由贸易港未来英才创新创业项目大赛"，以"第二课堂成绩单"学分互认为指引，建立跨校间学生素质教育和实践教育共建机制。

2. 人才培养模式创新

海南国际教育创新岛的人才培养模式包括课程设计和培养机制两个方面。在课程设计方面，建设共享思政课（中国国情与文化课）、共享基础课，开设共享大师课，邀请一批院士专家开设系列讲座，邀请知名专家开设积极心理学课程，逐步推进"书院制、导师制、学分制"。2021年，崖州湾实现了首批共8门课程共计16个学分的共享；陵水试验区也已启动7个学分的共享课程。首批启动7个学分的共享课程，包括中国国情与文化、心理素质与健康、军事训练与国防教育。

在培养机制方面，陵水黎安国际教育创新试验区将稳步探索构建以国际学分银行、国际大师课程库、国际教育质量保障体制等为支撑的一流国际教育体系，建立园区高校间"学分互认、课程互选"的教育机制，并规划建设跨校"学分银行"，接收国内外高校学生来海南自由选课，获得的学分可存入"学分银行"，达到学位授予条件者，颁发海南高校相应学位。

3. 治理体系创新

海南国际教育创新岛将探索三个领域的学生培养新机制：①探索境外高水平大学设立的海南学校以"中国高考为基础的综合评价"招生方式招收中国籍学生，同时按照不低于校本部招生标准，面向全球自主开展招生；②支持中外合作办学机构（项目）以"中国高考为基础的综合评价"招生方式招收中国籍学生，同时支持外方合作院校按照不低于校本部招生的标准，面向全球招收学生（发放外方高校单学位）；③探索境外高水平大学设立的海南学校和中外合作办学机构（项目），试点与国内的国际学校（国际班）签约选拔录取学生。与此同时，放宽境外高水平大学设立的海南学校和中外合作办学机构（项目）中招收国际学生的比例。

4. 教育消费回流机制创新

海南国际教育创新岛建设以海南自由贸易港为依托，积极利用服务贸易自由化的制度创新，促进人员流动便利化和国际服务贸易发展。具体包括如下方面：①就读和旅游签证方面，海南省相关部门推动为符合规定的未成年国际学生的境外陪读人员办理私人事务类签证；②国际人员流动方面，鼓励已被境外高水平大学录取，或已在境外高水平大学注册学籍的国内外学生转学到境外高水平大学设立的海南学校或中外合作办学机构（项目）就读，由上述机构自主考核录取，可发放来琼办学境外高水平大学单学位；③留学生就业方面，在全省许可外国人就业的行业，允许海南高校国际学生开展勤工助学，由所在高校统一为开展勤工助学的国际学生代办学习类居留证件加注；鼓励在国内高校获得学士及以上学位的优秀国际学生来海南就业创业；④办学方面遴选国内现有优秀中外合作办学机构（项目），以新增办学地点、扩大招生规模、优化招生方式等模式，在海南国际教育创新岛进行示范办学。

因此，海南国际教育创新岛在办学空间资源共享模式、人才培养模式、学校治理体系和人员流动便利化等方面进行了多项创新，为建设高标准、国际化的教育开放新模式提供了重要经验，同时形成了海南自由贸易港服务贸易开放的高效平台。

三 海南国际教育创新岛的推进方向

海南国际教育创新岛建设需要依托海南自由贸易港的产业布局与制度体系，推进高水平教育开放，深化市场化改革，打造国际化和便利化的教育发展环境，成为我国最高水平教育开放和海南服务贸易开放的试验区。因此，教育创新岛建设应结合海南关键产业定位、贸易投资便利化、风险防控体系等方面全面推进，将自由贸易港建设与教育创新体系相结合，一方面教育创新体系建设利用自由贸易港的相关优势，另一方面教育创新体系为自由贸易港的制度开放服务。与此同时，教育创新岛建设需要结合国家教育改革战略部署，打造新时期教育开放的新标杆，为全球教育治理提供中国方案。

（一）发展与自由贸易港产业优势相协同的教育体系

现代产业体系是海南自由贸易港建设的重要任务，"十四五"时期高新技术产业、热带特色高效农业和现代服务业将成为海南自由贸易港建设的主导产业，这对海南教育创新体系建设提出了新的要求。

1. 优势产业与教育开放的互动作用

目前，海南省高新技术企业达到1100家左右；尤其在海口国家高新区，截至2021年年底高新技术产业项目签约32个、总投资达到66.3亿元，吸引了包括华熙生物、以岭药业等8家上市企业。"十三五"期间，海南持续引进了中科院力学所等高校和科研机构，共建科技创新载体和平台，省级重点科研实验机构和工程类研究中心约114家，科技创新能力显著提升。[1] 尤其在"南繁硅谷"集中中外知名种业企业30余家，汇聚全国最有实力的研究机构和团队，启动了多项重大联合攻关项目，为国家粮食安全提供了技术保障。[2]

因此在海南自由贸易港的产业趋势基础上，海南教育创新体系建设可以进一步以高技术产业为依托，加快科研机构与国际高校的战略对接，聚焦"陆（南繁）海（深海）空（航天）"领域，以国内主要大学和科研机构为主体，吸引国内外高端人才集聚，建设科研发展平台，为产业发展提供良好条件。尤其在税收政策方面，海南自由贸易港将在2025年前对鼓励类产业企业减按15%征收企业所得税；对在自由贸易港设立的旅游业、现代服务业、高新技术产业企业，2025年前新增境外直接投资所得，免征企业所

---

[1] 海南省科技厅：《海南高新技术产业迸发新势能》，海南省科技厅官网，2021年11月16日，http://dost.hainan.gov.cn/kjxw/mtjj/202111/t20211116_3092817.html。

[2] 海南省委自由贸易港工作委员会办公室编《海南自贸港建设白皮书2021.06-2022.05》，第14页。

得税。这为国外高科技产业及其研究部门的设立与经营提供了便利条件,也为中国与外国科研机构和科技企业的合作提供了重要机遇。教育开放的推进可在此基础上积极发展国际合作伙伴,推进联合实验室建设,打造品牌化、持续化的国际科技合作交流平台,吸引国内外科学家来海南开展国际科技合作工作,将服务贸易便利化和高科技人才流动与高技术产业发展相结合,形成技术进步与教育开放互动的良好格局。

2. 服务贸易开放与教育服务业跨境交付

跨境服务贸易负面清单制度是海南自由贸易港的重要制度创新,海南自由贸易港跨境服务负面清单包括了11类70项特别管理措施,将为全国跨境服务贸易扩大开放探索相关经验。与此同时,高等教育跨境服务也是世界贸易组织《服务贸易总协定》(GATS)的12个主要服务贸易部门之一,其提供方式可分为远程课堂和共享课程、高校学生留学、科技人员跨境工作、高校开办分支机构及合作机构等方式。[1] 近年来随着经济发展和数字技术的进步,信息和通信技术的创新正在为高等教育服务提供替代和虚拟的贸易方式。新型提供商如企业等营利性机构等正在兴起,新的教育服务提供者跨越国界提供教育服务,成为满足发展中国家教育需求的重要形式。在此背景下,高等教育国际化的重要表现为教育服务的跨境交付方式不断增加,这既包括大学分校、特许经营和一对一合作安排等方式,也包括学校课程和科技人才的跨境流动。

为落实人员流动便利化的决策部署,2019年海南省推出12项移民与出入境政策措施,为外籍高层次人才提供入境、就业等6项便利化措施,海南也成为移民出入境政策实施的先进省份。[2] 截至2022年5月,海南省共签发工作类居留许可4915项,开放境外人员参加职业资格考试38项、单项认

---

[1] Chotiras Chavanich, "Trade in Services and Sustainable Development in the Context of the WTO The Case of Higher Education," in Yasuhei Taniguchi, et al., eds., *The WTO in the Twenty-First Century*, New York Cambridge University Press, 2007, pp. 381-382.

[2] 宋洪涛、陈炜淼:《海南省公安厅推出系列措施 推动自贸区(港)国际人员流动管理迈向新高地》,凤凰新闻网,2020年4月3日,https://ishare.ifeng.com/c/s/7vdb6RDaVAc。

可境外职业资格219项,有效促进了高层次人才流动的便利化和服务贸易的跨境交付。①

在此基础上,海南国际教育创新岛建设可以在跨境服务交付和跨境数字流动方面进一步扩大开放,促进教育服务和课程数据自由流动。第一,可以借助中国在数字贸易和数据流动等方面的优势,以及中国大学公共网络课程的建设,大力推进国家间的课程共享和网络课程建设,引进国际顶尖大学的通识和技术类课程;② 第二,对于外国高层次人才,在免签入境、个人收入所得和个人信息流动等方面提供更加便利的服务;尤其通过个人所得税减免政策吸引外国科技人才到海南就业,包括为在华外籍人才提供便利化服务;第三,增加国内学校与国际顶级大学的联合培养课程计划,促进中国学生到外国访学,建立更加长期的中外教育交流机制;第四,加强国际合作,提升数据流动的便利性,与相关国家探索相关个人和课程数据跨境流动合作,为发达国家高校和科研机构的数据共享提供更加便利的条件。

(二)通过先行先试建设国家需要的教育体系

2020年6月,教育部等部门联合发布《关于加快和扩大新时代教育对外开放的意见》,要求通过多项措施,包括推动出台各类专业教育标准、推进来华留学生和外籍教师的相关改革,建设留学生来华的重点项目,切实推进我国教育服务业的对外开放。③ 在这方面,海南国际教育创新岛可以在留学生课程设置、国际国内合作等方面开展先行先试,推进教育开放、扩大中外高等教育和技术交流,提升教育创新岛在国际教育中的地位和作用。

首先,推动教学课程的国际化,为高等教育提供国际视野。Leask将课程国际化定义为"将国际和跨文化维度纳入课程内容、教学过程和学习计

---

① 海南省委自由贸易港工作委员会办公室编《海南自贸港建设白皮书2021.06-2022.05》,第14页。

② 王立勇、马光明、王桐:《中国教育服务贸易七十年:成就、经验与未来发展对策》,《国际贸易》2019年第11期,第9~10页。

③ 教育部:《加快和扩大新时代教育对外开放》,教育部官网,2020年6月23日,http://www.moe.gov.cn/jyb_xwfb/s5147/202006/t20200623_467784.html。

划",课程国际化"将有目的地培养学生作为全球专业人士和公民的国际视野"。[1] 教育国际化的推进可以加强学生的海外教育体验和适应能力,为学生整合国外资源、提高海外交流比例,部分教师和科研人员通过学校间交流和交换项目进行国际合作。与此同时,国内课程的国际化包括整合国际和本地学生的学校活动和课程内容,提供多种语言和教材,加强中国与国际学生的互动等,提升国内高校学生的国际交流能力。

其次,通过提供多样化和独特的教育服务组合,吸引来自其他国家的留学生。其具体措施主要包括:①为国际学生提供更低的教育成本,包括学费和生活服务,尤其在签证服务等方面,实行更加便利的签证和居留政策;②允许更大比例的国内学生进入国际学校(新加坡部分学校国内学生比例达到50%);③为科技人才的晋升和招聘活动提供国家支持,由多部门提供整体支持措施,尤其对科技人才的个人所得税实行更加优惠的政策,吸引外籍科技人才到海南教育创新岛参与科技合作项目。

最后,加强与海外顶尖大学和教育机构的伙伴关系。目前,海南国际教育创新岛已经与多所国际知名高校建立了共享课程和联合培养计划,在此基础上可以进一步加强高校间的学位互认与联合学院建设,提升国内高校在学生培养和科学研究方面的能力和水平。相关措施包括:①提供双硕士学位,海南大学等高校与相关国际高校联合授予部分专业学生双硕士学位;②授予双博士学位,海南部分高校可先行先试,与国际高校联合推出双学历博士学位;③与国内和国际知名高校合作,联合建立工程类专业学院,包括国内相关高校与国际知名高校联合建立技术研发中心,促进国内高校的技术引进和研发合作。

在这方面,海南自由贸易港可借鉴新加坡高等教育的国际合作经验。南洋理工大学与加州理工学院建立了长期专业合作关系,合作建立药物化学项目,同时建立联合招聘机制,推动了学校的科技人才建设,在培养博

---

[1] Betty Leask, "Using Formal and Informal Curricula to Improve Interactions Between Home and International Students," *Journal of Studies in International Education* 2009 (13) pp. 205-221.

士的同时，学校也在建设高水平的师资队伍。此外，2003年南洋理工大学与斯坦福大学签署了《新加坡—斯坦福合作协议》。该协议旨在合作开展环境工程研究，并开展硕士和博士课程。南洋理工大学的相关治理框架在很大程度上根据斯坦福大学现成的系统进行调整，对大学科技水平提升具有重要意义。

四 国际教育创新岛发展的政策建议

近年来，海南国际教育创新岛建设取得了重要成就，教育平台建设稳步推进，一批先导性国际合作项目不断发展，管理体系和教学科研体制采取了多项创新政策，推动海南教育创新岛成为国内教育开放的新标杆。与此同时，为了建设与海南产业体系相融合、与国家教育开放要求相适应的国际化教育体系，海南国际教育创新岛建设可在以下方面进一步推进，形成高水平的开放性教育新体制。

高技术产业合作方面，加强与海南高技术产业平台的协调，建设与自由贸易港产业体系相结合的国际教育科技创新体系。海南教育创新体系建设可以进一步以高技术产业为依托，加快相关高校和科研机构与国际高校的战略对接，聚焦"陆（南繁）海（深海）空（航天）"领域，建设一批创新载体和平台。尤其在税收政策方面，充分利用2025年前对鼓励类产业企业减按15%征收企业所得税政策，加强中国与外国科研机构和科技企业的合作。在此基础上积极推进联合实验室建设，打造品牌化、持续化的国际科技合作交流平台，吸引国内外科学家来海南开展国际科技合作工作，将服务贸易便利化和高科技人才流动与高技术产业发展相结合，形成技术进步与教育开放互动的良好格局。

现代教育服务业方面，促进人员流动和数字流动便利化，为国际学生提供良好的教育服务，提升教育服务的国际化水平。教育服务业可以进一步推进先行先试，在进口教学设备和仪器"零关税"和简化审批、外籍人员入境及居留便利化、个人所得税减免和建立国际离岸创新创业示范区等方面深入推进。尤其通过多种途径为国际课程和国际数据流动提供便利服务,促进课程共享,推进人员流动和数据流动便利化。尤其对于外国高层次人才,实施更加便利的免签入境政策,进一步放宽外国人免签入境事由限制;通过个人所得税减免政策吸引外国科技人才到海南就业,包括为在华外籍人才提供便利化服务。

消费回流机制方面,促进国内高水平大学与国际大学的合作办学,包括国际学校的学位互认和联合授予、国际学生交流和联合培养工作,同时降低海外人才和学生的跨境交付成本。相关措施包括:①海南教育创新岛建设可在学分互认基础上,发展学校间的学位互认和联合授予计划,与国际知名高校达成学位互认和双学位联合培养合作,这对于促进外籍学生到海南留学、提升海南教育服务质量将具有重要作用;现阶段海南本地和引进的相关高校尚未与外国学校达成学校间的学位互认,而学校间的学位互认是新加坡多所高校推进国际化的重要步骤,也是上海纽约大学国际化的成功经验;②借助海南在数字贸易和数据流动等方面的比较优势,推进国家间的课程共享和网络课程建设,引进国际顶尖大学的高水平课程,为留学生提供更高水平的教育服务;同时探索相关个人和课程数据跨境流动合作,为发达国家科研机构在海南的数据共享提供更加便利的条件;③尤其对于外国高层次人才,通过企业和个人所得税减免政策吸引外籍人才到海南创业和研究,为在华外籍人才提供便利化服务;④增加国内学校与国际顶级大学的联合培养课程计划,为外国学生到海南开展以学期或学年为单位的短期交流建立更加完善的平台,逐步形成长效的中外教育交流机制。

科技领域国际合作方面,推进与国际顶尖大学的科技交流、提升税收优惠力度,引进高水平科技人才。现阶段崖州湾科技城已引进12所国内知名高校,同时与多所国际知名高校开展了多项合作计划,成为推动科技交流的重要方面。在此基础上,海南相关高校和国内知名大学的海南分校可以进一步尝试开展与国际知名高校的科技合作项目,通过合作项目引进国际高水平科技人才,通过人员流动便利化机制为国际专家提供服务,从而提升国内科技平台的竞争力,为国内高校的科技合作提供良好基础。对于外国高层次人才，利用海南的个人所得税减免政策，吸引外国高校和企业相关科技人才到海南就业，提升海南国际教育创新岛与国际知名大学的合作潜力。

国内教学和课程改革方面，推动国内课程改革，适当增加外语学习和国际课程，促进国内学生的国际化。现阶段海南已开始探索境外高水平大学设立的海南学校以"中国高考为基础的综合评价"招生方式招收中国籍学生，放宽境外高水平大学设立的海南学校和中外合作办学机构中招收国际学生的比例限制。在此基础上，可以借鉴新加坡教育国际化的经验，进一步加快国内教育改革，增加国际课程比例，促进中国学生到国外高校访问交流，同时放宽境外高水平大学设立的海南学校中的中国学生比例，允许更多中国籍学生进入国际学校学习，提升国内教育的整体开放程度。

因此，海南国际教育创新岛建设，将通过与海南自由贸易港的产业互动，为海南高新技术产业和特色产业提供有力的技术支持；同时海南国际教育创新岛通过先行先试，在人才培养模式、国际交流机制等方面加强探索，将为我国高等教育的对外开放和国际合作提供重要平台，从而成为培养高科技人才和促进高等教育国际化、现代化的新高地，为形成高等教育国际合作的新格局发挥重要引领作用。

参考文献

［1］北京外国语大学国际教育研究院：《70年中国教育的对外开放——中国国际教育发展报告（2019）》，华东师范大学出版社，2019。

［2］何志平：《海南建设国际教育创新岛进程中中外合作办学的规制供给》，《新东方》2019年第5期。

［3］赖秀龙、李振玉：《海南建省30年教育发展的成就与未来展望》，《海南师范大学学报》（社会科学版）2018年第2期。

［4］廖青：《新加坡和中国香港地区打造区域教育枢纽的比较研究》，《比较教育研究》2017年第11期。

［5］民盟上海市委课题组：《关于中外合作办学运行机制的思考——以上海纽约大学为例》，《教育发展研究》2012年第7期。

[6] 谭贞等:《中外合作办学政策对我国高等教育国际化的影响及对策研究》,上海交通大学出版社,2021。

[7] 王焕芝:《新加坡构建亚洲高等教育枢纽的路径与挑战》,《比较教育研究》2017 年第 7 期。

[8] 伍宸、宋永华、赵倩:《高水平中外合作办学的理念与实践》,《中国高教研究》2017 年第 2 期。

[9] 徐小洲、郑淑娴、韩冠爽:《大变革时代的高等教育国际化理念创新与组织重塑》,《中国高教研究》2022 年第 6 期。

[10] Fabio Nascimbeni, "Patterns for Higher Education International Cooperation Fostered by Open Educational Resources," *Innovations in Education and Teaching International* 2021(58).

[11] Hans de Wit and Philip G. Altbach, "Internationalization in Higher Education Global Trends and Recommendations for Its Future," *Policy Reviews in Higher Education* 2021(5).

[12] Jack T. Lee, "Education Hubs and Talent Development Policymaking and Implementation Challenges," *Higher Education* 2014(68).

附件一

比较研究：新加坡教育的国际化路径①

新加坡作为国际自由贸易港和教育创新的重要范例，其经济发展和教育开放体系建设均取得了显著成就。借鉴新加坡高等教育国际化的发展经验，将对海南教育创新岛建设具有重要价值，也可以为全国教育开放体系建设提供有益借鉴。

（一）新加坡国立大学：全面推进国际交流计划

新加坡国立大学的全球化包括两个维度："国内学校的国际化"和"国际学校的国内化"。国内学校国际化方面，新加坡国立大学设计了多个国际项目和学生交流计划，为学生的国际化发展提供了重要平台。其中，学业成绩优秀的在校本科生可赴全球30个国家的180所顶尖大学进行为期至少半年的学习，以拓宽学生的国际视野。除提供学生交流计划之外，新加坡国立大学还提供了短期交流计划等合作平台，相关项目包括耶鲁大学国际访问计划，新加坡学生可在耶鲁大学学习一年；淡马锡基金会国际领导力计划，在该计划中新加坡与东亚和东南亚国家合作，提升新加坡学生的国际合作能力。

国际学校国内化方面，新加坡国立大学设计和参与了多种引进国际高校的项目，包括与国际顶级大学的学生交流计划、联合/双学位项目、会议/模拟/论坛和社区项目等方式；同时，新加坡国立大学积极参与国际大学联盟，包括国际研究型大学联盟、亚太研究型大学等，加强与国际高校的协调行动，促进其在全球教育领域实现创新。其中最为重要的是新加坡国立大学与

---

① 新加坡国立大学的高等教育国际化进程，参见 Teofilo C. Daquila, "Internationalizing Higher Education in Singapore Government Policies and the NUS Experience," *Journal of Studies in International Education* 17 (5), 2013, pp.629-647；新加坡南洋理工大学的国际化政策，参见 Abdulrahman Al-Youbi, Adnan H. M. Zahed, and William G. Tierney, eds., *Successful Global Collaborations in Higher Education Institutions*, ChamSpringer, 2020, pp.43-51.

世界一流大学开展合作,提供广泛的双学位、联合学位的培养计划。近年来,新加坡国立大学已拥有双学位项目70个,联合学位、并行学位项目分别为31个和15个,不仅为国内学生提供了极大便利,而且显著提升了学校的国际化水平。

国际合作和交流的开展增强了新加坡国立大学的影响力,目前新加坡国立大学拥有来自100个国家的36000多名学生,成为东南亚和世界各国留学生的重要目的地。

(二)新加坡南洋理工大学:国际科技合作平台建设

南洋理工大学成立于1981年,是一所以实践为导向的工程学院。1991年至2002年,南洋理工大学致力于培养工程师、高管、会计师和媒体专业人士。2003年,南洋理工大学开始进行全面改革,与国际高等院校的合作提升了学校的研究能力,创造了可持续的发展模式。

南洋理工大学认为,科学研究是最全球化的活动,大学的科学研究的先进性与其在国际网络中的活跃程度具有紧密联系,大学的国际网络通常由科研人员为特定的重大问题或重大挑战而建立起来,这是一种通常基于共同研究兴趣的学校间合作关系。因此,与国际高水平大学的合作是大学科研和教育交流的基础,大学之间的联系通常建立在重要科研人员联合教学和研究的基础上。

2003年,南洋理工大学与斯坦福大学达成双方合作协议,该协议旨在合作开展环境工程研究,并开展硕士和博士课程。斯坦福大学的环境工程项目排名世界第一,环境工程是南洋理工大学的一个专业领域,也是新加坡研究战略的重点领域。南洋理工大学的关于学术委员会、参议院、参议院委员会和咨询委员会的治理框架在很大程度上根据斯坦福大学现成的系统进行调整,对大学的治理具有重要意义。

南洋理工大学与加州理工学院的关系更加深刻。加州理工学院与南洋理工大学合作建立学校的药物化学专业。为了确保良好的质量控制,双方建立联合招聘机制,让研究人员在回到南洋理工大学之前在加州理工学院教学和

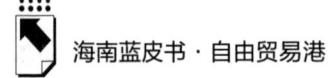

进行研究两年。虽然这种在培养学生的同时培养教师的方法成本更高，然而从长远来看在培养博士的同时，学校也在建设高水平的师资队伍。因此南洋理工大学的实践表明，大学拥有世界一流的师资队伍比把博士生送到顶尖学校更为有效，也将有更高的科研能力。南洋理工大学与加州理工学院的合作显著提升了学校科研人员的能力，随着南洋理工大学国际声誉的提高，化学成为学校的亮点专业之一。

南洋理工大学与加州理工学院的合作在地理学方面产生了更重要影响。南洋理工大学在建立新加坡地球观测站（EOS）的进程中，邀请加州理工学院著名教授克里·谢（Kerry Sieh）加入，而克里愿意放弃加州理工学院的终身职位，来到南洋理工大学全职工作。在克里的帮助下，南洋理工大学一举建立了一个世界级的东南亚火环自然灾害和人为灾害观测站，对地震、海啸、火山和全球变暖导致的气候变化进行系统研究。这不仅填补了世界热点研究领域的空白，而且为新加坡邻国提供的相关服务也为南洋理工大学赢得了声誉。

研究指出，大学之间的合作关系必须创造双赢局面，而能力的匹配对双赢局面的形成至关重要。如果合作学校的科研能力存在重大差距，即使通过向实力较强的合作伙伴提供补偿资金的支持，也无法弥补双方关系的不平等，而力量较弱的学校可能最终会退出，从而导致研究合作的不可持续性。因此，南洋理工大学选择了与其科技教育能力较为匹配的学校和科研项目，逐步提升自身科研实力，取得了显著成效。

附件二
上海纽约大学教学体系的国际化经验

上海纽约大学于2012年建立,由美国纽约大学与中国华东师范大学合作创建,是中国第一所中美合办的研究型大学,也是美国纽约大学全球体系中具有学位授予资格的三大学校之一。上海纽约大学依托纽约大学的高水平、国际化教育资源,向中国提供高质量的教育和科研服务,成为中国高等教育改革和教育服务业对外开放的"试验田",致力于为中国培养具有创新精神、国际视野和跨文化交流能力的高素质人才。[①]

上海纽约大学国际化的重要特色在于汇聚了世界高水平教育资源,形成了先进的本科和研究生教育模式,并为学生提供了开展国际交流的重要平台。首先,教育资源方面,上海纽约大学的教师组成体现了高标准的国际化方向。现阶段教师队伍主要由三部分构成:来自纽约大学的聘用教师占比为40%、来自国际招聘的专职教师占比为40%、来自国内外顶尖大学的兼职教授占20%。其中外籍教师占总数的比例超过68%,具有海外留学经历的教师占一线教师的比例达到100%。其中在数学专业国际引进的21位转职教师中,有5位美国院士级的教授,专业师生比为1∶2,为教师与学生的互动提供了良好空间。此外,各专业的院士级教授均为本科生上课,包括2018年获得诺贝尔经济学奖的保罗·罗默(Paul Romer)教授为学生讲授必修课,开拓了学生的国际视野、增进了其对国际学术前沿的认知。[②]

其次,本科教育方面,上海纽约大学贯彻宽口径、厚基础的原则,融合通识培养和专业训练,形成了独具特色的本科教学模式,为学生打下了全面的知识基础,同时构建了可以终身受益的成长体系。这主要包括:(1)本

[①] 根据上海纽约大学网站整理,https://shanghai.nyu.edu/cn/page/about。
[②] 丁树哲:《上海纽约大学:高等教育的试验田》,《国际人才交流》2019年第4期,第44~46页;孙晓维:《中外合作办学的经验与启示——以上海纽约大学为例》,《教育现代化》2019年3月,第205~207页。

科生前两年教育主要为通识课程，为学生建立完整的知识基础和学术背景，更有利于其选择合适的专业方向；（2）本科阶段开设12个专业，学生可自主选择主修与辅修专业，培养核心竞争力和跨学科视野；（3）在高年级阶段所有学生均可到外国高校进行一到两个学期的交流活动，目前纽约大学在全球建立了12个国际学习中心，学生可以接入全球统一的课程和资源，以及更多的辅修领域，拓宽视野、提升能力。

再次，研究生培养方面，上海纽约大学开展了生物、化学、计算机科学等11个博士专业，均由国际高水平专家联合执导、在上海校区可颁发纽约大学博士学位。主要包括：（1）课程和科研分别在纽约和上海完成，第一学年在纽约大学进行博士课程学习，之后将回到上海校区开展科研工作；（2）纽约大学在各个学科均聘请了知名专家学者团队，学生可获得国际高水平教授的学术指导，以及由助理研究员和博士后人员组成的学科组的帮助；（3）学生达到课程和科研要求后，将获得由纽约大学颁发的博士学位；（4）学校为学生提供涵盖学费、住宿费用和国际交流的奖学金，解决相关的生活问题，创造了良好的科研环境。2022年5月29日，上海纽约大学举办了第三届研究生毕业典礼，授予122名毕业生硕士或博士学位。[1]

最后，国际交流方面，上海纽约大学已成立多个国际交流中心，成为国际前沿教育资源共享的重要枢纽，也为学生提供了接触国际学术前沿的重要机遇。2022年8月，上海纽约大学成立全球健康公平研究中心，由国际著名专家Brain Hall教授负责和指导，加强世界各国学者在相关领域的交流，为上海师生搭建学术交流和知识共享的平台，为全球公共健康研究和上海纽约大学的国际化贡献力量。[2]

---

[1] https://shanghai.nyu.edu/cn/news/nyu-shanghai-celebrates-122-graduates-2022-graduate-convocation.

[2] https://shanghai.nyu.edu/cn/news/nyu-shanghai-launches-new-center-global-health-and-equity.

附表 1　高等教育服务贸易的提供模式

GATS 的提供模式	解释	高等教育案例	潜在市场
1. 跨境提供	在服务跨越边界时提供服务（不需要消费者的身体移动）	远程教育 网络学习 虚拟大学课堂	现阶段市场相对较小，通过使用新的内部跨境供应，但互联网的市场潜力巨大
2. 境外消费	提供涉及将消费者转移至供应商所在国的服务	留学生到他国接受教育服务	目前是世界教育服务贸易市场的最重要组成部分
3. 商业存在	服务提供方在另一个国家建立或存在商业设施以提供服务	当地分校或附属校区合作伙伴关系 与当地机构的特许经营安排	未来增长具有强大潜力争议最大，商业存在涉及外国直接投资的国际规则变动
4. 自然人存在	临时前往另一个国家提供服务的人员	教师、科技人才和研究者前往国外	强调专业人员的流动性，具有较大的潜在市场

资料来源：Chotiras Chavanich, "Trade in Services and Sustainable Development in the Context of the WTO the Case of Higher Education," in Yasuhei Taniguchi, et al., eds., *The WTO in the Twenty-First Century*, New York Cambridge University Press, 2007, p.383.

附表 2　我国现有中外合作办学机构项目分布情况

单位：个，人

省份	项目数量	招生人数
江苏	112	7155
河南	111	13055
上海	96	5755
山东	79	—
北京	79	5049
浙江	71	—
湖北	63	5958
吉林	60	6470

资料来源：根据华经产业研究院《2021-2026年中国中外合作办学市场发展前景预测及投资战略咨询报告》整理。

附表3　中国的国际学生人数变化趋势

单位：人，个

年份	招生人数				学位授予数			
	总计	本科	硕士	博士	总计	本科	硕士	博士
2011	94692	17830	7814	2056	15197	10586	3874	737
2012	102991	8898	20150	755	—	5145	12300	—
2013	106448	21743	9641	2689	19025	12430	5541	1054
2015	124896	26605	12697	4021	19619	12013	6447	1159
2016	138362	29873	14348	4891	20876	12861	6863	1152
2017	153445	32357	16729	5666	26093	15888	8753	1452
2018	163835	36209	18110	5627	28754	17272	9701	1718
2019	172571	38682	18390	5899	32996	19560	11124	2282
2020	89751	27535	14123	5446	33136	18245	12038	2853

注：招生总人数中包括专科和培训人数，暂缺2014年数据。

资料来源：根据《中国教育统计年鉴》各年数据整理。

B.9
海南自由贸易港法规体系研究

陈历幸*

摘　要： 在涉及海南自由贸易港的各位阶法律规范中，海南地方立法机关所制定的法规所起到的承上启下作用尤其突出，故有必要集中考察这些地方法规所构成的规则体系，即海南自由贸易港法规体系，以及其在海南自由贸易港建设中的积极影响。海南自由贸易港法规体系建设促进了营商环境建设制度创新、重点园区管理制度创新、重点产业发展制度创新、生态环境保护制度创新、社会治理制度创新。在今后发展中，要逐步形成能够对接国际高标准经贸规则的海南自由贸易港法规体系。要根据海南自由贸易港的发展趋势，在基础设施、监管和便利化方面充分形成能够实现自由贸易港数字化的海南自由贸易港法规体系。要以海南自由贸易港提出的现代产业体系建设为基础，不断完善能够适合海南自由贸易港产业发展要求的海南自由贸易港法规体系。

关键词： 海南自由贸易港　法规体系　现代产业体系

一　海南自由贸易港法规体系建设及意义

形成具有中国特色的自由贸易港法律制度，保证海南自由贸易港各方面运行有法可依，是海南自由贸易港全面落实依法治国基本方略的前提和基

---

* 陈历幸，上海社会科学院法学研究所副研究员，主要研究方向：经济法学、国际经济法学。

础，是中国自由贸易港发展进步的制度保障。涉及海南自由贸易港的法律规范是综合、立体的，这些不同位阶的法律规范共同形成特定的法律规范体系。其中，属于"法规"位阶的法律规范，有着十分重要的承上启下作用，而地方立法机关制定的地方法规，就有关地域而言，所起到的作用尤为突出。

（一）海南自由贸易港法规体系的界定

需要先行说明的是，本文之所以使用"地方法规"这一概念，而不使用研究者广泛采纳的《中华人民共和国立法法》（以下简称《立法法》）中的"地方性法规"概念，主要基于如下考虑。

首先，海南省人大及其常委会目前既拥有地方性法规制定权，也拥有经济特区法规制定权，还拥有自由贸易港法规制定权，而经济特区法规是否应归属于地方性法规，由于《立法法》中未予以明确，实务中存在不同的做法。比如，《行政法规、地方性法规、自治条例和单行条例、经济特区法规备案审查工作程序》（全国人大常委会委员长会议2000年10月16日通过，2019年12月16日废止）中显然将地方性法规与经济特区法规并列，对两者的备案审查报送程序亦有不尽相同的规定；而《海南省制定与批准地方性法规条例》（海南省人大常委会2001年2月16日通过，分别于2010年9月和2016年1月修正）却规定制定、修改、废止地方性法规、海南经济特区法规均适用该条例，且该条例的名称中只出现"地方性法规"，这就是隐然地将经济特区法规视作地方性法规的一种；《深圳市法规制定条例》（2012年1月12日深圳市人大通过，2012年3月30日广东省人大批准）则似乎折中于前两者之间，该条例一方面分别规定了应当制定地方性法规和经济特区法规的不同事项，以及制定地方性法规和制定经济特区法规的不同原则，另一方面又对于地方性法规和经济特区法规设置了相同的制定程序和解释程序（此时该条例将它们统称为"法规"）。

其次，连经济特区法规这样的于《立法法》制定时已经存在且在《立法法》上有相关规定的法律形式，其是否属于地方性法规，都会产生争议，而自由贸易港法规这样的于《立法法》制定时尚不存在且在《立法法》上没有相关规定的法律形式，其是否属于地方性法规，则会有更多的疑问。与其勉强使用"地方性法规"概念来概括海南省人大及其常委会运用地方性法规制定权、经济特区法规制定权、自由贸易港法规制定权所制定的全部法规，不如参考《深圳市法规制定条例》的做法另行塑造一个不易引发争议的概念作为概称。《深圳市法规制定条例》中所称"法规"自然仅指地方立法机关所制定的"法规"，如此，不妨对这种情况下的"法规"加上"地方"的限定语，表述为"地方法规"。

结合以上考虑，对于海南自由贸易港法规而言，可以做出广义、较狭义以及最狭义的不同界定。

广义的海南自由贸易港法规，指的是与海南自由贸易港建设相关的、与《海南自由贸易港建设总体方案》（以下简称《总体方案》）、《中共中央国务院关于支持海南全面深化改革开放的指导意见》（以下简称《指导意见》）、《中华人民共和国海南自由贸易港法》（以下简称《海南自由贸易港法》）匹配的行政法规和地方法规（含法规性决定，以下同）。

较狭义的海南自由贸易港法规，指的是与海南自由贸易港建设相关的、与《总体方案》《指导意见》《海南自由贸易港法》匹配的，由海南省人大和海南省人大常委会运用地方性法规制定权、经济特区法规制定权、自由贸易港法规制定权制定（含修订，以下同）的地方法规。

最狭义的海南自由贸易港法规，指的是《海南自由贸易港法》第10条第1款[①]意义上的，海南省人大根据《海南自由贸易港法》，运用自由贸易港法规制定权，结合海南自由贸易港建设的具体情况和实际需要，遵循宪法规定和法律、行政法规的基本原则，就贸易、投资及相关管理活动制定的，在海南自由贸易港范围内实施的地方法规。

[①] 《海南自由贸易港法》第10条第1款规定："海南省人民代表大会及其常务委员会可以根据本法，结合海南自由贸易港建设的具体情况和实际需要，遵循宪法规定和法律、行政法规的基本原则，就贸易、投资及相关管理活动制定法规（以下称海南自由贸易港法规），在海南自由贸易港范围内实施。"

上述三种界定中，广义的海南自由贸易港法规纳入了国务院制定的法规（行政法规）。当然，行政法规对于海南自由贸易港非常重要，其与海南自由贸易港建设有着相当强的关联性。例如，2020年的一揽子"调法调规"之前，国务院已针对海南进行了两次单项调规，分别发布《国务院关于在海南博鳌乐城国际医疗旅游先行区暂停实施〈医疗器械监督管理条例〉有关规定的决定》（国发〔2018〕10号）和《国务院关于在海南博鳌乐城国际医疗旅游先行区暂时调整实施〈中华人民共和国药品管理法实施条例〉有关规定的决定》（国发〔2018〕43号）；截至2020年年底，海南省第一批"调法调规"事项完成，涉及《中华人民共和国土地管理法》等三部法律和《中华人民共和国海关事务担保条例》《中华人民共和国进出口关税条例》《中华人民共和国国际海运条例》《中华人民共和国船舶和海上设施检验条例》《国内水路运输管理条例》五部行政法规的调整，第二批"调法调规"事项报请国务院审议①；2022年，海南省人民政府办公厅印发的《2022年度法治政府建设工作要点》②则要求，"做好与中央和国家有关部门的沟通协调工作，争取第三批调法调规事项早日落地，启动第四批调法调规工作"。

然而，如果将行政法规也纳入海南自由贸易港法规体系，则行政法规中与海南自由贸易港建设相关的内容会显得非常丰富，牵涉面过大，其中绝大多数的规定，需要考虑的是如何在海南恰当适用，而不只是如何变通适用或不予适用的问题，此外，作为不同主体的海南省人民代表大会（及其常务委员会）和国务院，不同主体所制定的规则之间的协调问题，与同一主体所制定的规则之间的协调问题相比要复杂得多，这里暂不讨论。基于这些考虑，这里所说的海南自由贸易港法规，并非广义的海南自由贸易港法规。

上述三种界定中，最狭义的海南自由贸易港法规，作为我国的"法规"

---

① 《海南自由贸易港建设蓬勃展开》，《海南日报》，2021年4月13日，A03版；王慧：《我省第一批调法调规事项全部落地》，《法制时报》（数字版），2020年9月11日，http://fzsb.hinews.cn/html/2020-09/11/content_87049_12366066.htm。

② 《海南省人民政府办公厅关于印发〈2022年度法治政府建设工作要点〉的通知》（琼府办函〔2022〕120号），海南省人民政府官网，https://www.hainan.gov.cn/hainan/szfbgtwj/202204/091e3c3b714d4c63a8bb97607c80c025.shtml。

中一个因《海南自由贸易港法》第10条第1款而新出现的种类，确实值得持续性的专门研究。但如果将海南自由贸易港法规体系中的海南自由贸易港法规依此种内涵界定，则会遇到如下困难。

首先，必须明确海南省人大及其常委会在制定某一法规时行使的是否为自由贸易港法规制定权，这一点十分重要。

其次，即使在海南省人大及其常委会层面能够明确这一点，研究者也很难判断某个法规是否与海南自由贸易港建设密切相关，究竟是某个行使自由贸易港法规制定权制定的法规更具有相关性，还是某个行使地方性法规制定权（或者经济特区法规制定权）制定的法规更具有相关性，恐怕不易得到确定的答案。

再次，即使行使自由贸易港法规制定权制定的法规都与海南自由贸易港建设密切相关，这些法规也未必能够形成相对完整的规则体系，因为海南省人大及其常委会在制定立法规划时对拟制定的所有法规是通盘规划的，正如海南省第八次党代会报告所指出的"统筹用好一般地方性法规、经济特区法规和自由贸易港法规制定权，建立健全与国家法律体系相配套、与国际惯例相接轨、与自由贸易港建设相契合的法规体系"。[①] 也就是说，虽然，其作为一个整体，因立法权的统筹运用而具备较为显著的体系性，但某个组成部分却未必具备这样的特征，行使自由贸易港法规制定权制定的法规尤为如此，根据《海南自由贸易港法》的规定，此类法规应当是"就贸易、投资及相关管理活动制定"的法规，其局部性质尤其明显，需要与行使地方性法规制定权（或者经济特区法规制定权）所制定的法规相互配合，才能较好地发挥体系性的作用。基于这些考虑，本报告所说的海南自由贸易港法规，也不是最狭义的海南自由贸易港法规。

综上，本报告所说的海南自由贸易港法规，指的是较狭义的海南自由贸

---

① 沈晓明：《解放思想 开拓创新 团结奋斗 攻坚克难 加快建设具有世界影响力的中国特色自由贸易港——在中国共产党海南省第八次代表大会上的报告》，海南省乡村振兴局官网，2022年4月26日，http://fpb.hainan.gov.cn/fpb/xxddhjs/202205/faee19d9bcce4adfb252094499fe938f.shtml。

易港法规。相应地，海南自由贸易港法规体系，是指由海南省人大和海南省人大常委会依法制定的与海南自由贸易港建设相关的、与《总体方案》《指导意见》《海南自由贸易港法》匹配的地方法规所构成的系统、和谐的法律规则体系。

此外，"稳步推进中国特色自由贸易港建设"的重大决策，是2018年4月13日习近平总书记在庆祝海南建省办经济特区30周年大会上的讲话（以下简称"4·13"重要讲话）中郑重宣布的，因此以下所考察的海南自由贸易港法规，也主要限于2018年4月以后海南省人大和海南省人大常委会制定的地方法规。

（二）海南自由贸易港法规体系建设的意义

1. 全面落实《海南自由贸易港法》的必备环节

2021年6月10日，第十三届全国人大常委会第二十九次会议表决通过《海南自由贸易港法》，自公布之日起施行。该法明确了市场主体设立便利、经营便利、注销便利、破产程序优化，以及各类市场主体在准入许可、经营运营、要素获取、标准制定、优惠政策等享受平等待遇方面的地方立法重点任务，为与海南自由贸易港建设相关的其他法律文件的制定提供了法律依据、奠定了坚实基础。

贯彻实施《海南自由贸易港法》，需要各有关机构制定法规、部门规章和其他规范性配套文件加以细化。一方面是国务院制定的行政法规和国务院各部门制定的部门规章及其他规范性文件。例如，根据《总体方案》，国家发展改革委、财政部、商务部、中国人民银行、海关总署等部门派员进驻海南，直接向海南推进自由贸易港建设工作小组进行汇报。在这一进程中，国务院有关部门为了工作需要，自然有必要制定关于实施《海南自由贸易港法》的部门规章。另一方面是海南省人大及其常委会按照法律赋予的权限制定的地方法规。这些地方法规与上述行政法规和部门规章相互呼应、相辅相成，使其中的有关规定得以更好更快地适用于实践，共同起到落实《海南自由贸易港法》的作用。

2. 全面落实《总体方案》《指导意见》的重要保证

政策与法律是海南自由发挥着贸易港建设中互相联系、互为补充的重要手段，在促进海南自由贸易港发展中缺一不可。政策是海南自由贸易港发展的行动指导原则与准则，具有普遍性、指导性、灵活性等特征；法律是由国家制定或认可并由国家强制力保证实施的具有普遍效力的行为规范，具有规范性、稳定性和强制性等特征。一方面，在海南自由贸易港法规体系尚未系统、完备地确立之前，政策发挥着先导和试验作用。另一方面，政策灵活多变、缺乏强制力，要解决海南自由贸易港发展中存在的市场准入、贸易自由、知识产权、风险防控和统一执法等问题，应当从法律层面加以应对，特别是反洗钱、反恐怖融资、反逃税和建立多元化商事争议解决机制等问题，必须在法律层面予以规制。[①]《总体方案》要求制定海南自由贸易港商事注销条例、破产条例、公平竞争条例、征收征用条例等，《指导意见》要求该意见提出的各项改革政策措施凡涉及调整现行法律或行政法规的，经全国人大或国务院统一授权后实施，均属此列。将党中央的部署法律化、制度化，通过立法引领和保障海南自由贸易港的建设，对于全面深化改革，全面依法治国，有效发挥法治固根本、稳预期、利长远的保障作用，有着深远的意义。

3. 进一步彰显我国各级政府对外开放、推动经济全球化的决心

海南自由贸易港法规体系把自由贸易港建设的各项扩大开放政策转化为法律制度并长期执行，将最大限度地提振境外投资者的信心、稳定其预期。中央多次会议强调，要高度重视运用法治思维和法治方式推进改革，坚持改革和法治相统一、相协调，凡属重大改革都要于法有据。纵览世界范围内取得成功的自由贸易港，其共同点都是依法构筑整个自由贸易港的制度架构，保障自由贸易港建设在法治化的轨道上运行。当今世界正面对新冠肺炎疫情冲击、经济复

---

① 王立君、王淑敏：《开启"海南自由贸易港法"新时代》，《经济参考报》2020年8月4日，http://www.jjckb.cn/2020-08/04/c_139262990.htm。

苏前景尚不明晰，保护主义、单边主义抬头，经济全球化遭遇阻碍等挑战。①海南自由贸易港法规体系对标世界最高开放形态，深入推进国际贸易和投资自由化便利化，是中国坚定推动世界经济复苏和经济全球化发挥重要作用的清晰体现。

4. 为海南自由贸易港实现制度集成创新、系统协调推进改革提供了法律基础

海南自由贸易港的制度创新，通过立法加强顶层设计，保障各项改革举措的系统性和协调性，保障各项政策举措的权威性和稳定性，有效发挥制度的整体效应，促进了新的国际贸易形态和区域协同发展。②这是国家推动海南制度创新、系统协调推进的客观需要。换言之，建设海南自由贸易港，制度集成创新是重中之重，而以立法促进制度集成创新，在海南自由贸易港建设中能够有力地体现地方国家权力机关的责任担当，为制度集成创新提供法律依据与保障。③海南自由贸易港法规体系为自由贸易港未来的各项制度改革、试点措施进一步确立较为完善的法律规则框架，有利于加强制度设计的系统性与协调性，避免各类法律规则在适用中可能出现的冲突，使各项制度措施相互配合、相得益彰。

二 海南自由贸易港法规体系建设的推进进程

如何理解和评价海南自由贸易港法规体系建设的成果，是明确海南自由贸易港法规体系建设推进思路的起点，也是进一步进行理论思考的基础。对此，目前国内的研究者大体上有两种思路。一是在区别不同种类立法权

---

① 吴士存：《海南自由贸易港法彰显我国对外开放的信心与决心》，21经济网，2021年6月23日，http://www.21jingji.com/2021/6-23/1MMDEzNzlfMTYyNTQ1Mg.html。
② 沈玉良、陈历幸：《海南自贸港国际贸易形态、区域协同发展与制度系统集成研究》，《南海学刊》2022年第1期，第20~32页。
③ 邢东伟、翟小功：《海南省人大常委会加快构建自由贸易港法律法规体系 以立法促进制度集成创新》，武汉人大官网，2021年6月15日，http://www.whrd.gov.cn/html/wbcf/2021/0615/19580.shtml。

(如地方性法规制定权、经济特区法规制定权、自由贸易港法规制定权，乃至国家层面的立法权及其授予等）的基础上构建海南自由贸易港法规体系，进而做出评价与展望。① 二是在对现有的立法成果，即对有关制定主体制定的全部法规依其调整对象的相似性进行区分，而后就各类别的情况分别做出评价与展望②。前一种思路理论色彩较强，与立法实践有一定距离，且更加偏重立法权行使方面的形式与程序要件，对法规条文的内容本身关注不够。后一种思路虽然在理论建构（主要是立法学原理和法律渊源学说的建构）方面有所不足，但比较贴近立法实践，关注重点也落在法规条文的内容上，与海南自由贸易港建设任务的关联性相对更强一些。以下将采取后一种思路分析海南自由贸易港法规体系的建设成果，以期更好地反映海南自由贸易港法规体系建设的推进进程。

（一）通过海南自由贸易港法规体系建设促进营商环境建设制度创新

海南要加快形成法治化、国际化、便利化的营商环境和公平开放统一高效的市场环境。《指导意见》对海南自由贸易港营商环境提出了具体要求，即到2025年"营商环境达到国内一流水平"，到2035年"营商环境跻身全球前列"。《总体方案》要求，到2025年，海南的营商环境总体达到国内一流水平；到2035年，营商环境更加优化。《海南自由贸易港法》第4条也要求海南自由贸易港建设，应持续优化法治化、国际化、便利化的营商环境。这些表述是习近平总书记和党中央对海南提出的明确要求，

---

① 参见黄少宣《自由贸易港法规立法创新研究——兼论海南地方立法模式发展》，《太原学院学报》（社会科学版）2021年第5期，第22页；谭波《海南自由贸易港法规的体系定位与衔接分析》，《重庆理工大学学报》（社会科学版）2021年第5期，第35页；熊勇先《论海南自由贸易港地方法规体系的建设》，《河南财经政法大学学报》2019年第6期，第34页。
② 参见海南省司法厅《探索建立海南自由贸易港法律法规体系的两个"1+4"立法架构》，《中国司法》2021年第3期；胡光辉《为建设具有世界影响力的中国特色自由贸易港提供有力法治保障——纪念〈中华人民共和国海南自由贸易港法〉颁布一周年》，《海南日报》2022年6月10日，A04版；邢东伟、翟小功《运用自贸港法规制定权构建相关法规体系——海南自由贸易港法颁布实施一周年成果亮点纷呈》，法治网，2022年6月21日，http://www.legaldaily.com.cn/index_article/content/2022-06/21/content_8736837.htm。

也是党和国家向世界作出的庄严承诺。[1]

2021年9月29日，海南省人大常委会通过《海南自由贸易港优化营商环境条例》，共三十九条，自2021年11月1日起施行。该条例落实了《总体方案》《指导意见》中的明确要求，对标国际高水平营商环境规则和国内先进经验，以打造法治化、国际化、便利化的营商环境为目标，坚持以市场主体需求为导向，从优化市场环境、政务环境、法治环境等方面进行规范。

该条例的主要内容和亮点：一是规定政府及有关部门应当建立有事必应、无事不扰的经营便利政策制度，建立健全服务市场主体和投资项目服务推进机制；二是要求政府及有关部门逐步减少企业资质、配额、数量、许可等贸易管理措施；三是规定政府及有关部门应当履行向市场主体依法作出的政策承诺、依法签订的合同以及司法机关作出的生效裁决，不得以政府换届、相关责任人调整等为由不履行；四是要求政府及有关部门与市场主体签订合同协议，应当坚持依法依规、务实审慎原则并考虑财政支付能力，不得违法承诺优惠条件；五是规定在政府采购中不得违规设定不合理条件或者以其他任何形式排斥、限制潜在投标人或供应商；六是规定对在海南自由贸易港注册登记且仅在海南自由贸易港从事商业特许经营活动的特许人不进行商业特许经营备案；七是规定高标准建设国际贸易"单一窗口"和口岸基础设施，逐步推进简并港口收费项目、降低港口收费标准；八是明确调整政策措施应结合实际设置合理过渡期，为市场主体预留必要的适应调整时间；九是吸收国内一些地区的先进经验，结合海南自由贸易港实际，进行了"承诺即入制""拿地即开工""水电气联办""电子证照""差异化监管""包容审慎监管"等制度创新。

2021年9月29日，海南省人大常委会通过《海南自由贸易港公平竞争条例》，共六章三十五条，自2022年1月1日起施行。其强化竞争政策的基础性地位，明确依法平等对待各类市场主体，聚焦营商环境建设中的堵点，从

---

[1] 海南省人大常委会法制工作委员会、海南省发展和改革委员会：《〈海南自由贸易港优化营商环境条例〉解读》，网易网，2021年10月18日，https://www.163.com/dy/article/GMIVGJ2K053469JX.html。

优化市场环境、政务环境、法治环境等方面进行规范。事实上，在对外资准入、市场准入、跨境服务贸易探索实行负面清单管理模式的同时，强化对外资的安全审查以及各类投资的反垄断审查，防止资本无序扩张，确保公共企业与私人企业间的平等竞争，正是海南自由贸易港法规体系建设的应有之义①。

《海南自由贸易港公平竞争条例》的主要创新包括以下内容：一是结合海南实际、强化竞争政策的基础性地位，从约束规范行政权力干预市场活动、明确以竞争政策为基础协调产业政策等经济政策、平等对待各类市场主体、放宽市场准入门槛等方面，对如何强化竞争政策基础性地位进行较为具体的规定。二是充分发挥公平竞争审查制度的重要作用。该条例纳入落实公平竞争审查制度并设立专章，在与国家相关政策总体保持一致的基础上，增加部分细化规定以提升公平竞争审查的科学性并强化其约束力。例如，部分重大政策措施在提交政府审议前还应征求同级市场监管部门公平竞争审查意见；对违反公平竞争审查规定出台政策措施的，可以向政策措施的备案审查机关提出审查要求或审查建议；要求将公平竞争审查工作纳入营商环境、法治政府等考核评价体系等。三是对接国际通行经贸规则。该条例借鉴《全面与进步跨太平洋伙伴关系协定》（Comprehensive and Progressive Agreement for Trans-Pacific Partnership Agreement，CPTPP）规则和香港特别行政区经验，建立健全影响公平竞争行为的举报人奖励、保护制度；参考香港特别行政区法律中关于告诫的做法，规定有关主管部门在调查中可以采取约谈被调查经营者等方式，依法进行告诫并提出整改要求；对标 CPTPP 中关于私人诉权和消费者保护要求，完善私人救济机制和消费者保护。②

2021 年 9 月 29 日，海南省人大常委会通过了《海南自由贸易港反消费

---

① 孙晋、徐则林：《竞争中立在中国自由贸易港的法律实现——以海南自贸港为中心展开》，《法律适用》2019 年第 17 期，第 18~25 页。
② 《〈海南自由贸易港公平竞争条例〉〈海南自由贸易港反消费欺诈规定〉政策解读新闻发布会实录》，新浪网，2021 年 10 月 9 日，https://news.sina.com.cn/c/2021-10-09/doc-iktzqtyu0488540.shtml。

欺诈规定》，共十九条，自2021年11月1日起施行。《海南自由贸易港反消费欺诈规定》针对消费领域"欺客宰客"这一严重影响海南形象和营商环境的突出问题，重点对十四种典型的消费欺诈行为（如短斤缺两、"包厢购物"、发布虚假免税或者"零关税"商品信息等）进行规制，突出打击重点，加大惩戒力度，遵循过罚相当原则，分类分档设定处罚。《海南自由贸易港反消费欺诈规定》是全国首个专门针对消费欺诈的"小切口"地方立法，其中结合海南实际的创新或细化规定，具有较强的自由贸易港特色和实际操作性。①

2018年12月26日，海南省人大常委会通过《中国（海南）自由贸易试验区商事登记管理条例》，共五章六十六条，自2019年1月1日起施行，1993年9月海南省人大常委会通过的《海南经济特区企业法人登记管理条例》同时废止。根据《中国（海南）自由贸易试验区商事登记管理条例》，海南率先在全国实现商事登记"全岛通办"、简化简易注销公告程序、信用修复、减免商事主体负面信息公示事项、境外企业直接登记五个方面的制度创新。该条例完善了信息共享和执法协作、证照分离改革中的"双告知"、经营场所登记与许可之间的衔接和"一址多照"等制度，对全岛登记管辖、自主申报登记、注册官制度、申请人身份验证等十三个方面的工作进行了重大改革。②

2021年12月1日，海南省人大常委会通过《海南自由贸易港企业破产程序条例》，共十章六十七条，自2022年3月1日起施行。该条例主要依据《海南自由贸易港法》第21条提出的"优化破产程序"的要求而制定。其主要制度创新包括建立府院联动机制、完善申请和受理程序、细化破产事务管理部门和管理人的职责、对债权人权利行使作出创新规

---

① 《〈海南自由贸易港公平竞争条例〉〈海南自由贸易港反消费欺诈规定〉政策解读新闻发布会实录》，新浪网，2021年10月9日，https：//news.sina.com.cn/c/2021-10-09/doc-iktzqtyu0488540.shtml；《〈海南自由贸易港反消费欺诈规定〉正式施行》，搜狐网，2021年11月2日，https：//www.sohu.com/a/498779329_121106994。
② 康景林：《海南自贸区商事登记管理条例正式发布，五大制度全国首创》，新浪网，2018年12月27日，https：//finance.sina.com.cn/roll/2018-12-27/doc-ihqhqcis0821952.shtml。

定、优化重整制度、完善和解制度、健全破产清算制度、建立简易程序等。

为了落实《海南自由贸易港法》第21条关于"建立市场主体……注销便利等制度"的要求，2021年12月1日，海南省人大常委会通过《海南自由贸易港市场主体注销条例》，共二十三条，自2022年3月1日起施行。该条例针对市场主体退出环节存在的实际问题，强化市场主体履行法定义务，引导或者强制低效无效市场主体依法有序退出，减少"失联企业"带来的风险和占用的社会资源，突出以问题为导向，围绕一般注销、简易注销、除名、依职权注销、特别规定和法律责任等重点内容，进一步完善了市场主体退出机制，① 对于优化海南自由贸易港营商环境具有重要意义。

2021年12月1日，海南省人大常委会通过《海南自由贸易港科技开放创新若干规定》，共二十条，自2022年1月1日起施行。其分别从建立科技开放创新体制机制、构建多元化投入机制、促进创新主体发展、保障重大科研基础设施和科技创新平台建设、打造"陆海空"（南繁种业、深海科技、航天科技）三大科技创新高地、突出科技开放创新、促进科技成果转化、鼓励新技术、新产品应用示范和场景创新等方面进行规范。②

2021年12月1日，海南省人大常委会通过《海南自由贸易港知识产权保护条例》，共八章六十二条，自2022年1月1日起施行。该条例是关于知识产权"大保护"的地方法规，规定了立法目的、基本原则和工作职责，突出重点领域知识产权行政保护，强化建立健全知识产权司法保护的工作机制和制度，强化知识产权社会共治，强化知识产权的运用与服务、打通知识产权保护全链条，严格知识产权的监督管理和法律责任，构建"大保护"

---

① 《〈海南自由贸易港市场主体注销条例〉〈海南自由贸易港知识产权保护条例〉政策解读新闻发布会》，海南政府网，2021年12月16日，https：//www.hainan.gov.cn/hainan/zxxx/202112/f0e8c6e9f1704b06afe694cc9947e10b.shtml。

② 林春宏：《海南省科技厅解读〈海南自由贸易港科技开放创新若干规定〉》，县域经济网，2022年2月9日，https：//www.xyshjj.cn/detail-1482-63904.html。

"全链条"工作格局。①

为贯彻落实《海南自由贸易港法》第49条"充分利用闲置土地,以出让方式取得土地使用权进行开发的土地,超过出让合同约定的竣工日期一年未竣工的,应当在竣工前每年征收出让土地现值一定比例的土地闲置费"的规定,2021年12月1日,海南省人大常委会通过《海南自由贸易港闲置土地处置若干规定》,共十五条,自2022年1月1日起施行。《海南自由贸易港闲置土地处置若干规定》明确了闲置土地的内涵、完善了土地闲置费制度、明确了因政府原因或者不可抗力造成土地闲置的处置方式,以及有偿收回闲置土地补偿制度,并授权省政府制定因公共利益收回闲置土地补偿标准,压实了政府处置主体责任,不仅有利于破解海南的闲置和低效土地处置难题,促进土地集约节约利用,而且回应了推进海南高质量发展、优化营商环境的现实需要。②

2016年11月《中共中央国务院关于完善产权保护制度依法保护产权的意见》中明确要求完善财产征收征用制度,《总体方案》进一步要求海南制定出台自由贸易港征收征用条例。2021年12月1日,海南省人大常委会通过《海南自由贸易港征收征用条例》,共五章二十八条,自2022年1月1日起施行。该条例根据国家法律和有关规定,借鉴一些国家和地区的经验做法,结合海南自由贸易港建设的实际,创新性地规定征收方式,进一步明确征收征用补偿的范围、形式和标准,细化征用相关程序,体现了对公共利益的维护,以及对各类投资者和权利人权益的保护,充分彰显了海南自由贸易港持续优化营商环境的坚定决心。③

---

① 《〈海南自由贸易港市场主体注销条例〉〈海南自由贸易港知识产权保护条例〉政策解读新闻发布会》,海南政府网,2021年12月16日,https://www.hainan.gov.cn/hainan/zxxx/202112/f0e8c6e9f1704b06afe694cc9947e10b.shtml。
② 海南省资规厅:《〈海南自由贸易港闲置土地处置若干规定〉解读》,海南省人民政府官网,2021年12月4日,https://www.hainan.gov.cn/hainan/zxjd/202112/d039c1aa323a468191d32620c87f1ede.shtml。
③ 《〈海南自由贸易港征收征用条例〉解读》,新浪网,2021年12月15日,https://finance.sina.com.cn/jjxw/2021-12-15/doc-ikyamrmy9164688.shtml。

上述一系列海南自由贸易港法规有利于各类市场主体投资经营、公平竞争，为打造法治化、国际化、便利化营商环境提供了有力法律支持。

（二）通过海南自由贸易港法规体系建设促进重点园区管理制度创新

近年来，海南通过重点园区单行立法的方式促进重点园区管理制度创新，并制定重点园区极简审批条例，拓展施行极简审批政策的范围，提高行政审批效率。

海南自由贸易港的各重点园区承担着先行先试自由贸易港政策的重要任务，地位重要。为了推广和深化"多规合一"下的极简审批改革，加快中国（海南）自由贸易试验区和中国特色自由贸易港建设，推动重点园区建设项目尽快落地，海南省人大常委会于2019年3月26日制定《中国（海南）自由贸易试验区重点园区极简审批条例》，进一步创新行政审批制度。该条例通过以规划代替立项审批、以区域评估代替单个项目评估等办法，最大限度精简审批事项，优化审批程序和流程，强化事中事后监管，拓展施行极简审批政策的范围，实现对博鳌乐城国际医疗旅游先行区、海口国家高新技术产业开发区、海南老城经济开发区（"三园"）的覆盖。同时，该条例明确规定，海南自由贸易港其他重点园区推广适用或者部分推广适用极简审批的，由省人民政府评估论证后，报省人大常委会决定，或者另行制定经济特区法规规定。

2019年9月27日，海南省人大常委会为贯彻落实《总体方案》，推动项目快速落地，加快重点园区发展，根据《中国（海南）自由贸易试验区重点园区极简审批条例》的规定，通过《关于批准在三亚崖州湾科技城等三个园区推广适用"三园"特别极简审批的决定》，在三亚崖州湾科技城、东方临港产业园、海南湾岭农产品综合物流园推广适用"三园"特别极简审批。2020年4月2日，海南省人大常委会作出《关于海南自由贸易港洋浦经济开发区等重点园区管理体制的决定》，在部分重点园区推行法定机构改革，赋予重点园区更大自主权。2020年7月31日，海南省人大常委会又作出《关于批准在洋浦经济开发区等六个园区推广适用"三园"特别极简审批的决定》，在海南自由贸易港洋浦经济开发区、海口江东新区、海口综合保税区、三亚中央商务区、文昌国际航天城、陵水黎安国际教育创新试验区推广适用"三园"特别极简审批。

早在2010年6月1日，海南省人大常委会就通过了《洋浦经济开发区条例》，其实施十余年来，有力推动和保障了洋浦经济开发区的建设发展，但其中的相关规定已不适应当前洋浦经济开发区建设的新要求新任务，迫切需要从立法层面重新进行有针对性的制度设计，解决洋浦经济开发区高质量发展的短板弱项。海南省人大常委会根据省委的工作部署，坚持立法与改革决策精准有效衔接，聚焦洋浦经济开发区率先实施和创新海南自由贸易港政策制度、打造海南自由贸易港建设"样板间"目标要求，于2021年12月30日通过了《海南自由贸易港洋浦经济开发区条例》，共六章三十七条，自公布之日起施行。该条例将洋浦经济开发区管理体制、开发建设、产业促进和人才支撑、监管服务等内容制度化、法定化，推动洋浦经济开发区建成海南自由贸易港高水平开放和对接国际高水平经贸规则的桥头堡。[1]

博鳌乐城国际医疗旅游先行区（以下简称先行区）是中国第一家以国际医疗旅游服务、低碳生态社区和国际组织聚集为主要内容的国家级开发园区。[2] 2020年6月16日，海南省人大常委会通过《海南自由贸易港博鳌乐城国际医疗旅游先行区条例》，自公布之日起施行。该条例将先行区管理体制、开发建设、产业发展、服务管理等内容制度化、法定化，进一步优化先行区的开放发展环境。

海口江东新区的设立是建设海南自由贸易港的重大举措。海口江东新区区位优势独特，是琼北"海澄文"一体化综合经济圈的东翼核心，发展空间充裕，有利于统一规划、高水平开发。2020年12月30日，海南省人大

---

[1] 《以立法引领和推进洋浦经济开发区建设　打造海南自由贸易港"样板间"——〈海南自由贸易港洋浦经济开发区条例〉解读》，海南省人大常委会网站，2021年11月23日，https://www.hainanpc.net/hainanpc/dffg/hnsdfxfg/20211230180916500 61/index.htm。

[2] 《〈海南自由贸易港博鳌乐城国际医疗旅游先行区条例〉施行》，中国新闻网，2020年6月17日，https://www.chinanews.com.cn/gn/2020/06-17/9214437.shtml。

常委会通过了《海南自由贸易港海口江东新区条例》，共七章三十七条，自2021年1月1日起施行。该条例作为海口江东新区建设的主体性、纲领性、框架性地方立法，以海口江东新区的实际需求为导向，围绕海口江东新区的管理体制、开发建设、产业发展和服务管理等重点方面进行设计。[①]

为了落实国家及海南建设自由贸易港以及发展深海产业、南繁产业等重大战略部署的需要，将赋予三亚崖州湾科技城更大改革自主权，2020年12月2日，海南省人大常委会通过《海南自由贸易港三亚崖州湾科技城条例》，共七章四十二条，自2021年1月1日起施行。该条例紧扣海南建设自由贸易港的背景，结合科技城实际，吸纳了国家有关自由贸易港建设的最新规定和政策，同时结合国家和省政府对科技城的战略部署和发展定位，赋予科技城更大改革自主权，明确法定机构职责和运作机制，是保障法定机构依法履行职责、高效稳定运作的重要法律基础。[②]

在前述重点园区极简审批条例和重点园区单行条例基础上，海南省人大常委会于2021年7月27日通过《关于将旅行社设立审批等省级管理权限调整由海南自由贸易港重点园区管理机构在重点园区范围内实施的决定》，将17项省级管理权限调整由相关重点园区管理机构在重点园区范围内实施；海南省人大常委会还于2021年12月1日通过《关于将林业植物检疫证书核发等省级管理权限调整由海南自由贸易港重点园区管理机构实施的决定》，规定了由海南自由贸易港重点园区管理机构实施的7项省级管理权限。

这一系列海南自由贸易港法规的出台实施，有力促进了海南重点园区管理制度创新，提高行政审批效率，为自由贸易港政策和项目加快落地、重点园区高水平改革开放和加快发展提供有力的法治支撑。

（三）通过海南自由贸易港法规体系建设促进重点产业发展制度创新

《总体方案》明确要求海南自由贸易港大力发展旅游业、现代服务业和

[①] 《〈海南自由贸易港海口江东新区条例〉解读》，海口新闻网，2020年12月31日，http：//haikou.hinews.cn/system/2020/12/31/032485422.shtml。

[②] 《〈海南自由贸易港三亚崖州湾科技城条例〉全文公布》，搜狐网，2020年12月3日，https：//www.sohu.com/a/436115393_120207619。

高新技术产业，不断夯实实体经济基础，增强产业竞争力；《海南自由贸易港法》第38条也规定国家支持海南自由贸易港建设开放型生态型服务型产业体系，积极发展旅游业、现代服务业、高新技术产业以及热带特色高效农业等重点产业。结合近年来国际上的自由贸易港服务贸易发展大趋势可以看到，海南自由贸易港重点产业发展中服务贸易发展空间巨大。服务业开放的关键在于规则、规制、管理、标准与国际对接①，《服务贸易总协定》（General Agreement on Trade in Service，GATS）第6条第4款也规定了服务贸易所涉及的国内规则上的"资格要求""程序""技术标准""许可要求"等内容，在这些方面，海南自由贸易港法规体系建设能够起到十分重要的作用。

2018年12月1日，海南省人大常委会修订通过《海南经济特区道路旅游客运管理若干规定》（以下简称新规定），自2019年1月1日施行。新规定将旅游客运并入包车客运经营范围，明确道路旅游客运的经营范围为包车客运和非定线旅游客运，由省级道路运输管理机构行使审批权限。这样，旅游客运车辆除继续为游览、度假等旅游活动提供服务外，还可以为团体和个人提供商务用车、通勤用车等多用途运输服务。新规定调整了旅游客运的定价方式，2019年1月起将不再实行政府指导价，改为实行市场调节价，由经营者自主定价，通过市场竞争形成新的价格体系。此外，新规定对旅游客运运力投放不再实行总量控制，只要符合新规定的准入条件企业都可申请从事旅游客运经营。道路旅游客运市场准入门槛也进一步放宽，原先要求旅游客运企业要有50辆车、350个客位，现降低为30辆、300个客位以上。同时，新规定增加了安全生产管理内容和要求，强化多种事中事后监管措施。为保证旅游客运车辆服务品质及安全性能，新规定明确车辆类型等级为高一级以上的车辆使用年限不超过8年、中级车辆使用年限不超过6年。②

2019年12月31日，海南省人大常委会通过《海南经济特区外国企业

---

① 迟福林：《高水平开放的法治保障——海南自由贸易港法治化营商环境建设需要研究的六大问题》，《社会治理》2021年第6期。
② 《2019年起海南旅游客运经营准入门槛降低 实行市场调节价》，海口网，2018年12月14日，http://www.hkwb.net/news/content/2018-12/14/content_3636313.htm。

从事服务贸易经营活动登记管理暂行规定》，共二十七条，自 2020 年 3 月 1 日起施行。《海南经济特区外国企业从事服务贸易经营活动登记管理暂行规定》对外国企业予以更高层次的开放，学习借鉴了香港地区关于"非香港公司"的登记管理模式，运用经济特区立法权，在服务贸易领域先行先试更加灵活的政策体系和监管模式，允许外国企业不设立中国商事主体而通过更加便捷的登记准入方式在海南经济特区直接从事服务贸易经营活动。①

海南省人大常委会分别于 2019 年 7 月 29 日和 2019 年 9 月对《海南经济特区注册会计师条例》和《海南经济特区律师条例》（原称《海南经济特区律师执业条例》）进行修订，扩大会计师行业和律师行业对外开放，创新会计师和律师服务机构组织形式，放宽市场准入，畅通人才引进，有效破除制约涉外会计和法律服务业发展的制度障碍。修订后的《海南经济特区注册会计师条例》于同年 9 月 1 日起施行，具有完善多元化的组织形式和服务体系，提高审批管理服务效率等方面的鲜明特点。修订后的《海南经济特区律师条例》于同年 10 月 1 日起施行，在执业范围、组织形式、准入门槛等方面进行制度创新，首创实施具备条件的律师事务所实行公司化管理，允许按照有关规定设立公司制律师事务所，并增加外国律师事务所驻海南代表机构、港澳与海南合伙联营律所等新的组织形式。

2019 年 9 月 27 日，海南省人大常委会通过《海南省大数据开发应用条例》，共六章五十七条，自 2019 年 11 月 1 日起施行。该条例是海南省关于大数据的首个地方性法规，从大数据开发与共享、大数据开发与产业促进、数据安全与保护、法律责任等方面做出规定，覆盖了大数据采集、汇聚、存储、管理、开放共享、开发应用、交易、安全等各个环节。该条例的实施标志着海南省从大数据采集到交易的各个环节都有了明确的法律依据，为促进

---

① 《〈海南经济特区外国企业从事服务贸易经营活动登记管理暂行规定〉亮点解读》，海南省商务厅官网，2020 年 6 月 5 日，http://dofcom.hainan.gov.cn/dofcom/sjjd/202006/3a841649ad164f969117d6ba09b50d2e.shtml。

大数据产业发展，维护大数据安全提供了重要保障。①

2020年12月2日海南省人大常委会通过《海南省人民代表大会常务委员会关于修改〈海南省电信设施建设与保护条例〉的决定》，自2021年1月1日起施行。原《海南省电信设施建设与保护条例》于2011年5月出台，曾于2016年11月修改过一次。然而，随着电信体制改革的不断深入和海南信息通信业的快速发展，该条例部分条款已滞后于形势发展。2020年修改后的《海南省电信设施建设与保护条例》共四十条，规范的内容包括鼓励民间资本参与电信设施的建设与维护工作，充分发挥民间资本的创新活力，加强各级政府支持，保障电信用户权益，免费开放部分公共区域，实现电信设施共建共享等。

2021年6月1日，海南省人大常委会通过《海南自由贸易港国际船舶条例》，共八章五十条，自2021年9月1日起施行。该条例旨在建立与海南自由贸易港相适应的现代化航运服务管理体系。其搭建起海南自由贸易港航运管理基本制度框架，系统性地规定了船舶、船员、营运、进出境、税费和航运服务等众多领域的条款。该条例建立了一套与我国境内其他地区相比具有较大不同的国际船舶登记新制度体系，其创新点主要体现在放开市场准入、优化政务服务、明确船舶登记申请材料采取格式文本、建立临时船舶登记制度等方面。②

游艇业被称为漂浮在水上的"黄金水道"。随着海南自由贸易港及国际旅游消费中心建设加快，具有海南特色的游艇产业正在逐渐成为当地消费娱乐业的新风向。③《总体方案》明确提出支持海南设立游艇产业改革发展创新试验区，发展游艇旅游。《指导意见》也要求"放宽游艇旅游管制"。2022年3月25日，海南省人大常委会通过了《海南自由贸易港游艇产业促

---

① 《海南省大数据开发应用条例11月正式实施系我省关于大数据的首个地方性法规》，南海网，2019年10月31日，http://www.hinews.cn/news/system/2019/10/31/032206702.shtml。
② 《〈海南自由贸易港国际船舶条例〉9月1日起实施，首创这些条款》，新浪网，2021年6月28日，https://finance.sina.com.cn/tech/2021-06-28/doc-ikqcfnca3801537.shtml。
③ 《为自贸港建设夯实法治基础》，中国人大网，2022年6月23日，http://www.npc.gov.cn/npc/c30834/202206/7aef3ed16d3245e7868666b5a6959811.shtml。

进条例》，共七章五十六条，自2022年7月1日起施行。该条例是国内第一部针对游艇产业的地方立法，也是海南省第一部以促进产业发展为主要出发点的创制性立法。[①] 其主要通过强化发展规划设计、强化资源要素保障、放宽游艇登记主体范围、放宽进口游艇船龄限制和游艇核定的乘员定额数、支持游艇租赁新业态发展、加强游艇产业绿色安全有序发展等一系列措施，多角度支持和鼓励游艇产业创新发展。

（四）通过海南自由贸易港法规体系建设促进生态环境保护制度创新

打造国家生态文明试验区，是海南自由贸易港建设的重要战略定位。2018年以来，海南高度重视生态领域地方法规的制定工作，为海南优良的生态环境筑起坚实的法治屏障。

有序推进生态保护补偿机制建设，是国家对海南的明确要求。《指导意见》提出海南应当"加快完善生态保护成效与财政转移支付资金分配相挂钩的生态保护补偿机制。"《国家生态文明试验区（海南）实施方案》明确要求"建立形式多元、绩效导向的生态保护补偿机制"。《总体方案》也指出，海南要"探索建立政府主导、企业和社会参与、市场化运作、可持续的生态保护补偿机制"。制定《海南省生态保护补偿条例》，有利于固化生态保护补偿机制，进一步巩固海南全国持续领先的环境质量，实现"让受益者付费，让保护者得利"的目标，让海南当地所有群体共享"青山绿水、碧海蓝天"的宝贵财富。2020年12月2日，海南省人大常委会通过《海南省生态保护补偿条例》，共二十七条，自2021年1月1日起施行。该条例立足海南实际，结合热带雨林国家公园、生态文明试验区建设的政策背景，充分考虑海南省的自然禀赋和经济社会发展特点，明晰各领域补偿任务、补偿范围，引导各行业主管部门建立补偿标准，突出重点领域和重点区域补偿，

[①] 海南省人大常委会法制工作委员会、海南省交通运输厅：《推动制度集成创新 促进游艇产业高质量发展——〈海南自由贸易港游艇产业促进条例〉解读》，海南省人大常委会官网，2022年3月26日，https://www.hainanpc.net/hainanpc/dffg/hnsdfxfg/2022032617470332938/index.html。

明确多元补偿方式，重视企业、社会参与，以期最大限度地发挥制度改革红利。①

2018年5月29日，海南省人大常委会通过《海南省湿地保护条例》，共六章四十五条，自2018年7月1日起施行。该条例作为海南首部湿地保护条例，明确了政府保护湿地的责任，建立健全湿地生态补偿制度和机制，对破坏湿地的行为予以禁止，并鼓励全社会参与湿地保护。②

目前，"河长制、湖长制"的规定尚未出现在我国法律和行政法规中，但已有研究者主张应将其纳入。③ 根据《指导意见》中"全面实施河长制、湖长制"的要求，海南省人大常委会于2018年9月30日通过《海南省河长制湖长制规定》，共二十三条，自2018年11月1日起施行。《海南省河长制湖长制规定》主要规定了河长制湖长制工作体系、工作职责、履职手段、工作机构、社会监督、法律责任等内容。作为国内首个以河长制湖长制为主要内容的地方性法规，其实施将使海南省形成一套以河长制湖长制为核心的治水体系和长效机制，有助于持续优化水环境质量，不断加强水资源管理，健全河湖管护机制，遏制非法采砂，营造全民爱水护水的良好氛围，促进经济转型升级。④

2018年12月26日，海南省人大常委会通过《海南省大气污染防治条例》，共五章七十五条，自2019年3月1日起施行。该条例是海南省建立大气防治污染长效机制、确保大气质量改善的一项重要的法治举措。该条例的制定出台充分考虑海南省实际，结合海南省的气候状况、面临的臭氧以及挥发性有机物污染问题等，在诸多措施制定方面凸显地方特色。一方面，其结合生态文明建设的具体要求，作出比上位法更加严格的规定，如严格石油焦

---

① 海南省发改委：《〈海南省生态保护补偿条例〉解读》，海南省水务厅网站，2020年12月14日，http：//swt.hainan.gov.cn/sswt/zxjd/202012/1b7edb28c5b54df9ac6af8c8f8558084.shtml。
② 《海南首部湿地保护条例7月1日起施行》，《新疆人大（汉文）》2018年第7期。
③ 郎劢贤、刘小勇、刘卓：《河湖长制写入〈中华人民共和国河道管理条例〉的思考与建议》，《水利发展研究》2020年第10期，第20页。
④ 《海南省出台国内首个河长制湖长制地方性法规》，中国日报网，2018年10月23日，http：//hain.chinadaily.com.cn/2018-10/23/content_37123552.htm。

质量管理，明确禁止燃用石油焦，严格限制露天焚烧行为等。另一方面，其结合海南省大气污染监督治理实际，在上位法有关规定的基础上进行了补充，如要求制定全省新能源汽车推广使用规划，加强挥发性有机物源头控制及监管，工（产）业园区要实施集中供热，并引导企业入驻依法合规设立、环保设施齐全的工（产）业园区等。①

2019年12月31日，海南省人大常委会通过《海南省排污许可管理条例》，自2020年3月1日起施行。该条例是全国首个排污许可地方性法规，明确了生态环境部门通过排污许可证载明水、大气、土壤、固废、噪声等各要素环境管理要求，实施系统化、科学化、法治化"一证式"管理，企事业单位排放污染物的所有要求将全部在排污许可证上予以明确。实施"一证式"管理，一方面是为了更好地减轻企业负担，逐步减少行政审批数量；另一方面是为了避免单纯降低某一类污染物排放而导致污染转移，切实实现各要素的综合管理。②

为了加强海南热带雨林国家公园的保护和管理，维护生态安全，推进国家生态文明试验区建设，2020年9月3日，海南省人大常委会通过《海南热带雨林国家公园条例（试行）》，共六章五十五条，自2020年10月1日起施行。该条例规定了构建统一管理、协同配合、多元共治的国家公园保护管理体制，实行分区管控，国家公园的重点保护对象及其保护措施，国家公园内原居民及周边社区居民生产生活与国家公园保护的关系等内容，同时明确了相应的法律责任。该条例可为国家探索制定国家公园相关法律法规提供实践经验，贡献地方智慧。③

2020年12月2日，海南省人大常委会通过《海南热带雨林国家公园特许经营管理办法》，共七章三十六条，自2021年3月1日起施行。根据该办

---

① 《〈海南省大气污染防治条例〉3月起施行》，中国财富网，2019年1月9日，http://www.cfbond.com/zclb/detail/20190109/10002000000219815470138766611867123_1.html。
② 《全国首个排污许可地方性法规〈海南省排污许可管理条例〉3月1日起实施》，新浪网，2020年1月14日，https://tech.sina.cn/2020-01-14/detail-iihnzhha2425618.d.html。
③ 《海南热带雨林国家公园条例（试行）10月1日起施行》，新浪网，2020年9月7日，http://hainan.sina.com.cn/news/hnyw/2020-09-07/detail-iivhuipp2869518.shtml。

法，海南热带雨林国家公园一般控制区内的经营服务活动实行特许经营，核心保护区内禁止开展经营服务活动。该办法明确了海南热带雨林国家公园特许经营的范围、规定了特许经营者的确定方式、设置了特许经营使用费的有关规定、强化了监督管理。该办法的公布实施，将进一步规范海南热带雨林国家公园特许经营活动，实现自然资源有偿使用制度创新。①

2019年12月31日，海南省人大常委会通过《海南经济特区禁止一次性不可降解塑料制品规定》，共三十条，自2020年12月1日起施行，同时废止了2008年5月海南省人大常委会通过的《海南经济特区限制生产运输销售储存使用一次性塑料制品规定》。《海南经济特区禁止一次性不可降解塑料制品规定》推行了禁塑名录、替代品全流程追溯制度、地方标准等一系列创新制度，对禁塑工作的责任分工、禁止的一次性不可降解塑料制品范围、替代产品供给、流通环节监管措施、违法行为的处罚以及法律适用范围做出了明确要求，还对替代品产业优惠政策、公众宣传教育、废弃塑料制品回收等内容做出了明确规定。这是全国首个禁止一次性不可降解塑料制品法规，在制度上从"限塑"向"禁塑"升级，为全国生态文明建设做出表率。②

为贯彻中共中央办公厅、国务院办公厅2019年5月12日印发的《国家生态文明试验区（海南）实施方案》中"加快推行生活垃圾强制分类制度，到2020年基本实现全省生活垃圾转运体系全覆盖，生活垃圾无害化处理率达到95%以上"的要求，2019年11月29日，海南省人大常委会通过《海南省生活垃圾管理条例》，自2020年10月1日起施行。该条例为推行生活垃圾强制分类制度、提升垃圾减量化资源化无害化水平提供法律依据，对于全省改善人居环境，实现生活垃圾减量化、资源化和无害化处置，促进生态

---

① 《加强生态保护规范特许经营——〈海南热带雨林国家公园特许经营管理办法〉解读》，海南省人民政府网，2020年12月10日，https://www.hainan.gov.cn/hainan/hfgjd/202012/73d61b7665904cd19217313a7bbc5a6a.shtml。
② 《〈海南经济特区禁止一次性不可降解塑料制品规定〉公布》，搜狐网，2020年2月10日，https://www.sohu.com/a/371969536_118392。

文明建设和经济社会可持续发展有着重要意义。①

　　随着国家政策及海南省机动车排气污染防治工作情况的不断变化，2016年的《海南省机动车排气污染防治规定》已无法适应新形势的需要。2021年12月1日，海南省人大常委会修订通过《海南省机动车排气污染防治规定》，修订后的该规定共二十六条，自2022年3月1日起施行。针对汽车尾气是海南空气主要污染源的实际情况，此次对原规定进行全面修订，统筹"油、路、车"三个领域高质量发展和高标准治理，建立健全海南省机动车排气污染防治监管机制，对防治汽车尾气污染作出一系列制度性安排，为有效减少机动车尾气污染物排放，改善并提升海南省环境空气质量提供法治保障。②

　　2019年12月31日，海南省人大常委会通过《关于修改〈海南经济特区海岸带保护与开发管理规定〉的决定》，自2020年2月1日起施行。海南省人大常委会2013年3月通过的《海南经济特区海岸带保护与开发管理规定》曾于2016年5月修改过一次。此次海南省人大常委会的决定将原法规的名称修改为"海南经济特区海岸带保护与利用管理规定"，修订后的《海南经济特区海岸带保护与利用管理规定》共三十条，其进一步理顺了海岸带保护利用综合规划与国土空间规划等专项规划的关系，将为有效保护、合理利用、科学管理海岸带发挥更加有力的引领作用。

　　2022年5月31日海南省人大常委会通过《关于修改〈海南省生态保护红线管理规定〉的决定》，自公布之日起施行。修改后的《海南省生态保护红线管理规定》共二十八条，其进一步明确了生态保护红线的内涵和划入范围、生态保护红线涉及的政府及相关部门职责、生态保护红线的划定程序和调整情形、生态保护红线的准入和分区管控要求等。③

---

① 《〈海南省生活垃圾管理条例〉解读》，琼海市人民政府网，2021年1月7日，http：//qionghai. hainan. gov. cn/jdhy/zcjd/zxjd/202101/t20210107_ 2915992. html。
② 《〈海南省机动车排气污染防治规定〉解读》，网易网，2021年12月11日，https：//www. 163. com/dy/article/GQTTQTUQ053469JX. html。
③ 《〈海南省生态保护红线管理规定〉解读》，新浪网，2022年6月1日，http：//k. sina. com. cn/article_ 1708533224_ 65d625e8020019jwh. html。

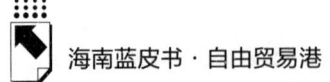

当前，海南正抓紧制定海南自由贸易港生态环境保护考核评价和问责规定以及海南省绿色建筑发展规定等生态领域法规，呵护海南优良生态环境的法律规则之网将进一步织密。①

（五）通过海南自由贸易港法规体系建设促进社会治理制度创新

打造共建共治共享的现代社会治理格局，是自由贸易港建设的重要目标任务。近年来，海南省人大常委会先后制定了多个社会治理领域的法规，推动了社会治理制度的创新。

2019年11月29日，海南省人大常委会通过《海南省社会保障卡一卡通服务管理条例》，共十九条，自2020年1月1日起施行。该条例系全国首个社会保障卡领域的地方性法规，属于重大制度创新举措。该条例明确社会保障卡整合替代各类民生服务卡和证件，具有多项全国首创的制度创新。该条例第五条明确编制一卡通服务管理事项目录清单，分阶段、分领域实现"一卡通用"；第八条明确有关部门不再发放功能重复的民生服务卡，遏制发卡过多过滥，减少重复投资；第九条明确运用电子社保卡实现"一网通办"，要求有关部门主动提供一卡通服务，打造线上线下融合、多元化一体化的一卡通服务生态圈。

2019年12月31日，海南省人大常委会通过《海南省村庄规划管理条例》，自2020年3月1日起施行，同时废止2013年11月的《海南省村镇规划建设管理条例》。《海南省村庄规划管理条例》是在国家2019年提出建立新的国土空间规划体系的背景下，海南省出台的村庄规划管理基本地方性法规，其在全国率先推出国土空间规划体系下的村庄规划法规，明确了村庄规划的法定地位，对村庄规划的编制、审批、实施、监督管理各个环节进行了全面规范，有关规定的亮点主要有确保村民参与决策、预留产业发展用地、

---

① 《海南制定17件自贸港法规加快构建自贸港法规体系的"四梁八柱"》，南海网，2022年6月10日，http://www.hinews.cn/news/system/2022/06/10/032774010.shtml。

便利农房报建等。①

《指导意见》明确赋予海南"高效精准打击走私活动"的任务。海南自由贸易港建设全面推进的过程中，建立一套与之相适应的权责明确、配合有序、标准清晰、保障有力的反走私综合治理体系迫在眉睫。2020年1月6日，海南省人大常委会通过《海南省反走私暂行条例》，共六章四十四条，于2020年4月1日起实施。该条例按照"以防为主、打防结合、综合治理"的原则，运用信息化手段创新走私货物物品监管机制，突出对减免税进口货物物品的管控，加强对走私行为的查缉，建立符合自由贸易港建设要求的反走私体系。②

加强无障碍环境建设管理，推动无障碍环境建设管理的法治化，是推进海南自由贸易港建设、优化旅游环境的迫切需要，也是落实《中华人民共和国残疾人保障法》、国务院《无障碍环境建设条例》的迫切需要。2020年4月2日，海南省人大常委会通过《海南省无障碍环境建设管理条例》，共三十六条，自2020年5月1日起施行。该条例明确了无障碍环境建设要求，全面推进各类无障碍设施的建设，力争打造与自由贸易港相匹配的无障碍环境，进一步拓展了无障碍环境建设的覆盖面，并强化监督管理。③

《指导意见》提出了"加强预防和化解社会矛盾机制建设"和"支持建立国际经济贸易仲裁机构和国际争端调解机构等多元纠纷解决机构"的要求。为了规范和促进多元化解纠纷工作，提高社会治理能力，促进社会和谐稳定，2020年6月16日，海南省人大常委会通过《海南省多元化解纠纷条例》，自2020年8月1日起施行。该条例所称多元化解纠纷，是指通过和

---

① 参见《新要求"编制"新规划，既重实用又顺民意——省自然资源和规划厅解读〈海南省村庄规划管理条例〉》，海南省自然资源和规划厅网站，2020年3月6日，https://lr.hainan.gov.cn/jdhy_353/zcjd/zxjd/202003/t20200310_2758841.html；李磊《加强改革立法 推动制度创新》，海南日报报业集团网站，2020年4月30日，http://hnrb.hinews.cn/html/2020-04/30/content_1_4.htm。

② 《海南省反走私暂行条例解读》，海南省公安厅网站，2020年1月10日，http://ga.hainan.gov.cn/sgat/zxjd/202010/2421136eadf34449bb10ab473712730f.shtml。

③ 《〈海南省无障碍环境建设管理条例〉政策解读新闻发布会》，海南省人民政府网，2020年4月25日，https://www.hainan.gov.cn/hainan/zxjd/202004/da508896765545f6af45496bbcedf61c.shtml。

解、调解、行政裁决、行政复议、仲裁、诉讼等多种途径，构建有机衔接、协调联动的化解纠纷机制，便捷、高效地化解当事人之间的纠纷。根据该条例的规定，当事人可以通过线下或者线上平台办理化解纠纷申请、协商、调解、行政裁决、仲裁、诉讼等事务。该条例还规定，建立国际商事纠纷多元化解机制，完善国际商事纠纷案件集中审判机制，利用国际商事仲裁、国际商事调解等多种非诉讼方式解决纠纷，国际商事调解机构调解国际商事纠纷，应当依照相关法律法规，尊重国际惯例，遵守该机构的调解规则或者当事人协商确定的规则。

消防事业关系人民群众生命财产安全，是促进经济社会协调健康发展的重要保障。海南省人大常委会曾于1998年11月通过《海南省消防条例》，并于2010年对其进行了一次修订。为了贯彻落实中办、国办2019年3月印发的《关于深化消防执法改革的意见》和全国人大常委会2019年4月修改的《中华人民共和国消防法》关于消防管理体制和执法改革的精神，为海南自由贸易港建设创造良好的消防安全环境，2020年7月31日，海南省人大常委会通过《海南自由贸易港消防条例》，共九章八十条，自2020年11月1日起施行，《海南省消防条例》同时废止。《海南自由贸易港消防条例》是我国首部专门为自由贸易港制定的消防法规，其紧紧围绕《总体方案》，立足自由贸易港法治化、国际化、便利化的新要求，实现了消防改革制度集成创新。[1]

为贯彻落实《海南自由贸易港法》关于"加强社会信用体系建设和应用，构建守信激励和失信惩戒机制"的有关要求，2021年9月29日，海南省人大常委会通过《海南自由贸易港社会信用条例》，共六章三十七条，自2022年1月1日起施行。该条例是在没有国家层面的社会信用立法的前提下，海南通过实践探索形成共识并完成的，构建了海南自由贸易港基本信用制度；同时，其结合相关具体立法，搭建海南自由贸易港信用"1+N"法规框架，以期形成具有自由贸易港鲜明特色的完整社会信用体系。作为《海

---

[1] 海南省人大常委会法制工作委员会、海南省消防救援总队：《助自由贸易港发展 树消防法治化典范——〈海南自由贸易港消防条例〉解读》，消防百事通网，https://new.fire114.cn/zxapp/detail?id=77461。

南自由贸易港法》实施以来的第一批海南自由贸易港法规，该条例的出台具有非常重要的现实意义。①

2021年12月1日海南省人大常委会通过《海南自由贸易港免税购物失信惩戒若干规定》（以下简称《若干规定》），共十条，自2022年1月1日起施行。《若干规定》是在《海南自由贸易港社会信用条例》构建的海南自由贸易港基本信用制度基础上制定的一部"小切口"法规。其对监管对象进行分级分类监管，切实增加其违法成本，实现"一处失信、处处受限"，具有非常重要的现实意义。《若干规定》的主要内容和亮点，一是明确了免税购物严重失信主体认定标准；二是明确了免税购物严重失信主体的惩戒措施；三是建立了免税购物严重失信主体的认定和惩戒的工作机制；四是明确了免税购物严重失信主体的救济途径。②

2020年12月2日，海南省人大常委会通过《海南省华侨权益保护条例》，自2021年1月1日起施行，为保护华侨合法权益，发挥华侨在海南经济社会发展和海南自由贸易港建设中的独特作用提供了有力的法治支撑。根据该条例，华侨回国创业、就业，符合海南省人才引进条件的，按照有关规定给予相应工作条件和生活待遇。鼓励和支持华侨以个人、企业或者其他经济组织的名义在海南投资创业。此外，该条例还分别对华侨购买房产、农村宅基地使用、土地承包经营权、不动产征收补偿等问题进行了规定。该条例的出台，符合海南省作为侨务大省立足省情、立足自由贸易港建设、适应侨情变化的实际需要，有助于切实维护好广大侨界群众的合法权益，让他们安心创业、顺心工作、舒心生活，引导华侨合力助推海南经济社会发展。③

---

① 《〈海南自由贸易港社会信用条例〉解读》，搜狐网，2021年11月3日，https：//www.sohu.com/a/498989723_121106994。
② 海南省人大常委会法工委、省打私办：《构建免税购物失信惩戒机制 保障自贸港免税购物政策行稳致远——〈海南自由贸易港免税购物失信惩戒若干规定〉解读》，凤凰网，2021年12月13日，https：//hainan.ifeng.com/c/8Bw11HPeN7i。
③ 《海南省宣传贯彻〈海南省华侨权益保护条例〉》，中国侨网，2021年3月19日，http：//www.chinaqw.com/qx/2021/03-19/289860.shtml。

三 进一步推进思路

从前述海南自由贸易港法规体系建设的推进进程可以看到，海南省人大常委会通过充分运用海南自由贸易港法规制定权、经济特区法规制定权和地方性法规制定权所进行的上述立法工作，为海南全面深化改革开放、建设海南自由贸易港打下了良好法治基础。此外，海南省人大常委会近年来还废止了不适应海南进一步深化改革需要或者与上位法规定不一致的《海南经济特区农垦国有农场条例》《海南经济特区股份有限公司监督管理规定》等地方法规①，这里不再一一赘述。这些和海南经济社会发展和自由贸易港建设密切相关的地方法规的立、废、改，将进一步推动海南自由贸易港建设的快速、创新发展，同时也逐步形成与国家法律体系相配套、与国际惯例相接轨、与海南自由贸易港建设相适应的海南自由贸易港法规体系。

《总体方案》提出的海南自由贸易港发展目标是：到2025年，初步建立以贸易自由便利和投资自由便利为重点的自由贸易港政策制度体系，到2035年，实现贸易自由便利、投资自由便利、跨境资金流动自由便利、人员进出自由便利、运输来往自由便利和数据安全有序流动。从《总体方案》提出的海南自由贸易港建设的分阶段目标看，2025年以前，海南自由贸易港法规的制定，就应当优先关注和重点考虑贸易、投资领域，对既有的国际国内贸易、投资规则已产生重大影响的数字技术领域，以及具体体现现实经济运行中贸易、投资需求的产业政策领域的地方法规。相应地，海南自由贸易港法规体系建设的进一步推进思路也可以分别就这三个方面展开分析。

首先，逐步形成能够对接国际高标准经贸规则的海南自由贸易港法规体系。海南省第八次党代会报告要求"探索先行先试《全面与进步跨太平洋伙伴关系协定》（CPTPP）、《数字经济伙伴关系协定》（DEPA）等国际高

---

① 李磊：《加强改革立法 推动制度创新》，海南日报报业集团网站，2020年4月30日，http://hnrb.hinews.cn/html/2020-04/30/content_1_4.htm。

标准经贸规则，加快推动规则、规制、管理、标准等制度型开放"①，就目前而言，主要就是对标 CPTPP。对于目前我国与 CPTPP 有关规定不符的法律规定，根据《总体方案》《指导意见》《海南自由贸易港法》中的制度安排要求，应通过海南自由贸易港法规的建设，在海南自由贸易港范围内逐步进行相应的调整，以期在国内规则层面取得突破。当然，这并不意味着照搬有关国际规则，而是要结合《总体方案》《指导意见》《海南自由贸易港法》，从中国国情、中国特色的导向出发塑造海南自由贸易港法规中的有关规则。CPTPP 涉及的领域非常广泛，以下仅以货物贸易领域的规则为例进行分析。

比较《区域全面经济伙伴关系协定》（RCEP）和 CPTPP 货物贸易领域规则，可以发现我国签署的目前开放水平最高的国际经贸协定 RCEP 与 CPTPP 尚有差距，具体表现在货物临时准入、海关程序和贸易便利化、卫生与植物卫生措施和标准、技术法规和合格评定程序四个方面。这四个方面的国际规则都与当前的我国国内规则不尽匹配。

我们认为，与 CPTPP 等高水平国际经贸规则中有关内容相匹配的部分国内规则可以以海南自由贸易港法规的形式，先期在海南自由贸易港范围内进行试点。例如，在货物临时准入方面，国际高标准经贸规则一般都纳入的"维修""再制造"等条款，而我国国内法中有较多的限制。

一是"再制造"经济活动对应的产业分类问题。我国的国民经济行业分类（GB/T 4754-2017）没有在 4 位行业分类代码及对应说明中提及"再制造"活动（仅在 C 类制造业大类说明中简略提及），这可能导致企业在工商注册过程中将"再制造"纳入经营范围时遇到困难，进而无法开展相关业务。

二是关于"旧件"和"再制造"产品的区分问题。我国在国家层面已出台的"再制造"有关的法律法规，都没有对"再制造产品"做出明确的

---

① 沈晓明：《解放思想 开拓创新 团结奋斗 攻坚克难 加快建设具有世界影响力的中国特色自由贸易港——在中国共产党海南省第八次代表大会上的报告》，海南省乡村振兴局网站，2022 年 4 月 26 日，http：//fpb.hainan.gov.cn/fpb/xxddhjs/202205/faee19d9bcce4adfb252094499fe938f.shtml。

界定。这就导致在实践中管理部门容易将"旧件"、"翻新品"和"再制造产品"混淆，从而在产品进出口和国内流通过程中适用同样的监管规则。

三是关于"再制造"产业所需的旧机电产品进口限制问题。在"再制造"产业涉及的产品进出口领域，我国关于旧件进口的国内规则（主要是国务院部委制定的部门规章）没有对核心部件与不能再次使用的废品、废料进行区分，导致许多零部件旧件没有列入许可目录，从而无法进口。这些关于"旧件"进口的国内规则所涉及的法律文件包括《禁止进口的旧机电产品目录》（商务部、海关总署公告2018年第106号）；《机电产品进口管理办法》（商务部、海关总署、国家质量监督检验检疫总局令2008年第7号，已根据2017年2月21日国家质量监督检验检疫总局令第187号修改）；《质检总局关于调整进口旧机电产品检验监管的公告》（国家质量监督检验检疫总局2014年第145号）等。

尽管商务部、生态环境部和海关总署2020年5月13日发布了《关于支持综合保税区内企业开展维修业务的公告》（2020年第16号），然而，一方面，该公告没有修改或废止上述三个文件，说明这些文件依然有效，另一方面，该公告只规定了综合保税区内企业可开展维修产品目录清单所列出的航空航天、船舶、轨道交通、工程机械、数控机床、通信设备、精密电子等55类产品（55个税则号）的维修业务，涉及面相对而言比较狭窄。即使按照海关总署对该公告的解读，维修产品目录清单将根据后续业务发展情况进行动态调整，如企业有清单之外的维修业务需求，依然可通过个案方式向商务部门提出申请①，对该公告涉及面的拓展程度也较为有限。

在海南自由贸易港建设过程中，洋浦保税港区具备较充分的条件试点开展"维修""再制造"业务。在"再制造"方面，有必要通过制定有关的海南自由贸易港法规，明确"旧件"和"再制造产品"的区别，在海南自

---

① 《政策解读｜关于支持综合保税区内企业开展维修业务的公告》，新浪网，2020年6月12日，http://finance.sina.com.cn/roll/2020-06-13/doc-iircuyvi8259618.shtml。

由贸易港范围内（至少先期在洋浦保税港区范围内）改变前述部门规章涉及"再制造"的有关限制性规定——从法律位阶的角度看，地方性法规可以做到这点，并且，即使地方性法规能否优先于部门规章得到适用存在疑问，根据《海南自由贸易港法》第10条，海南自由贸易港法规可以对法律、行政法规作出变通性的规定，则海南自由贸易港法规应当也可以对部门规章作出变通性的规定。在"维修"方面，除了对类似"再制造"方面的法律规则进行调整之外，还要对接来料加工贸易和全球维修两种贸易模式，确立来料加工贸易下的全球维修模式。

其次，要根据自由贸易港的发展趋势，特别是数字技术下的自由贸易港发展新趋势，在基础设施、监管和便利化方面充分形成能够实现自由贸易港数字化的海南自由贸易港法规体系。对此，按照《指导意见》"完善国际贸易'单一窗口'等信息化平台"和《总体方案》"建设高标准国际贸易'单一窗口'"的要求，制定以国际贸易"单一窗口"为载体的海南自由贸易港货物贸易领域数字化监管方面的海南自由贸易港法规，应当是当前一个较好的突破口。

《总体方案》第二部分"制度设计"第六点即为"数据安全有序流动"，与贸易自由便利、投资自由便利、跨境资金流动自由便利、运输来往自由便利、人员进出自由便利等并列，可见其对于海南自由贸易港建设的重要程度。然而，当前的海南自由贸易港法规中，与此直接相关联的只有前述《海南省大数据开发应用条例》。另外，据报道，2020年海南省人大常委会拟安排审议"企业和个人访问国际互联网管理规定"①，但之后未见关于该法规的消息；《海南省人大常委会2022年立法工作计划》也列入了一部与《指导意见》中"落实国家网络安全等级保护制度，提升网络安全保障水平"的要求相适应的法规，即《海南自由贸易港网络与数据安全条例》，并将其归属于"条件比较成熟、拟提请审议的法规项目"，但

---

① 王子谦：《海南自贸港立法：今年将审议企业和个人访问国际互联网管理规定》，中国新闻网，2020年1月18日，https：//www.chinanews.com.cn/gn/2020/01-18/9063620.shtml。

2022年年内暂不出台。显然，这方面的海南自由贸易港法规仍有进一步充实的必要。

联合国贸易便利化与电子商务中心（United Nations Centre for Trade Facilitation and Electronic Business，UN/CEFACT）于2019年11月发布了贸易便利化第37号倡议书（Recommendation No.37：Single Submission Portal）[1]，提议建立"单一提交门户"（Single Submission Portal，SSP）。其核心是，SSP是一个访问点，允许交易者以标准格式并与特定活动相关的信息与包括政府机构在内的有关各方交换信息。我国现有的关于国际贸易"单一窗口"建设的法律有较多缺陷，目前国内涉及国际贸易"单一窗口"的基础性法律规则，主要是国务院口岸工作部际联席会议办公室印发的《国家口岸管理办公室关于国际贸易"单一窗口"建设的框架意见》（署岸函〔2016〕498号）和海关总署印发的《国际贸易"单一窗口"运行管理办法（暂行）》（署岸发〔2017〕259号），其存在法律位阶不高、部分核心条款的规定过于笼统、缺乏数字技术在平台应用方面的规则等问题，难以支撑进一步推进高标准国际贸易"单一窗口"建设的需要。可以考虑以海南自由贸易港法规的形式，在体现国际贸易"单一窗口"国家标准版应用功能的同时，突出规定国际贸易"单一窗口"海南特色应用功能。具体地说，针对海南的国际贸易"单一窗口"，有关海南自由贸易港法规应确立如下规则框架：一是法律基础，即依法律对"单一窗口"授权，为政府部门间数据进入和分享以及跨境信息交换奠定基础；二是授权法律框架，包含竞争、争议解决和责任问题、数据质量、数据保护、数据隐私和数据电子签名交换、电子文件与纸质文件在法律上的等同、电子订约等；三是法律上认可的标准，包含非歧视性、技术中立、互操作性和地理中立等国际通行的标准。

另外，自由贸易港货物贸易领域数字化监管方面的法规还会涉及数据跨境流动方面的法律问题。《海南自由贸易港法》第42条即规定，"海南自由

---

[1] Recommendation 37：Single Submission Portal，November 2019，https：//unece.org/DAM/trade/Publications/ECE_ TRADE_ 447E_ CF-Rec37.pdf.

贸易港依法建立安全有序自由便利的数据流动管理制度……促进以数据为关键要素的数字经济发展","国家支持海南自由贸易港探索实施区域性国际数据跨境流动制度安排",有必要以海南自由贸易港法规的形式将海南在数据跨境流动方面的探索加以体现。可以以《中华人民共和国网络安全法》《中华人民共和国数据安全法》等法律中的有关规定为依据,制定海南自由贸易港个人信息和重要数据出入境管理条例,对国家互联网信息办公室《数据出境安全评估办法》中的规定加以调整与细化,形成国家安全和风险控制下的海南自由贸易港个人信息和重要数据出境制度,并在跨境数据流入方面率先允许全球数据服务提供商以不设立实体的方式为海南自由贸易港内的客户提供服务,先期可以在正在海南试点的数字自由贸易园区内适用,之后逐步推广至整个海南自由贸易港。

最后,要以海南自由贸易港提出的现代产业体系建设要求为基础,不断完善能够适合海南自由贸易港产业发展要求的海南自由贸易港法规体系。在"现代产业体系"的标题之下,对于旅游业,《总体方案》明确了生态优先、绿色发展,围绕国际旅游消费中心建设促进特色旅游产业集群;对于现代服务业,《总体方案》提出了海南发展现代服务业,并形成具有特色的国际服务贸易;对于高新技术产业,《总体方案》明确了以物联网、人工智能等为重点发展信息产业,依托文昌国际航天城、三亚深海科技城培育深海深空产业,围绕生态环保、生物医药、新能源汽车、智能汽车等壮大先进制造业。制定专门产业促进方面的法规,应当与《总体方案》中的现代产业体系相契合,并根据具体细分产业的发展态势,形成专门产业促进条例,例如,先期可以考虑制定促进以离岸贸易为主的《海南自由贸易港离岸贸易促进条例》,促进商品服务和商贸服务发展的《海南自由贸易港商品服务和商贸服务促进条例》等。

当前实施中的各类区域产业规划是推进海南自由贸易港区域均衡发展的重要依据,有关产业促进法规的制定,要以区域产业规划为基础,以期形成区域之间分工合作关系。考虑到海南的若干重点园区已初步形成各自的产业定位,应通过助推具有园区规模效应和正外部性需求的产业形态,扩大园区的产业溢出效应，在这方面，产业促进领域的法规可以与重点园区单行法规相互配合，共同服务于特定区域产业促进目标的实现。

当然，《总体方案》和《海南自由贸易港法》的实施范围为海南岛全岛，海南自由贸易港现代产业体系建设不能长期局限在某些区域，或者集中在某些重点园区，有关海南自由贸易港法规的长远目标应当是在全岛范围内推进基于海南自由贸易港制度安排下的现代产业体系建设，适度调整区域之间的发展不平衡。由于数字经济发展带来的新兴产业形态的不断形成，和相应的不同商业模式的涌现，会涉及从市场准入到业务运营各方面直至市场退出的"全生命周期"性质的产业促进法律问题，而与之相应的法律规则，或者在现有的法律体系中没有涉及，或者规定得比较模糊，甚至有可能出现与现有的法律体系相冲突的情况，法律规则与实际产业形态之间的相互适应，还会碰到许多制度障碍，所以，需要在整体推进海南自由贸易港制度安排的基础上，根据新兴产业形态的需求，从企业的政策诉求中梳理出细分部门在市场准入到业务营运直至市场退出中的具体制度瓶颈，进而通过制定和修订产业促进方面的海南自由贸易港法规，不断完善基于细分产业的较为具体而切合实际的制度安排，以解决这些问题。

参考文献

[1] 钟业昌主编《中国（海南）自由贸易试验区发展报告》，社会科学文献出版社，2020。

[2] 王惠平主编《海南自由贸易港发展报告（2021）》，社会科学文献出版社，2021。

[3] 刘云亮：《中国特色自由贸易港法治创新研究》，法律出版社，2022。

[4] 刘道远、闫娅君：《海南自由贸易港法律制度创新建设问题探讨》，《行政管理改革》2019年第5期。

[5] 赖先进：《从便利化向市场化法治化国际化全面推进：持续优化营商环境的策略》，《行政与法》2022年第5期。

[6] 王崇敏、曹晓路：《海南自由贸易港一流营商环境的法治基础》，《河南财经政法大学学报》2021年第2期。

［7］ 孙晋、徐则林：《竞争中立在中国自由贸易港的法律实现——以海南自贸港为中心展开》，《法律适用》2019年第17期。

［8］ 何耀明：《论海南自由贸易港营商环境法治化建设的重点与难点》，《中国市场》2019年第16期。

［9］ 郑蕴：《中国海南自由贸易港投资自由便利制度——兼论〈海南自由贸易港法〉》，《经贸法律评论》2021年第4期，第30~44页。

［10］ World Bank，Port Reform Toolkit Second Edition，https：//ppiaf.org/sites/ppiaf.org/files/documents/toolkits/Portoolkit/Toolkit/index.html.

B.10 后 记

《海南自由贸易港发展报告（2022）》是海南省社会科学界联合会（省社会科学院）和上海社会科学院组建专家团队共同研究的成果。

专家团队在本报告写作过程中进行了多次调研，得到了中共海南省委全面深化改革委员会办公室、中共海南省委政策研究室、海南省政府研究室、海南省发展改革委员会、海南省商务厅、海南省财政厅、海南省交通运输厅、海南省农业农村厅以及海口市、三亚市和儋州市人民政府等单位的大力支持。为确保该书的权威性和专业性，本报告所有素材和相关数据由中共海南省委全面深化改革委员会办公室审核。

本报告在编写、出版过程中，还得到了各级领导和有关人士的热情关心和支持帮助。海南省社科联党组书记、主席、省社科院院长王惠平担任本书主编，负责全书的选题策划和审阅定稿；海南省社科院副院长、社科联副主席熊安静作了大量的具体工作；海南省社科联专职副主席、社科院副院长李星良，海南省社科联专职副主席、社科院副院长张君玉，时任海南省社科联专职副主席、社科院副院长詹兴文提出了很多建设性的建议，并认真审稿。海南省委政策研究室副主任（主持工作）杨忠诚、省政府研究室副主任王鹏、海南大学经济学院教授李世杰、海南大学管理学院教授伍中信、省社科院原副院长祁亚辉等专家，组成评审小组，对书稿进行了认真审读和评议，提出了很多很好的意见和建议。海南省社科院科研处处长邓章扬、科研处科员邱坤凤做了大量具体联络和协调工作。社会科学文献出版社为本书的编辑出版工作付出了辛勤的劳动。正是大家的共同努力下，《海南自由贸易港发展报告（2022）》才得以如期与读者见面，在此一并表示衷心的感谢！

《海南自由贸易港发展报告（2022）》编写组

2022 年 10 月 8 日于海口

Abstract

This study report is on the analyzes of the results accomplished during the construction of the Hainan Free Trade Port (FTP) from June 2021 to May 2022. A total of 80 institutional measures (including supporting measures) have been launched during this period in the aspect of trade liberalization and facilitation, industrial policies and measures to support the FTP development, with the basic three characteristics as the following:

1. The overall systematic planning shifts from policies on trade liberalization and facilitation to industrial policies and measures to support the FTP development;

2. It has preliminarily formed an integrated system of system coordination between the central government's system design of Hainan Free Trade Port and Hainan's responsibility as the executive subject. ;

3. Accelerates the legislative process of specific projects of Hainan Free Trade Port.

Systematic innovation has driven rapid growth in international trade and foreign investment. Within the study period, Hainan FTP actually utilized foreign investment of 4. 2 billion dollars, a year-on-year increase of 20%. The import and export volume in the Port reached 176 billion yuan, 65. 5% higher than that in the same period last year. By May 2022, the value of imports under the Zero Tariff policy reached 9. 89 billion yuan. It's notable that the commodity trade structure has been further improved, with a consistent increase in the proportion of exports of high-value-added goods.

The policy innovation effect of Hainan Free Trade Port has been continuously released, promoting the high-quality development of modern industrial system. For example, offshore duty-free policy in tourism has been constantly boosting economic growth; the high-standard opening-up pilot implementation in the service sector has built a new hub for policies in the modern service sector; the high-tech industry system has been initially formed, with scale effects of the key industry has gradually emerged; the natural resources have been taken full advantage of, achieving efficient and high-quality tropical agricultural development. Furthermore, the agglomeration effects of key industrial parks have benefited more industrial sectors, a major landmark project in the national ecological conservation pilot zone was implemented, and the quality of the ecological environment continued to improve.

In 2023, Hainan FTP will focus on the preparations for the island-wide customs closure operation and construction of modern industrial systems, with the RCEP coming into force as an opportunity, keeping in line with the high standards set in CPTPP and DEPA and refining the systems and policies on trade liberalization and facilitation. Meanwhile, the FTP should carry forward the systematic building in tax system, social governance, rule of law system and risk prevention and control system, forming a series of measures to support the quality development of the Port. As the strategic framework of the One Guideline (*General Sectary Xi Jinping's important Speeches and Instructions about Hainan's Work*), Three Foundations (*Guiding Opinions of the CPC Central Committee and the State Council on Supporting Hainan in Furthering All-Round Reform and Opening-up*, *Overall Plan for the Construction of Hainan Free Trade Port*, and *Hainan Free Trade Port Law of the People's Republic of China*), Fourfold Positioning (*pilot zone for furthering all-round reform and opening-up, national ecological conservation pilot zone, international tourism and consumption destination and service zone for implementing China's major strategies*) and Eight Pillars (*policy environment, legal environment, ecological environment, business environment, economic development system, social governance system, risk control system and organization and leadership system*) has developed its preliminary shape, the FTP will further refine the requirements for trade liberalization and facilitation, based on the modern industrial system, to achieve mutual benefits between system integration innovation and industrial system construction.

This report provides thematic studies on the negative-list system of cross-border service trade systematic innovation of investment facilitation, free and convenient cross-border capital flow, and the safe and orderly cross-border flow of data system in Hainan FTP. Studies are also conducted on the new rules for international economy and trade, the Hainan FTP pilot project, the processing value-added system, trade in education service, and the regulatory system for FTP.

Keywords: Hainan Free Trade Port; High-quality Development; Investment Liberalization and Facilitation

Contents

I General Report

B.1 Development Report of Hainan Free Trade Port (2021-2022)

Shen Yuliang, Peng Yu / 001

Abstract: Hainan free trade port has established the strategic framework of "one base, three bases, four beams and eight pillars". From June 2021 to May 2022, a total of 80 measures (including supporting measures) were introduced during the construction of Hainan free trade port. The basic characteristics of these measures s are as follows. Firstly, the institutional arrangement has changed from the policy of factors liberalization and facilitation to the industrial policy and guarantee system. Secondly, the integration system from the central government's institutional design of Hainan free trade port to Hainan's responsibilities as the executive body has been initially formed. Thirdly, the legislative process of Hainan free trade port has been accelerated. With the steady progress of the construction of Hainan free trade port, important achievements have been made in economic development. Firstly, foreign investment and foreign trade grew rapidly, and the level of opening in the export-oriented economy was significantly improved. Secondly, the effects of policy innovations have been manifested and aim of the high-quality development of the modern industrial system have been promoted. Thirdly, the agglomeration effect of key parks is prominent, and the radiation spillover capacity is further enhanced. The construction of Hainan free trade port should focus on t the whole island's customs closure, liberalization and facilitation of factors and the corresponding guarantee system, and should take RCEP as an opportunity to accelerate the construction of the modern industrial system.

Keywords: Hainan Free Trade Port; Factors Liberalization and Facilitation; Integrated Systems

Ⅱ Topical Reports

B.2 Research on Negative List System of Service Trade in Hainan Free Trade Port *Shen Yuliang* / 053

Abstract: This report focuses on the analysis of the basic characteristics, implementation significance and implementation results of the *Special Administrative Measures for Cross-border Service Trade of Hainan Free Trade Port (negative list) (2021 version)*, and compares them with the service trade rules in the existing high-level regional trade agreements. It puts forward that the existing *Special Administrative Measures for Cross-border Service Trade of Hainan Free Trade Port (negative list) (2021 version)* has significant impact on the openness of the service industry List gaps in modalities and special management measures. According to the development trend of service trade under digital technology and the institutional arrangement proposed in the overall plan for the construction of Hainan free trade port, this paper puts forward the basic ideas for further optimizing the negative list system of service trade. At the same time, the negative list system of trade in services should be based on the domestic rules of services, and should be based on the requirements of the joint statement on domestic regulations of services-reference document on domestic regulations of services under the framework of GATS of the World Trade Organization Take the lead in establishing domestic service rules consistent with the opening of modern service industry of Hainan free trade port.

Keywords: Service Trade; Negative List System; Cross Border Delivery; Form of Service Trade; Digital Technique

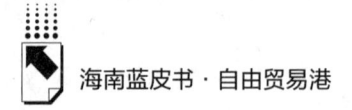

B.3　Research on Institutional Innovation of Investment
　　　Facilitation in Hainan Free Trade Port　　*Lv Wenjie* / 083

Abstract: With the promotion of investment facilitation action plans by international institutions and organizations and the negotiation of multilateral agreement on investment facilitation by the WTO, the issue of investment facilitation has become an international hot topic. Investment facilitation measures mainly include transparency of investment policies and investment related administrative procedures, as well as the improvement of administrative efficiency. The issues of investment facilitation and investment environment are highly correlated. This report briefly describes the international development of investment facilitation issue, the progress and text structure of WTO investment facilitation negotiation, the scope and specific measures of investment facilitation, and summarizes the major measures that have already been taken by Hainan Free Trade Port in recent years. Several policy suggestions are put forward with regards to investment facilitation in Hainan Free Trade Port.

Keywords: Investment Facilitation; Business Environment; Investment Policy

B.4　Research on the Free and Convenient Cross-border Capital
　　　Flow in Hainan Free Trade Port　　*Yan Ting* / 108

Abstract: Promoting liberalization and facilitation of cross-border capital flows is one of the key areas in the construction of Hainan Free Trade Port. Based on the task objectives of the *Master Plan for the Construction of Hainan Free Trade Port* before 2025, this paper summarizes the objectives, tasks, construction process and promotion ideas of liberalization and facilitation of cross-border capital flows of Hainan Free Trade Port. Specifically: Firstly, The *Master Plan* refers to the "liberalization and facilitation of cross-border capital flows", which mainly includes four contents, namely "establishing a multifunctional free trade account system" "facilitating cross-border trade and investment capital flows" "opening the financial sector wider to domestic and foreign markets" "accelerating financial reform and innovation", and points the arrangement of the steps and phases. Secondly, The paper introduces the progress of Hainan Free Trade Port in promoting liberalization and facilitation of cross-border capital flows, including the construction achievements of cross-border trade settlement facilitation, cross-border investment and financing system integration innovation, financial products and services innovation, financial risk prevention system. Thirdly, It clarifies the ideas for promoting liberalization and facilitation of cross-border capital flows of Hainan Free Trade Port, including strengthening institutional integration and innovation, improving supporting financial legislation, and improving cross-border financial service capacity, etc.

Keywords: Cross-border Capital Flows; System Integration Innovation; Free Trade Account; Financial Legislation

B.5 Research on the Regulation of Safely and Orderly Cross-border Flow of Data in Hainan Free Trade Port *Gao Jiang* / 136

Abstract: Promoting the safely and orderly cross border flow of data across borders is the requirement of the "Overall Plan for the Construction of Hainan Free Trade Port", which conform to the strategic requirements of China's institutional opening, and satisfy the inherent requirements in digital revolution. Hainan Free Trade Port has made several progress since its establishment, including promoting the opening of telecommunications services, expanding the capacity of digital enterprises, consolidating infrastructure construction, actively exploring security data pilots, improving laws and regulations on data flow, etc. However, several problems still exist in Hainan Free Trade Port. Therefore, the following suggestions are put forward, for example, build up international rules on cross-border data flow, accelerate the cultivation of domestic digital enterprises, accelerate the construction of infrastructure, attract talents in digital area and so forth.

Keywords: Hainan Free Trade Port; Safely and Orderly Cross-border Flow of Data; System Regulation

Ⅲ Special Topic Reports

B.6 New Rules of International Trade and Economic Cooperation and Hainan Free Trade Port *Shen Yuliang / 160*

Abstract: This report analyzes the different characteristics and development trends of the new rules of international trade and economic cooperation at the multilateral and regional levels, and believes that the new rules of international trade and economic cooperation are evolving from the second generation rules based on GVC trade to the third generation rules based on digital trade promotion. Based on the regional comprehensive economic partnership agreement (RCEP), which is the highest level of China's participation in regional trade agreements, the report analyzes the RCEP deepening clauses and exceeding clauses in the institutional arrangement of the overall scheme for the construction of Hainan free trade port, and analyzes how to make use of the advantages of institutional opening to form Hainan free trade port into one of the hub regions of RCEP market. The report also benchmarked high-level international trade agreements such as cptpp and depa, and proposed that when benchmarking these high-level international trade agreements, the overall plan for the construction of Hainan free trade port should be taken as the basis. Under the framework of the institutional arrangement of the overall construction plan, and constantly introduce the best practice of institutional system integration.

Keywords: New Rules of International Economy and Trade; RCEP Deepening Clause; RCEP Override Clause; Hainan Free Trade Port

Contents

B.7 Research on the Processing Value-Added System of Hainan Free Trade Port *Peng Yu, Xiong Anjing* / 184

Abstract: The processing value-added system is one of the core policies entrusted by the national government to Hainan Free Trade Port. This policy can give full play to Hainan's advantages of relying on the super-large domestic market and hinterland economy, and cultivate and promote the high-quality development of Hainan's new processing and manufacturing industries. *The promulgation of the Interim Measures of Customs on Tax Collection and Administration of Domestic Sales of Value-Added Goods Processed in Yangpu Bonded Port Area* establishes the regulatory framework for Hainan's free processing value-added system. After the first pilot project in Yangpu Bonded Port Area, the system has been expanded to Haikou Comprehensive Bonded Zone and Haikou Airport Comprehensive Bonded Zone. With the successive implementation of processing value-added business projects, the policy effect has begun to be gradually released. In the next step, it is recommended to speed up the expansion of the scope of application of the processing value-added system through electronic fence supervision before the island-wide customs closure; after the island-wide customs closure operation, strive to retain the selective taxation of domestic sales and the processing value-added tariff system at the same time, and give full play to the policy Superposition effect; learn from CEPA and RCEP to enhance the flexibility of regional component value calculation.

Keywords: Processing Value-added System; Regional Value Components; Deduction Method; Accumulation Method

B.8 Building a Modern Education Service System Compatible with Hainan Free Trade Port *Liu Chen* / 196

Abstract: The development of the trade in educational services which conforms to Hainan Free Trade Port is the realistic requirement of Hainan's development and opening up in the new period, and also an important task of China's higher education internationalization. Hainan International Education Innovation Island has made important strides in building a key platform for education opening; Steady progress was made in resource sharing mode, talent training mode, governance system, and consumption return mechanism. On this basis, the relevant policy suggestions include: (1) Combining with the leading industries of Hainan Free Trade Port to build a high-level educational science and technology innovation system; (2) Facilitate the flow of personnel and data, and enhance the internationalization level of educational services; (3) Improve the return mechanism of educational consumption and strengthen cooperation with international high-level universities, including joint degree awarding and training programs; (4) Promote scientific and technological exchange programs and preferential tax policies to attract high-level scientific and technological talents. This is of great significance for the formation of an international education system that is integrated with Hainan's industrial system and meets the requirements of national education opening.

Keywords: Higher Education; International Education Innovation; Service Trade; Cross Border Delivery; International Co-operation

B.9 Research on Hainan Free Trade Port Regulations System

Chen Lixing / 221

Abstract: In the legal norms involving Hainan Free Trade Port at different legal hierarchy, the regulations formulated by Hainan's local legislature play a particularly important role in connecting the superior legal norms and subordinate legal norms. Therefore, it is necessary to focus on the legal rule system formed by these local regulations, namely, the Hainan Free Trade Port regulations system, and its positive impact on the construction of Hainan Free Trade Port. The construction of Hainan Free Trade Port's regulations system has promoted the innovation of business environment construction system, key park management system, key industry developing system, ecological environment protection system and social governance system. We should gradually form a Hainan free trade port regulations system that can match high-standard international economic and trade rules. According to the development trend of free trade port, Hainan free trade port regulations system that can realize the digitalization of free trade port should be fully formed in terms of infrastructure, supervision and facilitation. Based on the construction of modern industrial system proposed by Hainan Free Trade Port, we should constantly improve the Hainan Free Trade Port's regulations system that can meet the requirements of Hainan Free Trade Port's industrial development.

Keywords: Hainan Free Trade Port; Regulations System; Modern Industrial System

社会科学文献出版社

皮 书
智库成果出版与传播平台

❖ 皮书定义 ❖

皮书是对中国与世界发展状况和热点问题进行年度监测，以专业的角度、专家的视野和实证研究方法，针对某一领域或区域现状与发展态势展开分析和预测，具备前沿性、原创性、实证性、连续性、时效性等特点的公开出版物，由一系列权威研究报告组成。

❖ 皮书作者 ❖

皮书系列报告作者以国内外一流研究机构、知名高校等重点智库的研究人员为主，多为相关领域一流专家学者，他们的观点代表了当下学界对中国与世界的现实和未来最高水平的解读与分析。截至2021年底，皮书研创机构逾千家，报告作者累计超过10万人。

❖ 皮书荣誉 ❖

皮书作为中国社会科学院基础理论研究与应用对策研究融合发展的代表性成果，不仅是哲学社会科学工作者服务中国特色社会主义现代化建设的重要成果，更是助力中国特色新型智库建设、构建中国特色哲学社会科学"三大体系"的重要平台。皮书系列先后被列入"十二五""十三五""十四五"时期国家重点出版物出版专项规划项目；2013~2022年，重点皮书列入中国社会科学院国家哲学社会科学创新工程项目。

权威报告・连续出版・独家资源

皮书数据库
ANNUAL REPORT(YEARBOOK) DATABASE

分析解读当下中国发展变迁的高端智库平台

所获荣誉

- 2020年，入选全国新闻出版深度融合发展创新案例
- 2019年，入选国家新闻出版署数字出版精品遴选推荐计划
- 2016年，入选"十三五"国家重点电子出版物出版规划骨干工程
- 2013年，荣获"中国出版政府奖·网络出版物奖"提名奖
- 连续多年荣获中国数字出版博览会"数字出版·优秀品牌"奖

皮书数据库　　"社科数托邦"微信公众号

成为会员

登录网址www.pishu.com.cn访问皮书数据库网站或下载皮书数据库APP，通过手机号码验证或邮箱验证即可成为皮书数据库会员。

会员福利

- 已注册用户购书后可免费获赠100元皮书数据库充值卡。刮开充值卡涂层获取充值密码，登录并进入"会员中心"—"在线充值"—"充值卡充值"，充值成功即可购买和查看数据库内容。
- 会员福利最终解释权归社会科学文献出版社所有。

数据库服务热线：400-008-6695
数据库服务QQ：2475522410
数据库服务邮箱：database@ssap.cn
图书销售热线：010-59367070/7028
图书服务QQ：1265056568
图书服务邮箱：duzhe@ssap.cn

社会科学文献出版社 皮书系列
卡号：477247794492
密码：

S 基本子库
SUB DATABASE

中国社会发展数据库（下设12个专题子库）

紧扣人口、政治、外交、法律、教育、医疗卫生、资源环境等12个社会发展领域的前沿和热点，全面整合专业著作、智库报告、学术资讯、调研数据等类型资源，帮助用户追踪中国社会发展动态、研究社会发展战略与政策、了解社会热点问题、分析社会发展趋势。

中国经济发展数据库（下设12专题子库）

内容涵盖宏观经济、产业经济、工业经济、农业经济、财政金融、房地产经济、城市经济、商业贸易等12个重点经济领域，为把握经济运行态势、洞察经济发展规律、研判经济发展趋势、进行经济调控决策提供参考和依据。

中国行业发展数据库（下设17个专题子库）

以中国国民经济行业分类为依据，覆盖金融业、旅游业、交通运输业、能源矿产业、制造业等100多个行业，跟踪分析国民经济相关行业市场运行状况和政策导向，汇集行业发展前沿资讯，为投资、从业及各种经济决策提供理论支撑和实践指导。

中国区域发展数据库（下设4个专题子库）

对中国特定区域内的经济、社会、文化等领域现状与发展情况进行深度分析和预测，涉及省级行政区、城市群、城市、农村等不同维度，研究层级至县及县以下行政区，为学者研究地方经济社会宏观态势、经验模式、发展案例提供支撑，为地方政府决策提供参考。

中国文化传媒数据库（下设18个专题子库）

内容覆盖文化产业、新闻传播、电影娱乐、文学艺术、群众文化、图书情报等18个重点研究领域，聚焦文化传媒领域发展前沿、热点话题、行业实践，服务用户的教学科研、文化投资、企业规划等需求。

世界经济与国际关系数据库（下设6个专题子库）

整合世界经济、国际政治、世界文化与科技、全球性问题、国际组织与国际法、区域研究6大领域研究成果，对世界经济形势、国际形势进行连续性深度分析，对年度热点问题进行专题解读，为研判全球发展趋势提供事实和数据支持。

法律声明

"皮书系列"(含蓝皮书、绿皮书、黄皮书)之品牌由社会科学文献出版社最早使用并持续至今,现已被中国图书行业所熟知。"皮书系列"的相关商标已在国家商标管理部门商标局注册,包括但不限于LOGO( )、皮书、Pishu、经济蓝皮书、社会蓝皮书等。"皮书系列"图书的注册商标专用权及封面设计、版式设计的著作权均为社会科学文献出版社所有。未经社会科学文献出版社书面授权许可,任何使用与"皮书系列"图书注册商标、封面设计、版式设计相同或者近似的文字、图形或其组合的行为均系侵权行为。

经作者授权,本书的专有出版权及信息网络传播权等为社会科学文献出版社享有。未经社会科学文献出版社书面授权许可,任何就本书内容的复制、发行或以数字形式进行网络传播的行为均系侵权行为。

社会科学文献出版社将通过法律途径追究上述侵权行为的法律责任,维护自身合法权益。

欢迎社会各界人士对侵犯社会科学文献出版社上述权利的侵权行为进行举报。电话:010-59367121,电子邮箱:fawubu@ssap.cn。

社会科学文献出版社